JN262412

55年体制下の政治と経済

―時事世論調査データの分析―

三宅一郎・西澤由隆・河野　勝　著

木鐸社

目　次

図表一覧 …………………………………………………………… 5

第Ⅰ部　概説

第1章　本書の意義と目的 …………………………………… 11
1．本書の意義と目的 (11)
2．時事データについて (14)
3．データ分析，歴史，民主主義 (15)
4．本書の構成 (17)
5．時事データの質問項目一覧 (18)

第2章　55年体制と有権者の変容 …………………………… 23
1．はじめに (23)
2．政党支持データの不連続性について (23)
3．政党支持率の変化 (25)
4．自民党支持率の変化 (29)
5．「支持政党なし」層の動向 (38)
6．内閣支持率の変化 (45)
7．おわりに (54)

第Ⅱ部　冷戦構造と対外感情

第3章　冷戦構造としての55年体制 ………………………… 59

第4章　一党優位政党制の展開と
　　　　　外交基本路線に関する意識パターン ……………… 65
1．はじめに (65)
2．一党優位政党制のサイクルと
　　有権者の基本路線に対する態度パターン (66)
3．データ (68)
4．政党支持率，帰属陣営率，外国の好き嫌い率 (70)
5．政党支持者の外交基本路線賛否の分析パターン：
　　個人データの分析 (79)
6．政党支持率と外交基本路線賛否の整合性：
　　集計データによる分析 (82)

7．データ分析の通観 (85)
　　8．まとめ (86)

第5章　対外国態度における冷戦構造とその変容 …………………91
　　1．はじめに (91)
　　2．データと分析手順 (93)
　　3．好きな国データの主成分分析（第1期：1964年）(99)
　　4．好きな国データの主成分分析
　　　　（第2期Aと第2期B：1970年-1975年3月）(103)
　　5．好きな国データの主成分分析（第3期：1986年-1988年）(107)
　　6．好きな国データの主成分分析（第4期：1990年8月-1993年7月）(109)
　　7．まとめ (111)

第III部　責任政党としての自民党と業績評価

第6章　55年体制下での政策決定 ……………………………………115

第7章　自民党支持と経済業績評価 …………………………………121
　　1．はじめに (121)
　　2．業績評価モデルと経済政策 (123)
　　3．業績評価モデルの問題点と本章で検討する命題 (124)
　　4．時系列データによる検証 (128)
　　5．まとめ (136)

第8章　内閣支持と経済業績評価 ……………………………………139
　　1．はじめに (139)
　　2．内閣支持率の説明モデルの欠如 (140)
　　3．内閣支持率の変動パターンに関する命題 (142)
　　4．内閣支持率の視覚的分析 (146)
　　5．時系列データによる検証 I (149)
　　6．支持政党別の内閣支持 (153)
　　7．支持政党別の内閣支持率についての視覚的分析 (154)
　　8．時系列データによる検証 II (154)
　　9．まとめ (158)

第9章　経済評価の変動と自民党支持：個人データ分析 …………161
　1．はじめに（161）
　2．時期区分の作成（165）
　3．対数線形モデルによる自民党支持，経済評価変数，
　　　時期区分の関連の分析（169）
　4．各時期における経済評価変数と自民党支持の関連（171）
　5．経済評価の直接効果と間接効果（175）
　6．まとめ（178）

第IV部　研究展望

第10章　さらなる研究のための方法論的ノート ……………………183
　1．はじめに（183）
　2．「生態的誤謬（エコロジカル・ファラシー）」（183）
　3．クレーマーの問題提起（185）
　4．クレーマー以後（190）
　5．業績評価モデルの理論（193）
　6．おわりに（199）

注 ……………………………………………………………………………201
引用文献 ……………………………………………………………………214
あとがき ……………………………………………………………………221
索引 …………………………………………………………………………227

図 表 一 覧

- 表 2-1　データ処理上の時代区分
- 図 2-1　政党支持の変遷：第Ⅰ期
- 図 2-2　政党支持の変遷：第Ⅱ期
- 図 2-3　政党支持の変遷：第Ⅲ期
- 図 2-4　政党支持の変遷：第Ⅳ期
- 表 2-2　各党支持率の最大／小値，平均，分散
- 図 2-5　自民党の支持率と総選挙における得票率
- 図 2-6　自民党の候補者当選率，得票率と議席率
- 図 2-7　自民党の得票と候補者数との関係
- 図 2-8　暮らし向き感覚の変遷
- 図 2-9　支持政党なし層の変遷
- 図 2-10　支持政党なしと国政選挙
- 図 2-11　自民，社会，無党派層間の相関関係の推移
- 表 2-3　無党派層と自民党支持，社会党支持との相関（ピアソン係数）
- 図 2-12　自民党支持率と内閣支持率・信任度
- 図 2-13　内閣支持率におけるハネムーン効果
- 図 2-14　内閣信任度におけるハネムーン効果
- 図 2-15　新内閣成立に伴う内閣支持保留
- 図 2-16　池田内閣支持率・信任度と総選挙
- 図 2-17　佐藤内閣支持率・信任度と総選挙
- 図 2-18　中曽根内閣支持率・信任度と総選挙

- 表 4-1　自民党支持率の変遷
- 図 4-1　優位政党と野党の比較
- 表 4-2　「自由陣営」に属すると答えた人の比率変化
- 表 4-3　「アメリカ好き」の比率変化
- 表 4-4　年次別自民・社会党支持者中，および帰属陣営別特定の態度保持者比率（個人データ）
- 表 4-5　政党支持・陣営帰属・外国好き嫌い間の単相関係数（集計データ）

- 表 5-1　集計データ（％値）の総平均値，標準偏差，最大値と最小値
- 表 5-2　好きな国，嫌いな国の選択パターン
- 表 5-3　好きな国データの主成分分析（第1期：1964年）
- 表 5-4a　好きな国データの主成分と基本要因との相関関係（第1期：1964年）

表5-4b	好きな国データの主成分分析値(基本要因カテゴリー別) (第1期：1964年)	
表5-5	好きな国データの主成分分析 (第2期A：1970年-1972年9月)	
表5-6	好きな国データの主成分の基本要因との相関関係 (第2期A：1970年-1972年9月)	
表5-7	好きな国データの主成分分析 (第2期B：1972年10月-1975年3月)	
表5-8	好きな国データの主成分分析 (第3期：1986年-1988年)	
表5-9	好きな国データの主成分と基本要因との相関関係 (第3期：1986年-1988年)	
表5-10	好きな国データの主成分分析 (第4期：1990年8月-1993年7月)	
表5-11	好きな国データの主成分との相関関係(第4期：1990年8月-1993年7月)	
図7-1	経済状況についての業績評価モデルの2段階	
図7-2	自民党支持率の変動	
図7-3	純粋モデルと因果モデル	
図7-4	因果モデルの推定結果	
図7-5	ステップ2の逆の因果モデルの推定結果	
図7-6	ステップ2についてのラグモデルの推定結果	
図7-7	投票についての因果モデル	
図8-1a	内閣別支持率の変動	
図8-1b	内閣別支持率の変動	
表8-1	因果モデルの推定結果（全体）	
図8-2	支持政党別内閣支持率の変動	
表8-2	因果モデルの推定結果（支持政党別）	
表8-3	グループ別の危険率比較	
表9-1	客観的経済状況と主観的経済評価スコアの対応	
表9-2	経済評価スコアによる時期区分（個人データのある時期のみ）	
表9-3	主観的経済評価，政党支持，時期区分3変数間の関連：対数線形モデルによる分析結果	
表9-4	経済評価変数と政党支持の関連（経済時期別）	
表9-4a	自民党支持と暮らし向き	
表9-4b	自民党支持と物価動向	
図9-1	政党支持，内閣支持，経済評価変数のパス解析図	

表9-5a　暮らし向き，自民党支持，内閣支持3変数間の関連：対数線形モデル分析による分析結果

表9-5b　物価動向，自民党支持，内閣支持3変数間の関連：対数線形モデル分析による分析結果

図10-1　クレーマーによる時系列回帰線とクロスセクション回帰線の関係

第Ⅰ部
概説

第1章　本書の意義と目的

1．本書の意義と目的

　第二次世界大戦後，民主主義憲法のもとで新たに蘇生した日本の政治は，当初多党制の中でいくつかの連立政権や少数内閣を生み出したものの，その後は，自由民主党が単独で議会の多数派を占め，政権を担う状況が続いた。自民党による一党支配は，日本の経済状況や社会的背景，国際環境がさまざまに大きく変化したにもかかわらず，先進諸国の例としてはまれに見る長期にわたって存続し，少なくとも1990年代の初頭まで日本政治の基本的な枠組みを提供した。この状況は一般に「55年体制」と呼ばれてきたが，本書の目的は，有権者に焦点を定めて，有権者の政治意識の側から，この体制の特質を明らかにしようとするものである。

　日本の選挙や有権者の政治意識についての研究は，とくに1980年代以降著しく発展し，それを専門とする研究者の数も増えて，現在では日本政治学の一つの中核的な分野となった観がある。そうした中で，広範な世論調査をもとにした行動論的な実証分析も，内外の専門家によって，これまでに種々発表されてきている。本書も，これらの類書と同様に，全国規模の世論調査データを利用し，それを統計的に分析する手法を採る。しかし，本書におけるわれわれの関心は，次のいくつかの点において，従来までの研究と若干異なった問題意識を反映していると考える。

　第一に，本書においても，分析の中心的な焦点が有権者の政治的態度であることに変わりはないが，それを社会的，心理的，あるいはその他の構造的な変数に直接還元して解明しようとするのではなく，そこに日本の有権者が

実際に生きた「55年体制」という政治的枠組みが介在していた事実を重視したいと考える。戦後日本の有権者は、自らの政治的態度や政治的行動を、政治的に制約のない環境でまったく自由に決定していたわけではない。かれらは、繰り返される選挙において自民党が単独過半数を維持し、その結果自民党が唯一の責任政党としての地位にあった「55年体制」の文脈のうえでしか、そうした決定を行いえなかったはずである。逆にいえば、広範な面接調査に写し出される日本の有権者の政治意識とは、実は、「55年体制」なるものの特質を明らかにする鏡だという位置づけもできよう。本書のタイトルである『55年体制下の政治と経済』は、こうしたわれわれの問題意識を念頭においたものである。

　従来までの行動論的研究のうえで、自民党優位という現象は、少なくとも暗黙のうちには、有権者の選択の帰結として位置づけられてきた。もちろん、民主主義国家において、政党間の勢力分布および政権成立のパターンがどのようなものであるかは、究極的には、主権者である国民の意思を反映しているはずであり、したがって、戦後日本の「55年体制」を視野においた実証研究が、根底的な因果関係をそのように設定してきたのは当然のことであったといえるであろう。しかし、われわれは、政治的エリートのレベルで成立した「55年体制」を有権者がどう認識していたか、あるいはそのもとで有権者がどう行動したかという問題設定の仕方も、興味深いと考える。あたかも、市場経済において、多くの消費者が「価格の決定者 (price-setter)」ではなく「価格の受容者 (price-taker)」として行動するのと同様、本来的にはアクターの行動の帰結として決定されるはずの政党システム／価格が、少なくとも短期的には、逆にそのアクターの政治／消費行動自体を拘束し、影響を与えることもありうるであろう。本書は、この可能性を前提することを出発点とした研究である。

　第二に、上記の点の派生として、本書では、これまでの研究の中で、見落とされがち、あるいは軽視されがちだった二つの要因に、とくに光を当てたいと考える。その一つは、有権者の政治体制選択の選好と、それに関係する対外国態度とでもいうべきものである。少なくとも政治的エリートのレベルにおいて「55年体制」を定義していた重要な政治亀裂(クリーヴェッヂ)は、冷戦下での防衛・外交政策をめぐる保革のイデオロギー対立であったといわれている。それは、

有権者の諸外国に対して持つ好感度,体制志向などと影響を及ぼし合うはずであり,もしそうであれば,こうした要因と,有権者の政党支持との間には密接な関係があったと考えられる。しかし,外交・防衛といった政策分野における有権者の政治意識に焦点をあわせた行動論的実証研究は,これまでのところ意外に少ない。日本を取り巻く国際環境は時代とともに変化し,したがって有権者の体制についての意識,対外国態度,政党支持との関係もそれにつれていくつかの大きな波を経験したことが予想される。本書では,そうした中長期的変化をも視野に収めた分析を試みたい。

われわれが注目したい,もう一つの要因は,有権者の経済に対する評価である。自民党が議会において過半数の議席を獲得し続けたということは,自民党が政権党として政策に責任をもつ政治体制であったことを意味する。この状況において,有権者の政党(自民党)支持,および内閣支持は,自民党政権の政策に対する評価,また政策の帰結としてのマクロ経済状況などへの評価に影響されていたと考えられる。近年,日本でも,こうした業績評価に焦点をあてる「業績評価投票モデル」"retrospective voting model"が紹介されているが,本書を貫く問題意識は,このモデルの理論的方向性と一致すると考えており,それに基づく体系的な実証分析を展開したい。[1]

さて,第三に,われわれは,「55年体制」が長く存続し,それを取り囲む環境がさまざまに変化したことを重視して,この体制下での有権者たちの態様を分析するうえでは,その通時的変化を射程に収めることが大切であると考える。そのような変化に照準を合わせた分析には,当然のことながら,長期にわたって継続し,しかもある程度一貫性のあるサーベイデータが不可欠である。そこで,本書では,時事通信社によって戦後の比較的早い時期から毎月行われてきた世論調査データ(以下「時事データ」と略記)を使うことにする。次節以下で詳しく説明するように,時事データは,政党支持,内閣支持,経済状況の認知と評価,自由主義陣営・中立・共産陣営かの選択,好きな国・嫌いな国などについての質問項目をふくむ貴重なデータであり,本書で行おうとする分析には最適であると考える。従来までの行動論的研究で駆使されてきたのは,ある特定の総選挙の前後におけるサーベイがほとんどであるが,そのようなデータのクロスセクショナルな分析から,日本の有権者の意識や行動の時系列的な変化についての解釈や結論を引き出すことには無

理が多かった。この点を補おうとするのも，本書のねらいの一つである。

　本書は，その分析の対象を1993年の自民党下野の時点までとする。周知のように，この時期以降も，自民党は比較第一党の座を保持しており，その意味では，「55年体制」は存続しているとする見方もありうる。しかし，第3章で述べるように，そうした定義上の問題は，あくまで政治的エリートを中心にして「55年体制」を捉えようとする時に生じる問題である。われわれとしては，この時期と前後して，国際政治場裡における東西冷戦が終焉したこと，またそれ以降（少なくとも本書執筆時点まで）自民党が優位であるといっても連立を組まなければ衆参両院で多数派政権を成立できない状況に直面していることをふまえて，1993年の夏で分析を区切ることに，一応の根拠があると考えている。もちろん，われわれは，上で列記した，本書を貫く理論的，方法論的な問題意識は，1993年以降の日本政治を分析するうえでも重要だと考えているが，この点については，本書で直接触れることなく，読者の判断に委ねることとさせて頂きたい。

2．時事データについて

　今回われわれが用いることにした時事データを紹介しておこう。時事データは，個別面接を調査方法として，満20歳以上の日本人男女を対象に時事通信社が毎月行っている世論調査の結果をまとめたデータである。そのサンプリング方法は，層化多段抽出法で，標本規模は1960年6月から1971年3月までは1250，1971年4月以降は2000人である。その結果，サンプル数としては，約1000から1700人程度が毎回の調査で確保されている(2)。

　時事通信社による世論調査は，1960年代から今日に至るまで，毎月，ほぼ同じ内容の質問項目について実施されていることが，われわれ分析者にとって大きな魅力である。その質問項目は，本章の末尾に掲載しているので，参照していただきたい。それをみればわかるとおり，その中でも主要なものは，政党支持，その理由，内閣支持，その理由，暮らし向き，物価，景気，日本の立場，好きな国・嫌いな国，などに関するものである。こうした主要な政治的，経済的変数のほかに，その時々のさまざまな政治的，社会的イシューを反映したオムニバス変数も相乗りした形で毎月調査されているが，本書でわれわれが時事データを使うメリットは，主要質問項目の，定期性，継続性，

そして一貫性にある。

　個人の回答を集計した数値に限っていえば，時事データのほかに，たとえば朝日や読売など大手新聞社が定期的に行っている調査の結果が公表されていることは，周知の通りである。時事データについても，こうした集計値の公開は，これまで定期的に行われてきており，それを使ってたとえば内閣支持の変化や，政党支持の変化を時系列にプロットし，有権者の政治意識，政治行動の変化を記述的に物語るようなマクロレベルの分析は，すでに発表されている。しかし，本書は，個人の回答を集計した数値だけではなく，個人の回答票そのものを利用した分析を含めることができた。個人の回答票は，サーベイに応じた有権者一人一人のさまざまな特性を明らかにしてくれるという点で，データとしての情報量がはるかに多く，このことが今回時事データを使うことのもう一つの大きなメリットである。

　ただし，個人レベルのデータの情報的価値の評価をめぐっては，実は，複雑な方法論的問題が絡んでいる。業績評価モデルの文脈においては，この問題は，とくに重要な意味をもっているのであるが，この点についての検討は，専門性が高いテーマであるので，われわれの分析を終えた後に加えた，第10章の方法論的解説の部分を参考にして頂きたい。

　なお，本書を通じて分析の対象となる中心的な変数のいくつかについては，次章において紹介する。それ以外の，各章で利用する変数群は，個別の分析の目的に応じて，各章において，適宜紹介することとしたい。

3．データ分析，歴史，民主主義

　本書の目的と意義については，すでに冒頭で述べた通りであるが，ここで，狭義の学術的な問題意識を超えて，より広い二つの観点から，世論調査データを分析することの意味を確認し，強調しておきたい。その一つは，歴史の語り口としてのデータ分析ということであり，もう一つは民主主義体制のもとで世論調査を行うこと，そしてその結果を分析することの意義である。

　一般に，統計的な手法を駆使するデータ分析は，歴史，とくに政治史を語るうえでの手段として重要視されてきたとはいいがたい。行動科学によって推し進められたデータ分析の手法と，伝統的な歴史学のアプローチの仕方とは，方法論的に対立したものであるとさえ考えられることもある。歴史学者

たちは，歴史の流れの中でおこる事象のニュアンス，歴史上の人物の人格やぬくもり，さらには思いがけなく起こる事件の偶然性，意外性といった要素を大事にしながら，歴史的記述を厚みのあるものにしていこうと努力する。そうした要因が，大量の情報を無差別にしかも瞬時に処理するデータ分析の手法の中では，軽視され，埋没してしまうのではないかという危惧が強いのも，理解できないわけではない。

　しかし，われわれの立場は，データ分析と歴史学的アプローチとをこのように対立するものとして捉えるべきでない，というものである。なぜならば，世論調査の個人回答票ほど，その回答者の人格やぬくもり，政治的態度や政治的判断の基準のニュアンスを絶妙に表してくれる情報はないからである。その意味では，世論調査は，政治家たちの日記や彼らが残したメモなどと同様，貴重な一次資料なのである。たしかに，世論調査とは，政治の表舞台に登場するエリートたちを素描しようとするものではなく，一有権者のポートレート（それもその一部分）を映し出してくれるに過ぎない。しかし，少なくとも民主主義のもとでの政治を語ろうとする語り口は，エリートだけではなく，有権者をも考慮に入れたものでなければ，不十分であるとの批判をまぬがれることはできないであろう。こうした有権者のポートレートをいくつもいくつも重ねあわせようとする姿勢は，歴史的記述に厚みをもたせようとする歴史学者たちの方向性と，矛盾しないどころか，実はまったく同一なものなのではないだろうか。

　世論調査には，「歴史を語る」だけの蓄積がないという主張もしばしば耳にする。この主張は，かつての日本については正しかったかもしれないが，1980年代以降にはもはやあてはまらない。本書で使う時事データがそうであるように，世論調査の中には，同じ内容の質問項目を繰り返し尋ねることの重要性を認識し，戦後の早い段階から長い間一貫して行われてきた調査もある。そうした調査によって得られたデータを分析する用具も，パーソナル・コンピューターの発達と統計ソフトウェアーの進歩により，今日では格段に整備された。こうした技術の向上は，大量の情報処理を可能にし，データ分析を通してきわめて密度の高い政治史を語ることを可能にしてくれると思われる。

　次に，われわれは，世論を調査し，それを分析することが，民主主義体制のもとでは重要な役割を果たしていることも，あらためて強調しておきたい。

民主主義体制のもとでは、有権者にとって政治的意思表示をする正統な機会は選挙であるが、国政、地方自治体の首長・議会選挙を合わせても、そうした機会は、各有権者にとってそう頻繁に訪れるわけではない。もちろん、有権者は、圧力団体や社会グループに属したり、住民投票を働きかけたり、新聞へ投書したり、あるいは国を相手取って行政裁判を起こしたり、というような他のルートを通しても、政治に参加することができるが、こうした意思表示の仕方にはそれぞれコストがかかるという難点があり、事実日本では、投票以外の政治参加のレベルが低いことが指摘されている（蒲島 1988、西澤 2000）。しかし、選挙における投票にせよ、それ以外の方法による政治参加にせよ、そうした中で表現される有権者の政治意識、政治態度には、特殊な状況におかれた有権者の政治意識や態度であるという、いってみれば「非日常性のバイアス」がかかっているとも考えられる。選挙も住民投票もなく、行政裁判にも関わりのない、普段のままの生活の中で、有権者がもっている政治意識や態度を正確に把握しようと思えば、それは、広範な規模で行われる世論調査に頼るほかない。つまり、世論調査は、投票や、その他の政治参加とならんで、民主主義体制のもとでの主権者である、国民の意思を見定めるうえで、きわめて重要な機能を果たしているのである。

　世論調査のこの重要性にかんがみて、それを行う側、分析する側の心構えとしては、世論調査の結果はできるかぎり公開するという慣習が確立されることが望ましい。行動論的分析の先進国であるアメリカにおいては、こうした慣習が当初から確立し、それが研究者たちの間での「競争」を促進して、質の高い研究をいくつも産み落としてきた。日本でも、最近、選挙や政治意識調査のデータバンクが整備されつつあるが、この傾向がさらに徹底化されることを期待したい。なお、本書で使う時事データについていえば、時事通信社がみずから保有している分を、有料ではあるが、世論調査の個人回答票を含めて（もちろん回答者個人のプライバシーの保護には細心の注意をはらった形態で）公開している。本書は、その恩恵に預かることができたわけで、いうまでもなく、このような公開性は歓迎すべきことである。[5]

4．本書の構成

　上で述べてきたような問題意識に基づいて、本書は以下のように構成され

る。

　まず，次章（第2章）は「55年体制と有権者の変容」と題し，1960年から1993年までのデータを時系列的に概観しつつ，長期的，総論的な視点から「55年体制」のもとでの政党支持，および内閣支持の変化を振り返る。

　本書の主要な実証分析は，第II部と第III部に分かれる。第II部では，有権者の側における体制選択に関わる政治亀裂がどのようなものであったかを探ろうとする観点から，冷戦構造としての「55年体制」の本質に迫ろうとするものである。より具体的には，第II部第3章では，まず1955年に政治的エリートの側で「55年体制」が成立するまでの歴史的背景を簡単に振り返り，続いて第4章では政党支持と体制選択の関係，第5章では政党支持と対外国感情との関係について，時事データを使った統計的分析を展開する。第III部では，一党優位のもとで有権者が自民党政権にどのような評価を下したかを中心的なテーマとして取り上げる。第6章では，「55年体制」のもとでの政策過程，とくに経済運営における自民党の役割についての異なる見解を整理し，続いて第7章と第8章では，有権者の業績評価と自民党支持および内閣支持の関係を集計データを使って分析し，そして第9章では，個票データをつかって補足的な分析を行う。

　第IV部第10章は「さらなる研究のための方法論的ノート」と題し，第II部，第III部の実証分析をふまえながら，アメリカにおける方法論的論争を紹介することを通して，将来の研究課題を模索する。

5．時事データの質問項目一覧

　時事通信社による世論調査の質問項目と回答肢を列挙しておく。ここでは，1975年4月調査での調査内容をサンプルとして掲載するが，支持政党については，その時点での政党構成によって選択肢が異なる。また，好きな国・嫌いな国については，1970年5月調査で「北朝鮮」が追加された。このような一貫性の問題は末尾に注として整理した。支持政党に対する選択肢の変化については第2章・表2-1を参照されたい。■印が付いた項目が本書で使用したものである。

■支持政党

a）あなたはどの政党を支持しますか。

b）（「なし」というものは「わからない」ものに）保守党と革新党とに分ければ，どちらを支持しますか。

・自民党　・社会党　・共産党　・公明党　・民社党　・その他の政党　・どちらかというと保守党　・どちらかというと革新党　・支持政党なし　・わからない

□自民党支持理由(注1)

（「支持政党a」で「自民党」を支持するものに）あなたが自民党を支持する理由は何ですか。（回答票あり，複数回答可）

・政策がいいから　・やり方がいいから　・総裁を支持・信頼　・幹部が信頼できる　・知人がいる　・自由陣営にいい　・自民党以外がダメ　・なんとなく

□社会党支持理由(注2)

（「支持政党a」で「社会党」を支持するものに）あなたが社会党を支持する理由は何ですか。（回答票あり，複数回答可）

・政策がいい　・やり方がいい　・委員長を支持・信頼　・幹部が信頼できる　・知人がいる　・米一辺倒でない　・自民党がダメ　・なんとなく

― ― ― ― ― ― ― ― ― ― ― ― ― ― ― ―

■内閣支持

あなたは○○内閣を支持しますか。

・支持する　・支持しない　・わからない

□内閣支持理由(注3)

（「内閣支持」で「支持する」ものに）支持する理由は何ですか。（回答票あり，複数回答可）

・首相を信頼する　・首相以外に人がいない　・だれでも同じ　・政策がいい　・自由陣営にいい　・社会党の内閣は困る　・なんとなく

□内閣不支持理由(注4)

（「内閣支持」で「支持しない」ものに）支持しない理由は何ですか。（回答票あり，複数回答可）

・首相を信頼できない　・まとめる力がない　・政策がダメ　・自由陣営一辺倒　・勤労者の利益を考えない　・期待がもてない　・物価が上がる　・なんとなく

■暮らし向き
あなたの暮らし向きは昨年のいまごろとくらべてどうでしょうか。楽になってきていますか、苦しくなってきていますか。
・大へん楽になった　・やや楽になった　・変わらない　・やや苦しくなった　・大へん苦しくなった　・わからない

■物価動向
物価は、落ちついてきたと思いますか、これから上がると思いますか、いまより下がると思いますか。
・落ちついてきたと思う　・上がると思う　・いまより下がると思う　・わからない

■世間の景気 (注5)
世間の景気をどうみますか……先月と変わりはないと思いますか、悪くなってきたと思いますか、よくなってきたと思いますか。(「悪くなってきた」か「よくなってきた」のものに)どの程度でしょうか。
・たしかによくなってきたと思う　・ややよくなってきたと思う　・変わらないと思う　・やや悪くなってきたと思う　・たしかに悪くなってきたと思う

■陣営 (注6)
いまの日本は、自由陣営についたほうがいいと考えますか、共産陣営についたほうがいいと考えますか、それとも中立でいったほうがいいと考えますか。
・自由陣営　・共産陣営　・中立　・わからない

■好きな国 (注7)

あなたが好きな国を3つまであげてください。(回答票あり,複数回答可)
・米　・ソ連　・英　・仏　・西独　・スイス　・インド　・中国　・韓国　・北朝鮮　・ない,わからない

― ―

■嫌いな国 ^(注8)
反対に,嫌いな国を3つまであげてください。(回答票あり,複数回答可)
・米　・ソ連　・英　・仏　・西独　・スイス　・インド　・中国　・韓国　・北朝鮮　・ない,わからない

質問文・回答肢の変更についての注意
(注1)　68.6～75.8は「自民党」支持理由,75.9以降は「政党」支持理由。71.4は欠損。
(注2)　68.6～75.8は「社会党」支持理由。75.9以降は削除。
(注3)　68.6～93.8は7分類,93.9以降は9分類。71.4,80.7は欠損。
(注4)　68.6～93.8は8分類,93.9以降は9分類。71.4,80.7は欠損。
(注5)　71.4-71.7は欠損。
(注6)　68.6～95.3のみ。
(注7)　68.6～70.4は10分類,70.5以降は11分類。
(注8)　68.6～70.4は10分類,70.5以降は11分類。

第2章　55年体制と有権者の変容

1. はじめに

　本章の目的は，時事通信社によって毎月行われてきた世論調査データ（以下「時事データ」と略記）を使って，長期的な視点から「55年体制」のもとでの政党支持，および内閣支持の変化を概観することにある。

　以下に続く第II部および第III部の各章と異なって，本章では，理論に基づいた仮説をあらかじめ提示し，それを検証する目的でデータ分析を行うという正攻法のリサーチデザインをとるのではなく，むしろまずデータをそのまま提示して，データによって通時的変化の様態を物語らせるという手法（いわゆる "exploratory data analysis"）を採用する。しかし，そうした手法を用いながらも，そこで得られる知見は，戦後日本の政治史を語るうえで，これまで発表されてきた見解や通説と異なる見方を提供してくれるので，こうした解釈の違いを確認しながら，分析をすすめていくことを心がけたい。

2. 政党支持データの不連続性について

　「55年体制」のもとでの政党支持の変化の分析に入る前に，データに内在するテクニカルな問題について若干触れておかなければならない。時事通信社による世論調査が，戦後の早い時期から毎月，ほぼ同じ内容の質問に基づいて行われており，時事データのメリットが，その定期性，継続性，一貫性にあることは，すでに第1章で述べた通りである。しかしながら，調査の質問項目，質問内容等をより詳しく振り返ってみると，1960年代から1990年代を通して，必ずしも同じ項目，同じ内容の質問がずっと続けられてきたわけ

ではない。こうしたデータの不統一の中には無視できるものもあるが、中には時系列分析を行ううえで不必要な測定誤差を生み出しかねないものもあり、注意を要する。

　本書で扱う政党支持に直接関わる問題としては、時事通信社がこれまで毎回きまって調査してきた項目の中に、「あなたはどの政党を支持しますか」という質問がある。回答者は、この質問に対して（自分が支持する政党名を直接答えるのではなく）自民党以下与えられた選択肢の中から一つを選ぶことになっているのであるが、この選択肢の幅は、時代によって異なっている。

　たとえば、公明党という政党は1960年代前半には存在していなかったわけであるから、当然のことながら、この時期に回答者が上の質問に対して「公明党」と回答することは不可能であった。公明党が結党されるのが1964年11月、時事通信社が選択肢に「公明党」を加えるのは1964年12月からであり、この結果、集計データを時系列に並べると、公明党支持率はこの時点に突然ゼロから約2％へとジャンプすることになる。しかし、もし支持がまったくゼロだったとすれば、そもそも公明党なる政党が生まれてくるはずはないわけで、1964年12月以前にも少なくとも潜在的な公明党支持者が存在していたことは明らかである。実際、公明党は、「創価学会政治連盟」（1956年結成）、「公明政治連盟」（1961年結成）という前身を受け継いで成立した経緯をもつ。公党としての政党がない時点においてその潜在的支持者の動向を勘案する必要はないという反論も成り立つが、問題は、これらの支持者たちが選択肢が与えられていないがために他の項目を選ばざるを得なかった、ということの方法論的な含意である。つまり、こうした支持者たちによって「セカンドベスト」として選ばれていた項目の回答率は（1964年12月以前）多少過大評価されているということになる。

　同様の問題は、戦後一貫して存在していたにもかかわらず、どういうわけか、1965年5月以前には、上の質問の回答の選択肢として与えられていなかった共産党についても当てはまる。いずれにせよ、各政党の支持率が、与えられた選択肢の中から一つを選ぶ「相対的」支持率を反映している以上、新たな政党名が加えられ選択肢の幅が変化する前後のデータを並べ比べることには、慎重を期さなければならないことになる。

　表2-1は、この点に留意して、政党支持に関する時事データを時系列的

に分析するうえで必要な時期区分をまとめたものである。1964年12月から1965年4月までの5ヵ月間も、本来ならば別個に扱うべきであるが、あまりに短いのでここではとりあえず第Ⅰ期に含めることにし、分析上問題が生じると考えられる場合に必要に応じて検討することにする。なお、ここでは、「55年体制」の最終局面（日本新党が登場する1993年2月以降）は、分析の対象から外してある。

表2-1　データ処理上の時代区分

	年月	選択肢に与えられた政党名
第Ⅰ期	60年6月から64年11月まで	自民　社会　民社
	64年12月から65年4月まで	自民　社会　公明　民社
第Ⅱ期	65年5月から76年8月まで	自民　社会　公明　民社　共産
第Ⅲ期	76年9月から86年8月まで	自民　社会　公明　民社　共産　新自由クラブ
第Ⅳ期	86年9月から93年1月まで	自民　社会　公明　民社　共産

3．政党支持率の変化

　本節では、上で提出した時期区分ごとに、有権者の政党支持の変容を概観しよう。次の四つのグラフは、各時期における、主要各政党の支持率の変化をプロットしたものである。グラフをみやすくするために、「わからない」あるいは「その他の政党」という回答は除いてあるので、それぞれの時点の各政党の支持率および「支持政党なし」の合計は100％にはならない。これらの図は、いくつかの興味深い点を浮かび上がらせるが、ここでは総論的な問題を三つとりあげたい。

　第一に指摘したいのは、「55年体制」の始めから終わりを通じて、自民党、社会党以外の政党は、政党支持率からみれば、すべてきわめて弱小な政党だったという、厳然たる事実である。しかも、これらの政党の支持率は、大きな変化なく推移しており、その支持が何らかの固定した有権者グループを反映していたのではないか、ということをうかがわせる。

　以下の表2-2は、各党の支持率の最大値と最小値、および支持率の平均と分散を比較したものである。この比較からも明らかであるが、「55年体制」とは、なにより、自民、社会という二つの政党によって支えられた体制だったといわざるをえない。

26　第2章　55年体制と有権者の変容

図2-1　政党支持の変遷：第Ⅰ期

図2-2　政党支持の変遷：第Ⅱ期

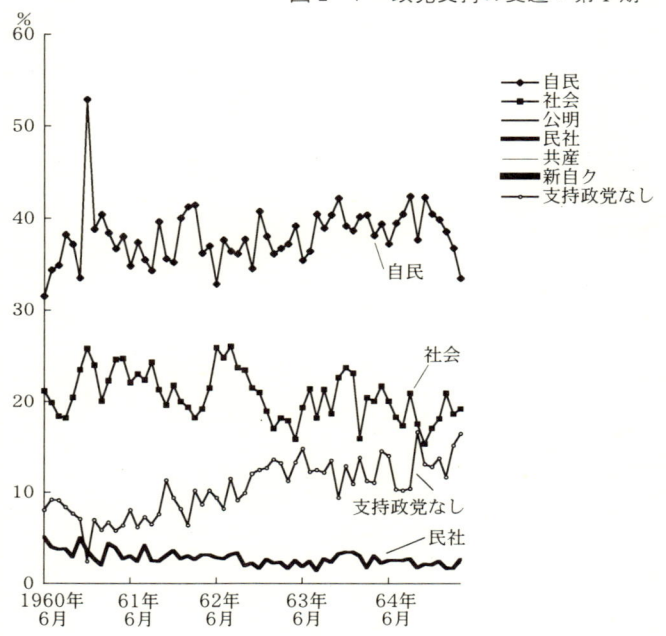

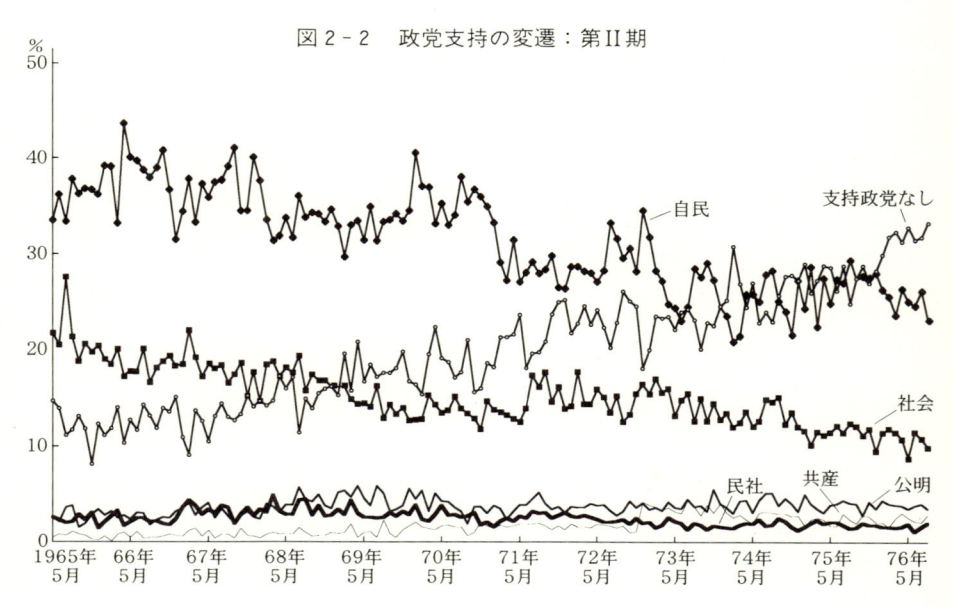

第Ⅰ部　概説　27

図 2-3　政党支持の変遷：第Ⅲ期

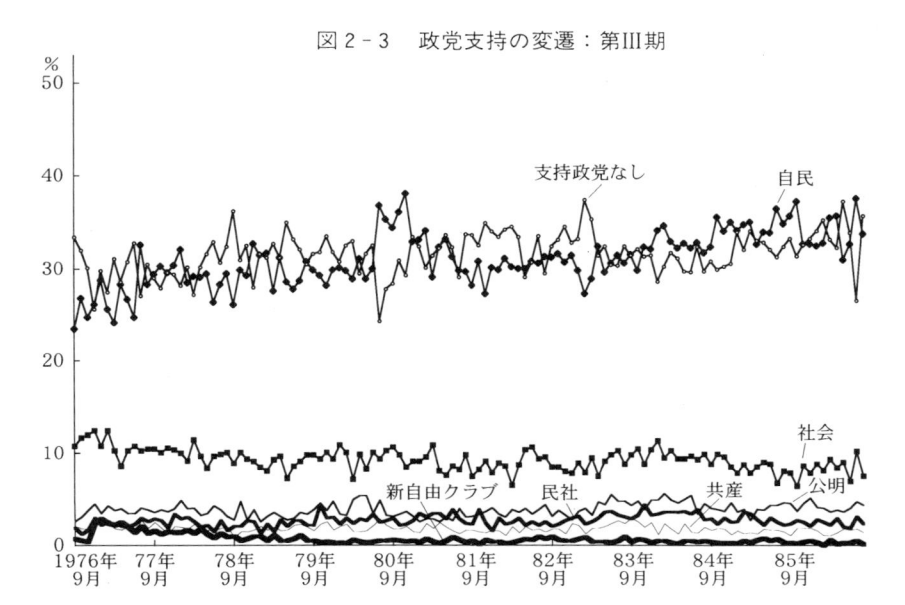

支持政党なし　自民

社会
新自由クラブ　民社　共産　公明

1976年9月　77年9月　78年9月　79年9月　80年9月　81年9月　82年9月　83年9月　84年9月　85年9月

図 2-4　政党支持の変遷：第Ⅳ期

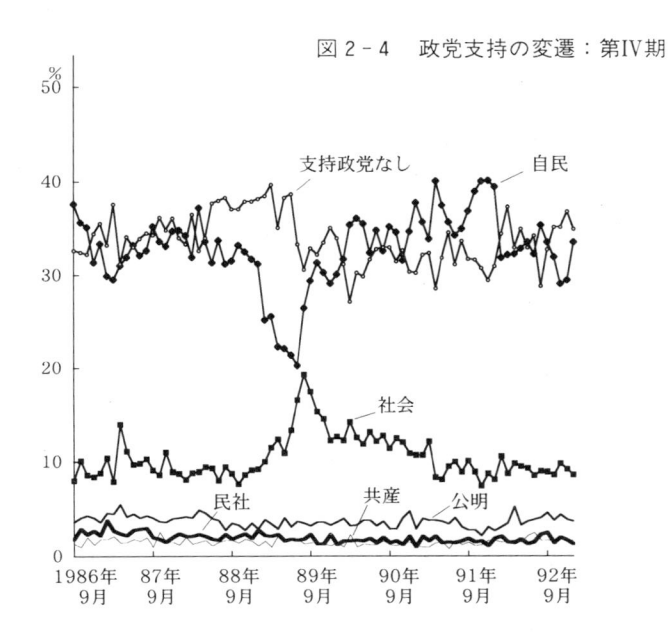

支持政党なし　自民

社会
民社　共産　公明

1986年9月　87年9月　88年9月　89年9月　90年9月　91年9月　92年9月

表 2-2 各党支持率の最大／小値，平均，分散

	自民党	社会党	公明党	民社党	共産党
最大値	52.9	27.5	5.9	5.1	4.1
最小値	20.3	6.4	1.5	1.0	0.1
平均	32.52	13.27	3.74	2.47	1.71
分散	22.067	21.741	0.634	0.545	0.512

　このことが興味深いのは，「55年体制」に関してわれわれが常識として抱いてきた印象からして，多少意外な感じがするからである。1960年代から，日本の政党政治は多党化が進んだとしばしば指摘されてきたし，とくに公明，民社両党は，政権党である自民党の政策に影響を与えたり，国会審議の行方を左右したりというように，少なくともエリートレベルにおいてはつねに一定の存在感を保ってきた。だとすれば，われわれの課題としては，なぜこれらの諸政党が，そもそもその弱小な支持にもかかわらず国会勢力として定着することができたのか，とくに公明，民社両党に関しては，なぜその弱小な支持を大幅に上回る院内バーゲニングパワーを発揮できたのか，という問題の立て方をしなければならないことになる。これらの問題を詳しく追求するのは，本書の課題を超えているが，前者の問題については衆議院の中選挙区制度が野党の多党化に与えた影響を指摘しなければならないし，また後者については日本の国会の制度的特性を改めて検討する必要があろう。[3]

　上のグラフによって明らかにされる第二の点は，すでにさまざまな論者によって指摘されてきたことであるが，「55年体制」の本質が，有権者の立場から見ても，時代とともに大きく変化したということである。1976年以前，自民党と社会党との支持率の比は，約2対1であり，それは文字通り「1か2分の1政党制」を反映していたとも考えられる。しかし，そのことは，裏返せば，二大政党制でなかったことを意味し，「55年体制」は当初から自民党という一党が優越したシステムであったことを物語るものである。自民党は1960年代の後半から1970年代中頃にかけてかなり顕著な支持率の後退を記録するが，社会党も1960年代前半からすでに長期凋落傾向に入っており，その相対比が変わることはなかった。そして，1976年あたりを境に，社会党の支持率はそのまま低迷するものの，自民党の支持率は再び上昇するようになった。以後，社会党の支持率は，1989年に（リクルートおよび消費税問題のお

かげで)一過的に訪れる増加を除いては，10％を前後するレベルで停滞することになり，しかもその推移の仕方も，他の弱小政党と同じく変化の乏しいものに変わっていく。他方，自民党の支持率は，やはり1989年に一過的に経験する減少を別としては，30％を超える水準を常に確保し，かつ依然として変動の多い推移の仕方を記録しているのである。

　第三の点としては，ここで分析の対象となっている全期間を通じて，「支持政党なし」と答えた人々の割合が一貫して増え続けたということである。とくに，1960年代後半以降，野党の多党化が進み，支持政党のオプションが広がったにもかかわらず，この層が拡大したという事実は，その傾向がいかに強力なものであったかを示すものである。また，ここにみられる一貫した増加傾向は，「支持政党なし」と答えた人々が単に教育程度や政治に対する関心の低い有権者層を反映しているのではないことも如実に物語っている。この意味で，近年田中愛治が再三強調しているように，支持政党なしと答える有権者たち（「政党支持なし層」，あるいは「無党派層」）を，たんに政党支持者以外の「残余のカテゴリー」として取り扱うことは，適当でない（田中 1992；1995；1996）。実際，今回時事データが明らかにするところでは，こうした有権者の数は，1969年前後に社会党支持者の数をこえて実質的な「第二党」となり，しかも1970年代半ばから1980年代を通じては，自民党と「第一党」の座を争って追いつ抜かれつの状態を演出するようになったのである。いいかえれば，一党優位が定着した後期の「55年体制」のもとでの自民党のライバルは，野党ではなく，無党派層であったといえるのである。この層の動向については，5節でさらに詳しく検討する。

　さて，以上が，「55年体制」のもとでの政党支持の変化の概観であるが，長く存続したこの体制の鍵を握っていたのが，政権党である自民党に対する有権者の支持であったことはいうまでもない。そこで，次節では，自民党支持に焦点を絞り，その変化の動態を詳しく検討してみたい。

4．自民党支持率の変化

　図2-5は，より長期的な傾向を際立たせるために，先にあげた時代区分に関する留保を無視して，自民党支持率を全期間にわたってプロットしたものである（後の議論のため，支持率とともに，自民党の衆議院選挙における

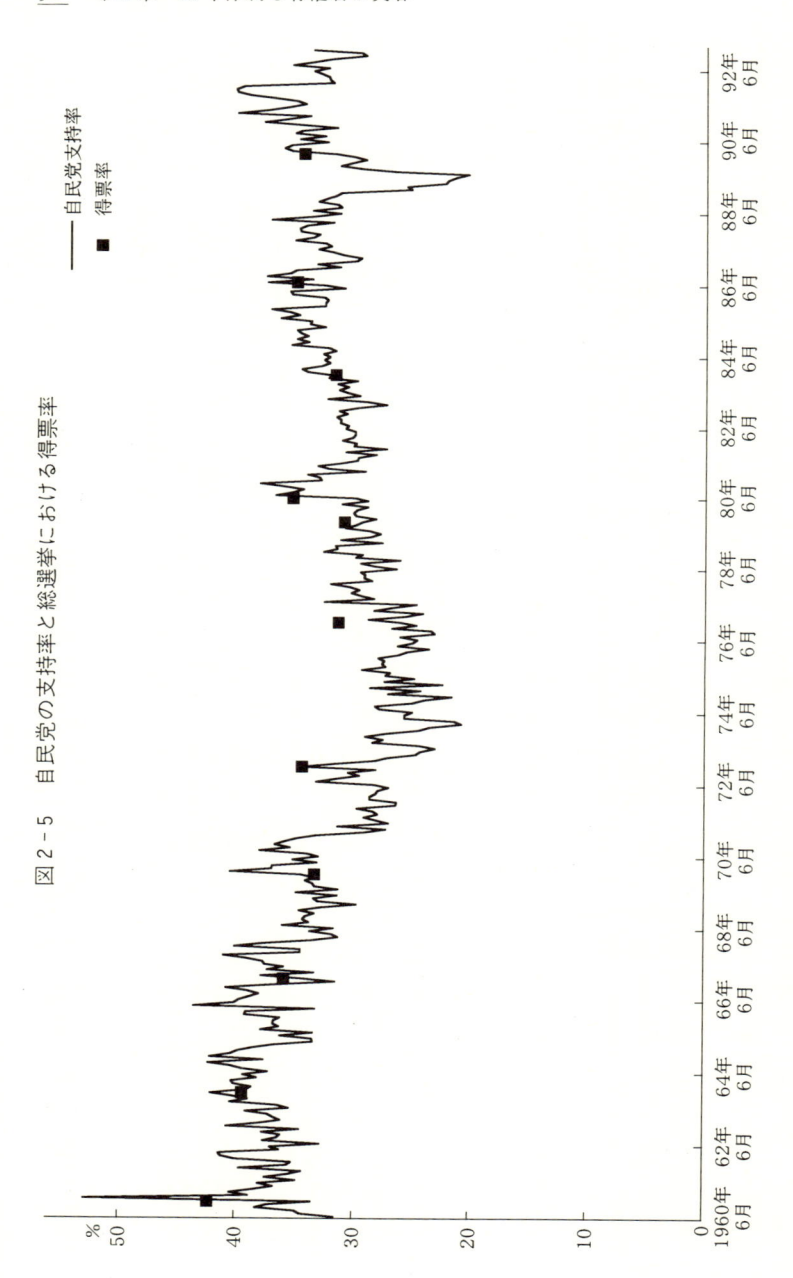

30　第2章　55年体制と有権者の変容

図2-5　自民党の支持率と総選挙における得票率

―― 自民党支持率
■　得票率

得票率の推移も表示してある)。こうした時系列データの常であるが，自民党支持率の変化は，長期的なトレンド（趨勢）とより短期的な変動の両方を記録している。このうち短期的な変動には，データ処理上のさまざまなノイズも含まれていると考えられるので，その変動の理由を特定化することはむずかしい。ただし，それでも，たとえば，1989年に自民党が経験した支持率の一時的な大きな低下が，よくいわれるようにリクルート事件，消費税というような，特定の政治的争点に帰せられのではないか，ということは十分推測できるところである。また，経済状況の主観的な評価が，このような短期的な変動を説明することは第7章で紹介する。しかし，ここで注目したいのは，自民党支持率の変化のより長期的なトレンドの方である。実際，ここで確認できるトレンドは，戦後の自民党支持率の変化について，目新しい解釈を提供してくれるようにも思える。

　高度成長期における自民党支配と有権者の支持率の変化については，石川真澄によって，整理一般化され，有力になった説がある。石川は，1950年代半ばから60年代終わりまで，総選挙における保守勢力の得票率が「直線的」に下降していることに注目し，それが「あたかも民心が一定のスピードで自民党を離れていく過程を示しているよう」だ，と強調した。さまざまな政治的事件があったにもかかわらず変化があまりに「直線的」であることから，石川は，それが非政治的要因によってもたらされたものだと論を進める。そして，種々検討した結果，急速な経済成長の帰結としての，農村から大都市への人口移動が，自民党への支持を減退させることになったという仮説にたどりつく。なぜなら，人口移動は1970年代に頭打ちになるが，時を同じくして保守の得票率も1970年代に下げ止まりになり，それ以降ほぼ一定で小刻みの波動を繰り返すようになるからだ，というわけである。

　この石川説は，かつて「自民党の票源の大きな部分が農村であり，農村の票は，保守党の強固な集票組織に握られてきたという政治学界の常識的理解を前提としたもの」（山口 1985, 110）と評されたことがあるが，それは今日でも常識として通用しているのではないだろうか。事実，石川説を引用したり，参照したりして，自民党支持の変化を物語った教科書や論考は，日本の内外を問わず，さまざまなところで目にすることができる。

　しかし，30頁図2-5をよくみると，時事の世論調査による限りは，自民

党に対する有権者の支持は，高度成長期の前半，少なくとも1960年から1965年までの間は，横這いか，むしろ若干の増加傾向にあることがわかる。同じことは，先にあげた図2-1と図2-2においても，確認することができる。(8) たしかに，1965年以降，すなわち高度成長期の後半には，自民党の支持率は（1974年くらいを機に反転するまで）かなり加速的に低下しているが，高度成長期全体を通じて，自民党がその支持を減らしたと結論するのは難しい。石川の分析は，3年か4年に一度しか訪れない衆議院選挙においての自民党の絶対得票率（得票を有権者総数で割ったもの）をもとにしているので，時事データのように毎月行われる世論調査と性格を異にすることは，たしかである。それでも，選挙結果において1950年代半ばから1960年代終わりまで保守の得票率が「直線的に」下降していることを強調する石川の分析（およびそこから「高度成長における民心の自民党離れ」という解釈を導く彼の議論）と，1960年代前半にそのような下降をまったく見出すことができない時事データとの間には，整合性という点で大きな開きがあるといわねばならない。

　では，どのように，時事データと石川説との不一致を説明することができるであろうか？とりあえず手元にあるデータはさておき，理論的立場から，日本の高度経済成長が果たして（石川のいうとおり）政権党である自民党にとってマイナスの効果があったかどうかを，考えてみたい。

　高度成長が人口移動という形で保守の伝統的な支持基盤を切り崩し，自民党の支持を低下させたという石川の考え方は，有権者の政治行動を考えるうえで，その社会的背景や心理的要素に重点をおく伝統的なアプローチを反映している。これに対して，第1章で述べたとおり，有権者は，「55年体制」をある程度所与の枠組みとして認知し，受け入れたうえで，政治的態度を決めているとも考えられ，そうであれば，自民党の支持には，自民党政権に対する業績評価とくにその経済運営の評価が影響を与えている可能性もある。後者のような視点に立つと，年平均10％を上回る経済成長を成し遂げた経済運営が，時の政権党であった自民党支持率の「直線的」低下につながったという議論は，なかなか受け入れがたいものである。たしかに，高度成長が都市の人口過密や公害といった社会的問題をもたらしたのは事実であるが，こうした経済発展の負の遺産が，有権者の間に広く認識され，共有されるようになったのは1960年代後半以降である。1960年7月から64年10月まで政権を担

当した池田内閣が，在任中つねに高い支持を受けていたことによっても明らかなように，少なくとも1960年代初期においては，「所得倍増計画」に優れて代表される自民党の経済政策が，圧倒的多数の国民に受け入れられていたことは，否定できない。

　このことをふまえて，もう一度，時事データにみられる自民党支持率の変化をみると，そこにみられるトレンドが，むしろ業績評価モデルの理論的期待にそった動きをしていることがわかる。すなわち，自民党の支持率は，高度成長期を通じて「直線的」に下降しているのではなく，高度成長の後半，大気汚染や水質汚濁が大きな社会的問題として浮上したときにはじめて下降するようになったのである。そして，この傾向は，佐藤内閣末期の外交，経済上の失策と，代わって登場した田中内閣に対する幻滅が急速に広がることによって，一層強められたことがみてとれる。この間，自民党の支持率は，1969年12月の総選挙，1972年6月の田中内閣の登場，そして同年11月の衆議院解散等の要因によって，一時的に挽回することはあっても，その下降トレンドからは抜け出せず，ついに1974年2月，20.8％という底値を記録することになるのである（この記録は，1989年7月に破られるまで最低記録として残った）。

　では，なぜ，衆議院の得票率に関しては，石川のいう，高度成長期を通じて「あたかも民心が一定のスピードで自民党を離れていく過程を示しているよう」な傾向が見出されるのであろうか。この謎を解く鍵は，選挙結果に関するデータから，政党支持の変化に関する結論を導き出そうとすることの方法論的欠陥にあると考えられる。石川もこの種の問題に一応注意を払っているのであるが，彼が見落としているのは，自民党の選挙の得票率とは，なによりも自民党から立候補している候補者の数によって左右されるという単純な事実である。図2－6は，1958年以来の総選挙における自民党の得票率，議席率に，自民党候補者の当選率をあわせてプロットしたものである。この図によれば，高度成長期を通じて，自民党の得票率はたしかに「直線的に」下降し，その議席率も断続的に低下しているが，自民党候補者の当選率は，少なくとも1969年の選挙までは一貫して上昇していることがわかる。これは，1955年の保守合同以来，候補者調整をする必要があり，「共倒れ」現象を防ぐ必要から，候補者を絞り込んでその競争力を高めようとしたことと関係して

いると思われる。自民党が候補者の競争力を高める必要性は，民社党，公明党という政党が衆議院に定着して以来，これらの政党が当選チャンスの高い選挙区に立候補者を絞る戦略をとったことによって，一層高められたといえよう[11]。1960年，1969年の総選挙において，自民党は，候補者の絞り込みが成功したからこそ，前回の選挙を得票率で下回りながらも，議席のシェアを増やすことができたのである。

　候補者の絞り込みは，自民党候補者個人個人の当選率をひきあげる一方で，自民党全体の得票率を押し下げる効果があったとも考えられる。自民党の選挙活動が，候補者個人の後援会によって支えられてきたことは周知の通りであり，また，自民党の候補者同士に共倒れの可能性のある場合のほうが，熾烈な集票活動が行われ，党全体として大きな動員力があったと考えられるからである。では，候補者の絞り込みと，得票率の低下現象には，どのような関係があるであろうか。図2-7は，衆議院の総議席数の変化を考慮して，自民党の候補者数を議席総数で割ったもの，すなわち候補者密度とでもいうべきもの（％表示）と，自民党の得票率をあわせてプロットしたものである。この図から，この二つのシリーズが緊密な相関をもっていることは，一目瞭然であろう。とくに高度成長期においては，自民党の総選挙での得票率の低下は，候補者の絞り込みによってほぼ説明されつくしてしまえるといっていいほど，この二つの相関関係は高い。以上から，石川説は，疑似相関にもとづいた議論だったと，ほぼ断定できる[12]。つまり，高度成長の社会的帰結として「民心が一定のスピードで自民党を離れてい」ったのではなく，この時期の自民党の得票率の「直線的」低下は，議席最大化をめざして自民党が候補者の絞り込みを行ったという，きわめて政治的な要因を反映していたのである[13]。

　ところで，自民党支持の通時的変化が，（石川説のように）社会的変化を反映したものでなく，むしろ業績評価モデルが示唆するように，政権党としての自民党に対する業績評価を反映しているのではないかという主張は，さらにいくつかの疑問を克服しなければ，十分説得力のある議論にはならない。まず，第一としては，もし高度成長期の後半における支持率の後退が，公害や経済政策上の失敗等，自民党に対する負の業績評価を反映していたとすれば，なぜ高度成長期の前半，すなわち「所得倍増政策」党の施策が成功して

図2-6　自民党の候補者当選率，得票率と議席率

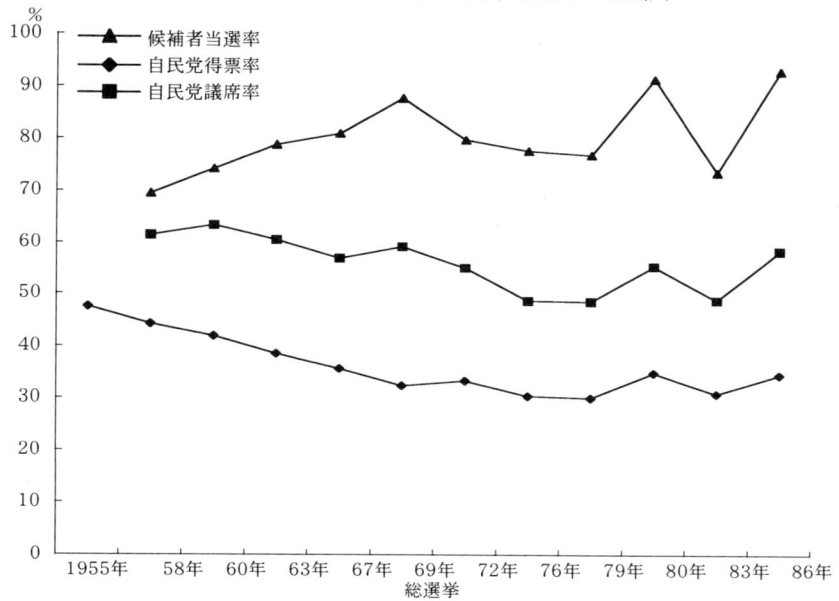

図2-7　自民党の得票と候補者数との関係

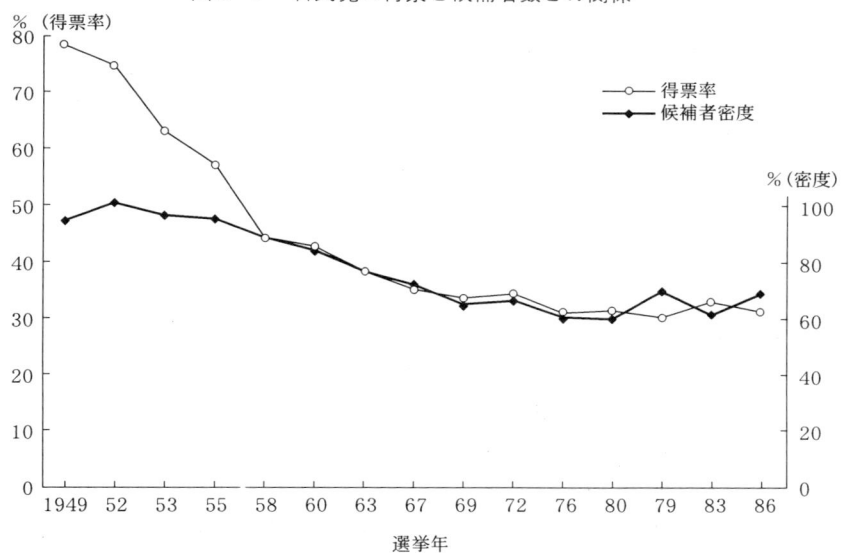

いる時に, 自民党の支持率は, 正の業績評価を反映してもっと顕著に上昇しなかったのか, という疑問である。第二には, 自民党支持率は, すでに述べたように, 1974年前後を機に反転し, 1980年代を通して緩やかな増加に向かうのであるが, この支持率増加の背景には, どのような業績評価の変化があったのか, という疑問である。これらの疑問を考えるうえで重要なヒントになるのは, 有権者の間の暮らし向き感覚の変化に関するデータである。[14]

暮らし向き感覚についての時事通信社の質問は,「あなたの暮らし向きは昨年のいまごろとくらべてどうでしょうか。楽になってきていますか, 苦しくなってきていますか」という項目で, この質問は, 1963年12月の調査以来, 一貫して行われている。この質問に, 回答者は(1)「大へん楽になった」, (2)「やや楽になった」, (3)「変わりない」, (4)「やや苦しくなった」, (5)「大へん苦しくなった」, という5つの選択肢から一つを選択して, 回答するようになっている。しかし, データを詳しく見ていくと,「大へん楽になった」あるいは「大へん苦しくなった」と回答する人の割合は, 全期間を通じて, 極めて低いことがわかる。そこで, (1)と(2), および(4)と(5)を合計し, 尺度を三段階に圧縮したうえで, それぞれのカテゴリーがどのような変化をしたかをまとめたものが, 図2-8である。[15]

ここで明らかな傾向として, いくつかのことが指摘できる。第一には, 全期間を通じて, 暮らし向きが楽になったと答えた人の割合は, 暮らし向きが変わらない, あるいは苦しくなったと答えた人の割合に比べて極端に少ないという事実である。第二には, 暮らし向きが楽になったと答えた人の割合の変動のパターンは, 暮らし向きが変わらない, あるいは苦しくなったと答えた人の割合の推移に比べて, はるかに安定しているということである。この二つの事実は, 人々は, 暮らし向きが楽になることに比べて, 苦しくなることの方へより敏感に反応することを示唆している。1960年代前半までの高度成長が, 自民党の支持率の顕著な増加につながらなかった一つの原因は, ここにあると考えられる。この図でも明らかなとおり, 高度成長の絶頂期においてさえ, 暮らし向きが楽になったという回答者は, 少数派であった。しかし, だからといって, 1960年代前半の自民党の経済運営が, 有権者の政権に対するポジティブな業績評価をまったく生み出さなかったというわけでもない。長期的観点にたてば, 暮らし向きが楽になったと答えた人の割合は, 安

第Ⅰ部　概説　37

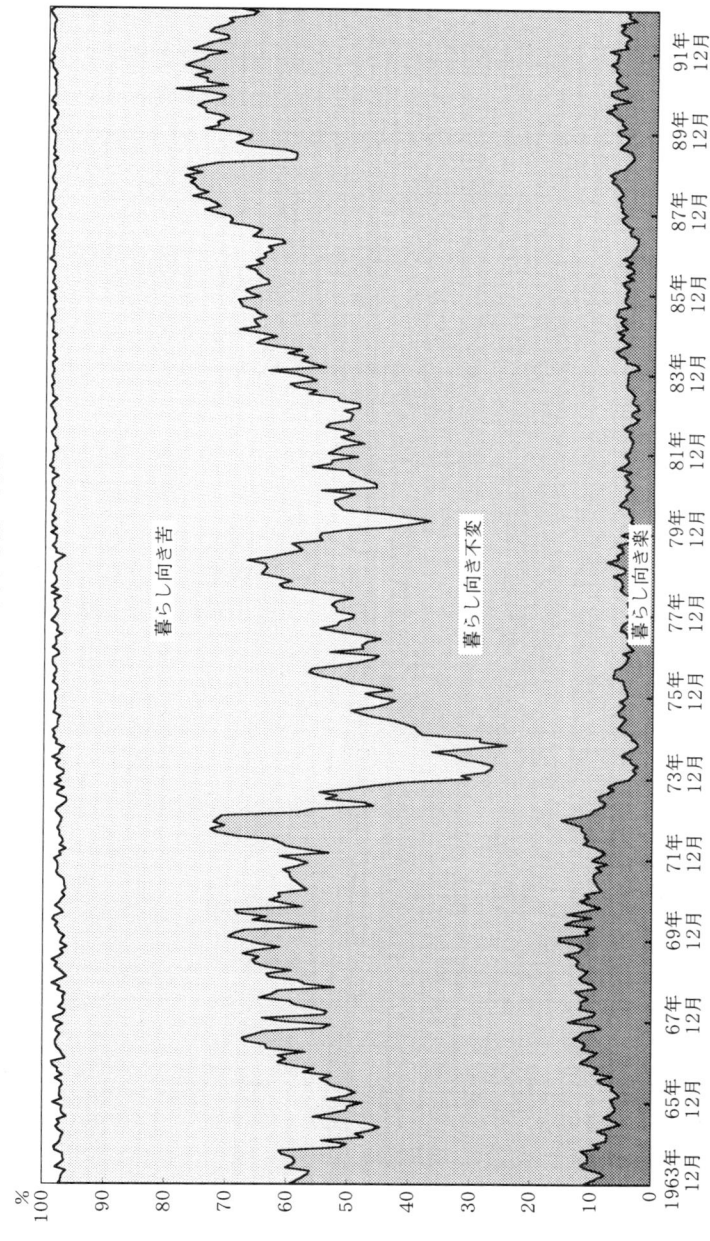

図2-8　暮らし向き感覚の変遷

暮らし向き苦

暮らし向き不変

暮らし向き楽

定して推移していることに変わりはないが，1974年前後を機に，その推移のレベルが約半減していることが見てとれるからである。つまり，高度成長は，顕著な自民党の支持率増加につながらなかったものの，有権者の政治意識の底流で，やはり確実にポジティブな業績評価を支えていたのである。

図2-8が明らかにするもう一つの興味深い事実は，1970年代半ば以降，暮らし向きが楽になったと答える人の割合は変化しないにもかかわらず，暮らし向きが苦しくなったと答える人の割合には，かなり一貫した長期的変化が確認できることである。すなわち，狂乱物価および第一次石油ショックの後，1974年あたりを契機に（第二次石油ショック，消費税導入における一時的な揺れ戻しを別にして），暮らし向きが苦しくなったと答える人の割合は，緩やかながら一貫して減る傾向にある。これは，ちょうど，自民党が，その支持を盛り返すようになる時期と一致している。このことからも，少なくとも長期的な視点に立つ限り，自民党支持の変化の動きは，業績評価モデルの理論的期待にほぼ見合っていると解釈することもできる。

もっとも，集計値におけるトレンドにおいて，暮らし向き感覚の変化と自民党支持率との関係が見出されたからといって，それは，必ずしも，個人レベルで経済の業績評価が有権者の政治行動を決定する要因になっていることを示唆しているわけではない。また，暮らし向き感覚の変化は，政権党である自民党支持とだけでなく（あるいはそれ以上に），その時々の政権，すなわち歴代内閣に対する有権者の支持とも関係していることが予想される。これらの問題の検討は，概説としての本章の目的を超える分析課題であり，より体系だった検討は，本書の第Ⅲ部に委ねることにしたい。

5．「支持政党なし」層の動向

図2-9は，支持政党なしと答えた人々の割合をプロットしたものである。さまざまな短期的変動はあるものの，すでに述べたように，はっきりした傾向として指摘できるのは，この層が一貫して増加しているという事実である。増加傾向は，1976年あたりを機に，多少そのスピードを落とし，しかも1990年代になってからは一時的減少に向かったともみえるが，このグラフに現れていない1993年以降も，この層はやはり増大しており，今日の時点で有権者の無党派化傾向に終止符が打たれたとは到底言えない状況にある。

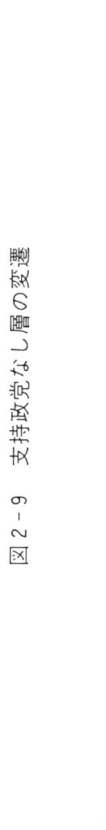

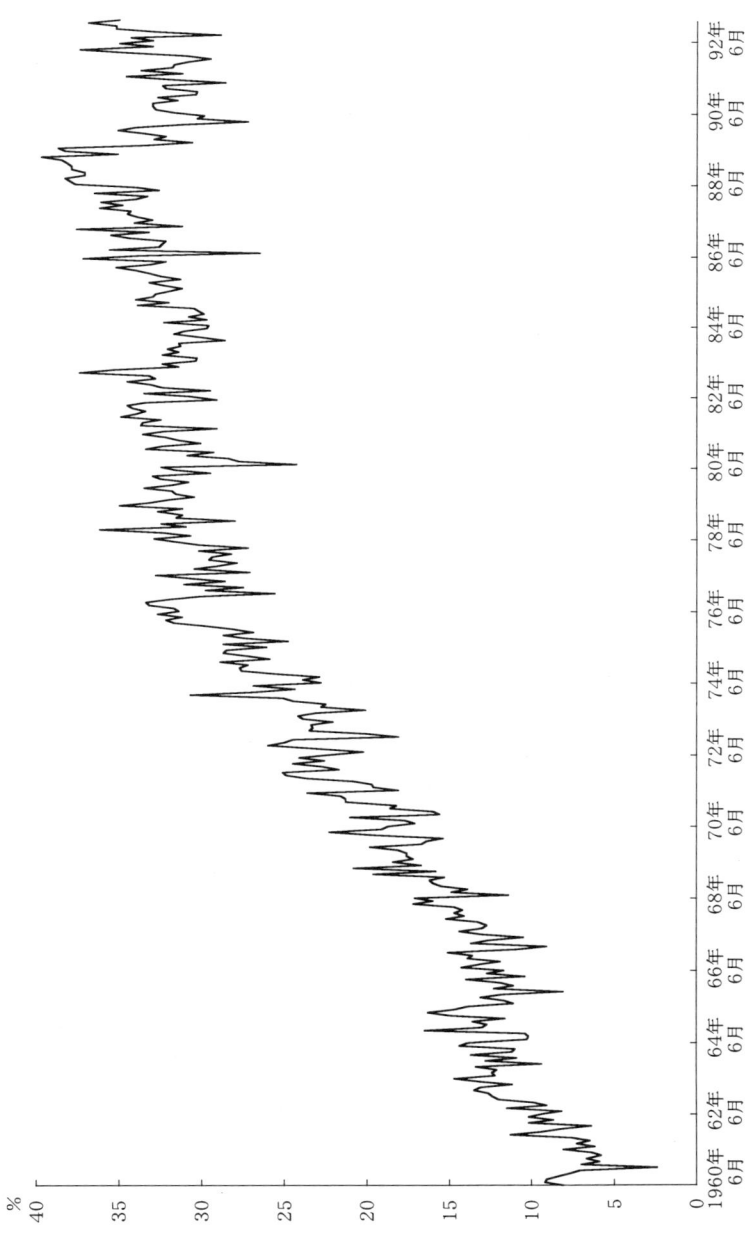

第Ⅰ部　概説

図 2-9　支持政党なし層の変遷

時事データに現れるこのパターンから，われわれは何か新しい知見を得ることができるであろうか。日本における無党派層の政治意識や政治行動についての研究は，それほど多くないが，そうした中でもこれまで最も積極的に分析を行ってきたのは，田中愛治である。田中は，サーベイデータに基づいて，この層が従来考えられていたように「政治システムから阻害された人々」ではなく，むしろ学歴が高く，政治にも関心があり，しかも自己の政治的影響力にも全面的に幻滅しているわけではないことを実証した。また，田中はこれに関連して，日本の有権者の意識構造全体が1970年代半ば頃に変容したと論じ，それ以降の自民党に対する支持が日本の政治体制支持を意味しているのではないかという「システムサポート」という興味深い仮説を提示している（田中 1995）。田中の問題提起はきわめて重要であるが，ここで提示した時事データは，彼の分析を補足するいくつかの解釈を提供してくれる。

田中の方法論的問題として指摘できるのは，彼の分析が，基本的には，さまざまな時点でのサーベイをもとにしているという点にある。残念ながら，そうしたデータから支持なし層や有権者全体の政治意識の通時的変化に関する解釈を導き出すことには，注意を要する。たとえば，1992年に発表された論文（田中 1992）では，田中は，彼自身がその前年横浜市緑区の有権者を対象に行った世論調査をもとに，無党派層の政治的関心の高さを実証しているのであるが，こうしたリサーチデザインでは，この層の政治的関心の高さが昔からずっと一貫しているものなのか，それとも1991年という調査時期（および横浜市という地域）に特定のものなのか，という疑問が残る。最近あらわされた論考（田中 1996）では，1976年のいわゆるJABISSと1983年のJESという二つの全国調査の結果を比較して，有権者全体の意識変化の動態を明らかにしようとしているのであるが，変化を語るうえでは，やはり時系列のデータを詳しく分析することのメリットのほうが大きいといわねばならない。ところが，時事データをよく見ていくと，田中の提起するテーマに呼応したいくつかの興味深いパターンを明らかにすることができるのである。

まず，無党派層の積極性，あるいはその政治的関心の高さに関して，時事通信社の世論調査において政党支持なしと答えた人の割合の移り変わりと，国政選挙のタイミングに注目したい。日本の議会制民主主義制度のもとで，衆議院および参議院の選挙が，有権者にとって国政に関する最も重要な政治

参加の機会を提供していることはいうまでもない。もし，無党派層が政治に無関心な層を意味しているのであれば，国政選挙のタイミングはその動向にまったく影響を与えないはずである。しかし，先のグラフに新たに選挙のタイミングを重ねあわせた図2-10をみると，国政選挙はほぼ例外なく，無党派層の割合を一時的に減少させる効果を持っていることがわかる。1960年11月の衆議院選，1980年6月の衆参同日選の影響は，おそらく調査時期のため，その翌月の大幅な減少に現れているとみるほうが適当で，これらは例外ではない。こうしてみると，少なくとも一部の無党派層は，政治に関心が高いからこそ，国政選挙のタイミングにあわせて，支持政党なしから何らかの政党支持へとその選択を変化させていることがうかがえる。

このことは，裏返せば，国政選挙が，有権者の政治的関心を刺激する機能をある程度は果たしている，ということの現れである。たしかに，この層全体の不断の増加傾向をかんがみれば，選挙の機能を過大評価することは禁物である。しかし，この図で見るかぎり，選挙が有権者の関心を刺激したという点では，60年代も，80年代もほとんど変わりがないことがわかる（これは，田中のいう積極的な無党派層がかなり前から存在していたことの傍証であろう）。とくに，1980年代に二度行われた衆参同日選挙が，無党派層をかなり顕著に切り崩すことに成功したのは，図から明らかである。問題は，こうした切り崩し効果がきわめて一時的で，この層の長期的な増加傾向を反転させる契機にはならなかった，ということである。

では，なぜ，そもそも無党派層は，これほどまでに一貫して増加したのであろうか。このことを考えるうえで重要なヒントになるのは，無党派層と他の政党，とくに自民，社会の二大政党の支持率との相関関係である。もし無党派層の増大が，政治的無関心の産物でなく，有権者みずからの，意識的，積極的な判断の結果を反映しているとすれば，支持政党なしという選択はその時々の既成政党に対する不信任の意思表示の意味が込められていると考えられるからである。表2-3は，1960年6月を起点として，1963年5月までを第一期，1966年5月までを第二期，というようにデータがカバーする期間を3年ごとの期間にわけ，それぞれの期間内での自民党支持，社会党支持と支持政党なし層との相関関係をまとめたものである（3年という期間は，相関係数を調べる上で必要なケース数を確保するために設けたもので，とくに

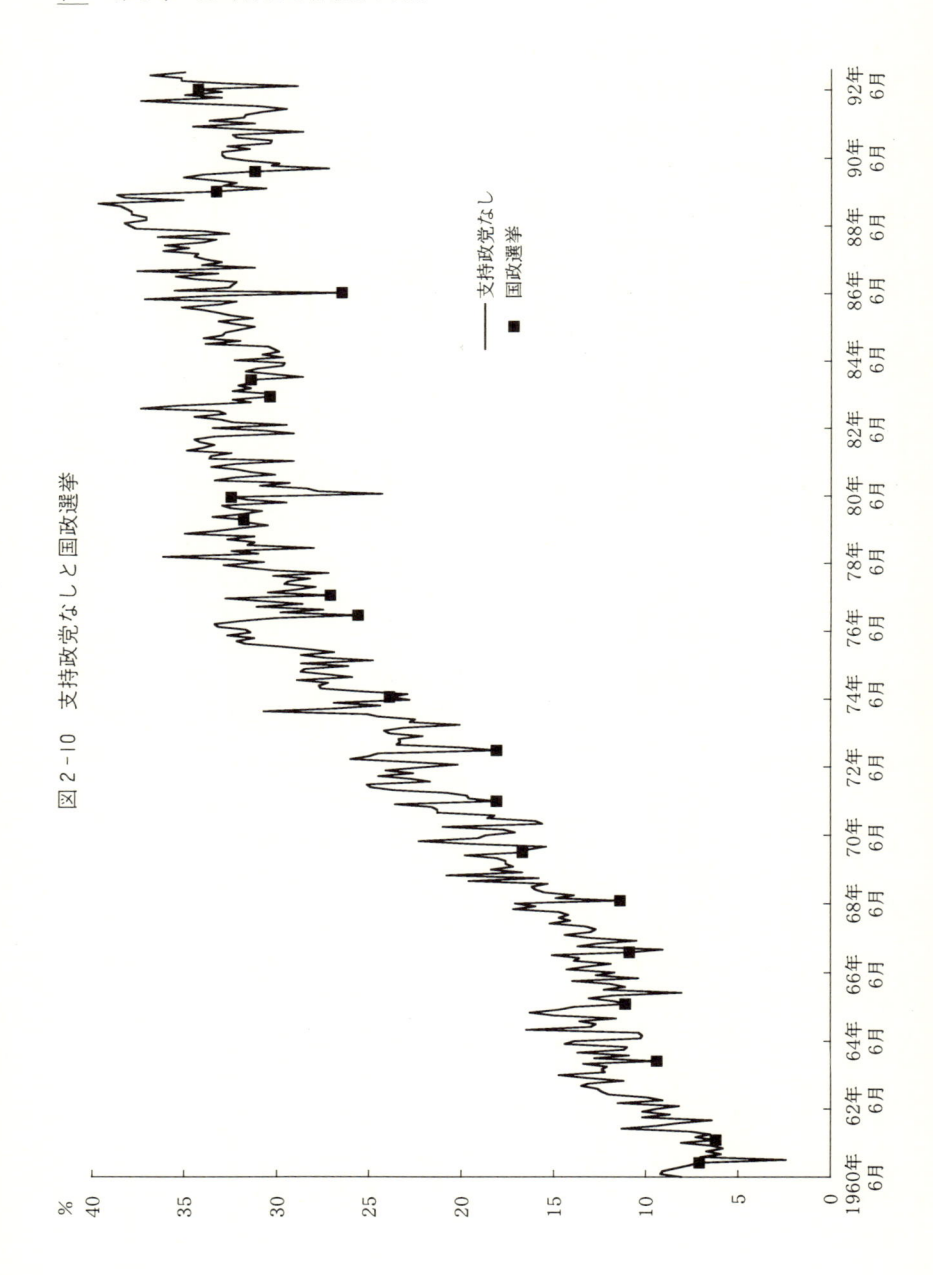

42　第2章　55年体制と有権者の変容

図2-10　支持政党なしと国政選挙

理論的な意味があるわけではない)。後の議論のため，自民党支持率と社会党支持率との相関もあわせて表示した。この表の，統計的に有意な結果だけを時系列にプロットしたものが，図2-11である (図では縦軸の正と負を逆転して表示してある)。

図2-11 自民，社会，無党派層間の相関関係の推移

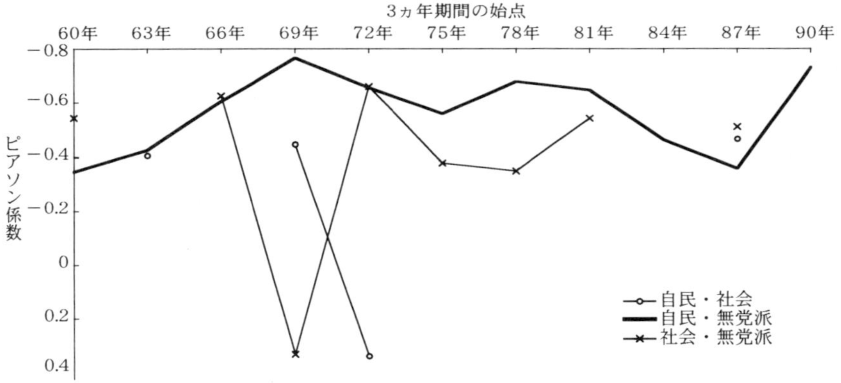

表2-3 無党派層と自民党支持，社会党支持との相関 (ピアソン係数)

期間	無党派 vs 自民	無党派 vs 社会	自民 vs 社会
60年6月—63年5月	−0.346*	−0.534**	0.024
63年6月—66年5月	−0.426**	−0.214	−0.406*
66年6月—69年5月	−0.605**	−0.627**	0.298
69年6月—72年5月	−0.766**	0.331*	−0.447**
72年6月—75年5月	−0.658**	−0.662**	0.338*
75年6月—78年5月	−0.560**	−0.377*	−0.273
78年6月—81年5月	−0.680**	−0.348*	0.009
81年6月—84年5月	−0.649**	−0.542**	0.327
84年6月—87年5月	−0.462**	−0.300	−0.325
87年6月—90年5月	−0.356*	−0.511**	−0.466**
90年6月—93年7月	−0.732**	−0.053	−0.347

注：＊＊は1％レベル，＊は5％レベルの統計的有意性を表す。

図2-11と表2-3からは，無党派層が，1960年代初めから一貫して自民党支持率と負の相関を示していること，つまり，自民党支持率が上がるときは，無党派層が減少しているという関係にあるという結果がはっきりと見てとれ

る。しかも，1960年代から1970年代の初頭までは，その係数の絶対値が一貫して大きくなっており，この時期を通して両者の間の負の相関関係が強まったことを意味している。この事実は，「55年体制」の当初から，無党派層は自民党に対する不信任を背景に増大し，そのピークが1969-72年あたりに訪れたことを示している。その後，（負の）相関は1970年代を通して0.6という水準を維持するが，1980年代以降は減少にむかっている。ただし，相関係数が，この時期においても統計的に有意であること，また，1989年のリクルート，消費税騒動時にはすぐさま0.7を超える程度まではねあがることを見ても明らかなように，無党派層が常に自民党へのアンチテーゼとしての存在であったことには変わりはない。

　また，前頁の表と図によれば，自民党と無党派層との間の一貫して強い（負の）相関に比べ，自民党と社会党との間の相関にはそれほど一貫したパターンを見出すことができない。自民党の支持率の減少が社会党の支持率の増加につながったのは，（最近のリクルート，消費税騒動を含む期間を除いては）1960年代と1970年代の初頭にかけて二度あるだけである。しかも，1972-75年の一時期には，自民党の支持率の変化と社会党の支持率の変化とは正の相関をもっており，この時期，自民党と社会党とにいわば「同じ穴のむじな」としてのレッテルが貼られ，有権者の既成二大政党離れが進み，無党派層のさらなる拡大を招いたのではないかということを憶測させる。以後，1970年代から1980年代の後半に至るまで，社会党の支持率と自民党の支持率とが連動することはついになかった。いいかえれば，社会党が，自民党に代わるクレディブルな対抗勢力としての意味をもっていたのは，「55年体制」の初期，せいぜい70年代の初頭までだったのである。

　ただし，このことは，社会党が，自民党へのアンチテーゼとしての存在である無党派層の受け皿にまったくなりえていなかったことを意味しているわけでもない。1987-90年のように，大きな争点や政治的事件をきっかけに無党派層と社会党支持率とが強い負の相関を呈することも実際あったのであり，また1970年代を通しても，総じて無党派層の減少は，社会党支持率の増加を意味していたことがみてとれる。しかし，もし社会党が，無党派層を丸ごと吸収することに成功していたとするならば，社会党と無党派層との間の相関は，むしろ消滅していなければならないはずである。そうではなく，無党派

層が自民党だけとではなく，社会党とも負の相関をもち続けたということは，社会党が自民党に対抗するクレディブルな対抗勢力として成長しなかったことを意味するばかりか，無党派層があくまで独立した集団でありつづけたことを意味している。「55年体制」のもとでの無党派層の不断で顕著な増大は，なにより，社会党が健全な野党として，政権党である自民党に対する不信任を下した有権者を取り込むことができなかったがゆえに，起こったと考えられるのである。[16]

6．内閣支持率の変化

　本章の最後の分析課題として，歴代内閣支持率の変化について，自民党支持率との関連において，触れておきたい。この問題は，第8章でより詳しく検討されるので，ここでは重複を避けつつ，いくつかの論点を指摘することとする。

　時事通信社が1960年代から内閣支持に関して一貫して行っている調査項目は，「あなたは○○内閣を支持しますか」という質問である。それに対して，回答者は「支持する」，「支持しない」，「わからない」の三つのカテゴリーから選択して答えることになっている。いうまでもなく，「55年体制」のもとでは，（新自由クラブと連立を結んだ一時期を除き）歴代内閣はすべて自民党によって組織され，行政府の長である日本の首相とは，自民党総裁のことであった。これは，有権者の自民党に対する支持と，内閣に対する支持との間に何らかの関係があるのではないか，と憶測させる。

　しかしながら，これまでにも指摘されてきたように，有権者の間では，内閣は「それを支える自民党と一体のものではなく，異なるものとして認識されている」ようである（阿部ほか 1990, 130）。事実，自民党支持と内閣支持の変動は，異なったパターンを描いており，図2-12は，その違いを際立たせるために，自民党支持率と内閣支持率，それに支持率から不支持率を引いて得られる内閣信任度を並べたものである。こうしてみると，自民党の支持率の変化に比べて，内閣支持率，とくに内閣信任度が，いかに短期的で振幅のはるかに大きい変動を繰り返しているかがわかる。

　「55年体制」下における歴代内閣がすべて自民党内閣であるにもかかわらず，なぜ自民党支持率と内閣支持率および信任度の間にはこれだけの差があ

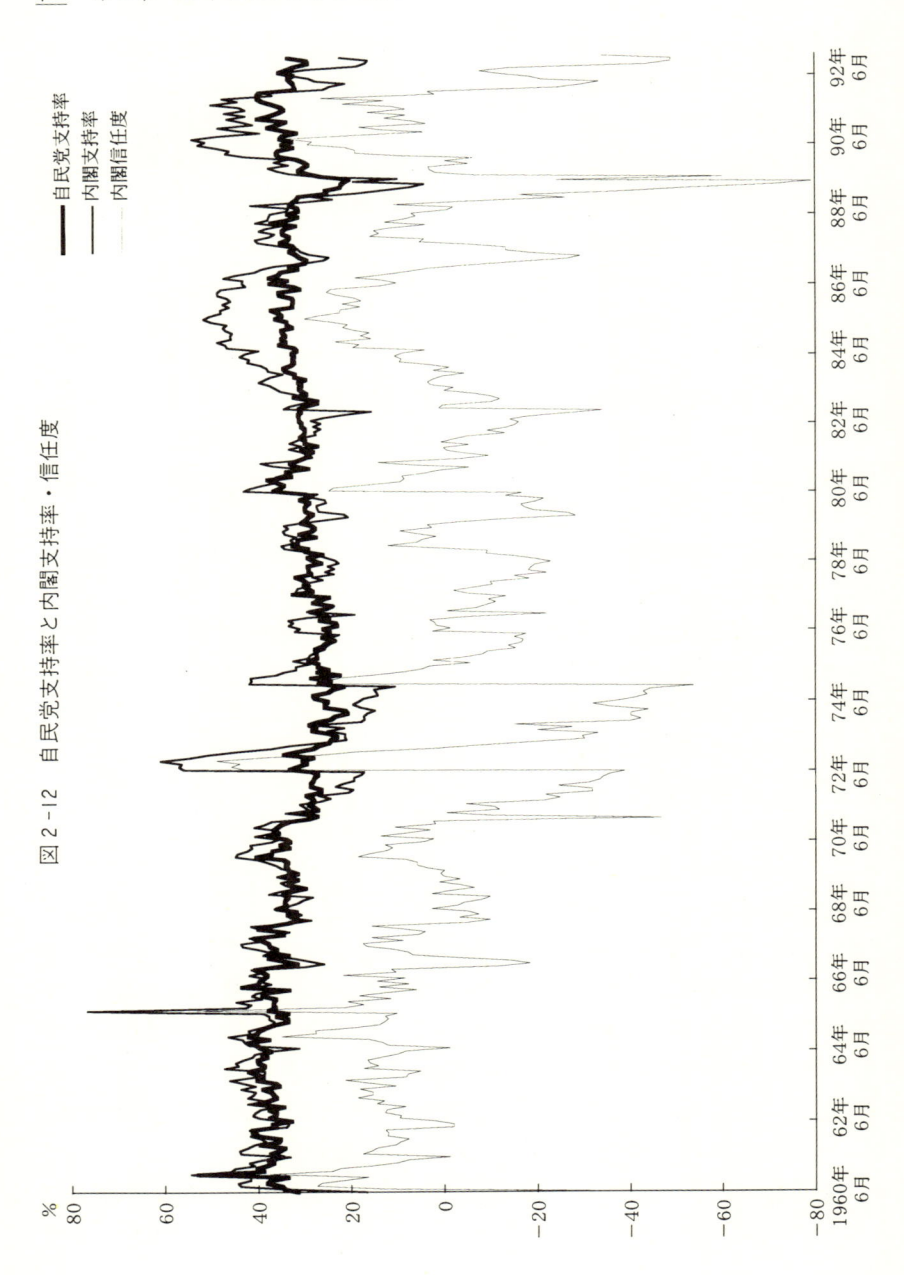

46　第2章　55年体制と有権者の変容

図2-12　自民党支持率と内閣支持率・信任度

るのであろうか。端的にいえば、この差は、自民党以外の政党の支持者のなかにも時の自民党政権を支持する人がいるというように、内閣支持（不支持）が政党を横断して形成されていることを意味している。これは、アメリカにおける大統領への信任度とその大統領の属する政党への政党帰属度との関係に似ている。アメリカ大統領の信任度（"approval rating"）は、たとえば共和党のレーガン大統領のように80％を超えたりすることもあるが、それはアメリカの有権者がレーガン政権のもとでこぞって共和党派になったからではなく、レーガン大統領が当時野党であった民主党の支持者たちからも信任されていたからである。

ただし、自民党支持と歴代内閣支持がまったく無関係だというわけでもない。図2-12を詳しく見ると、1960年代においては、この二つのシリーズは明らかに連動していたことがみてとれる。その顕著な例は、1960年12月、当時の池田首相が「所得倍増政策」を引っさげて総選挙にのぞみ人気を高めたことが、そのまま自民党支持率の一時的上昇をもたらしたことに現れている（総選挙と内閣支持率との関係については後述する）。しかし、この連動性は、佐藤政権の末期以降、消滅している。佐藤内閣は、1970年代初頭に外交と経済の両面にわたる二度のニクソンショックへの対応を誤り、その支持率を急落させたのであるが、その影響は自民党支持率にはそれほど反映されていない。佐藤に代わって登場した田中首相は、新しいビジョンや政策を打ち出すことによって、1960年の池田に匹敵するくらいに、その内閣支持率を一時上昇させたのであるが、その影響も、やはり自民党支持率には反映されていない。そしてそれ以降、内閣支持率と自民党支持率の動きは、1989年のリクルート、消費税騒動を例外として、ほとんど独自の変動を記録しているのである。

アメリカやカナダなどとの比較ということでいえば、日本の内閣支持率の変化には、いわゆる「ハネムーン効果」が見られないという特徴がある。ハネムーン効果とは、新しい政権が誕生すると、選挙戦の間に公約された政策への期待が高まり、少なくともしばらくの間は、政権信任度が高い状態が続く現象をさしている。日本の場合も、内閣の支持率や信任度は、総じて内閣成立直後に最も高いことが、これまでにも指摘されており、またそれは本書の第8章で確認されるところである。おそらく、政権が変わることによるイメージの変化がポジティブに働くのであろう。しかし、内閣の支持率、信任

度は，その後すぐ下降線をたどることが多い。図2-13，図2-14が示すように，ハネムーン効果らしきものがみられるのは，成立後，約4カ月ほど高支持率／高信任度を続けて記録した田中内閣だけである。有権者の高い期待をともなって登場したという意味では，田中に次いで，佐藤，宮沢内閣をあげることができるが，この二つの内閣は，ともに，1カ月も経たないうちに支持率／信任度が低下し，ハネムーン効果の恩恵に預かることはなかった。池田，中曽根，海部内閣は，これらのパターンとは逆に，政権についてから徐々に支持／信任をあげた例であるが，それらはハネムーン効果とは無関係であり，しかも，これらの内閣は，そもそも成立時において，有権者の支持，信任がそれほど高くなかったのである。ただし，ハネムーン効果については，自民党支持者であるかないか，経済状況がよいか悪いか，などという要因と相互作用を持つ可能性がある。こうした複雑な様相の分析は，第III部に委ねることにする。

　日本でみうけられる，よりはっきりした傾向としては，多くの有権者が新しい内閣の成立時に，支持か不支持かを即断せず，態度を保留するというパターンを指摘できる。図2-15は，「あなたは○○内閣を支持しますか」という質問に対して，「わかりません」と答えた人々の割合をプロットし，そこに首相の交代の時期を同時に示したものである。この図は，1982年11月に発足した中曽根内閣を例外として，新内閣の成立に対し，多くの有権者が支持，不支持の態度を保留して臨んでいることを示している。ただし，この図は，また，人々が態度を保留する期間が，それほど長くないことも示しており，有権者たちが成立直後から厳しい目で新内閣の仕事ぶりをみまもり，1カ月もあれば新しい政権に対して評価を下すようになることを物語っている。

　では，なぜ日本では，ハネムーン効果が見受けられず，有権者たちは新内閣に対して冷めた反応しか示さないのであろうか。すでに示唆したように，アメリカなどで新政権への期待が当初高いのは，政権交代が選挙を基本にして行われるために，（たとえ同じ大統領，同じ政党が政権を続けて担うことになったとしても）新政権が常に大きな公約パッケージを引っさげて登場することと関係していると思われる。これに対して，「55年体制」のもとでの日本での政権交代は，自民党の総裁が退陣したり，任期が切れたりすることによって行われるのが基本であった。自民党総裁の交代は，自民党内の派閥間の

第 I 部 概説

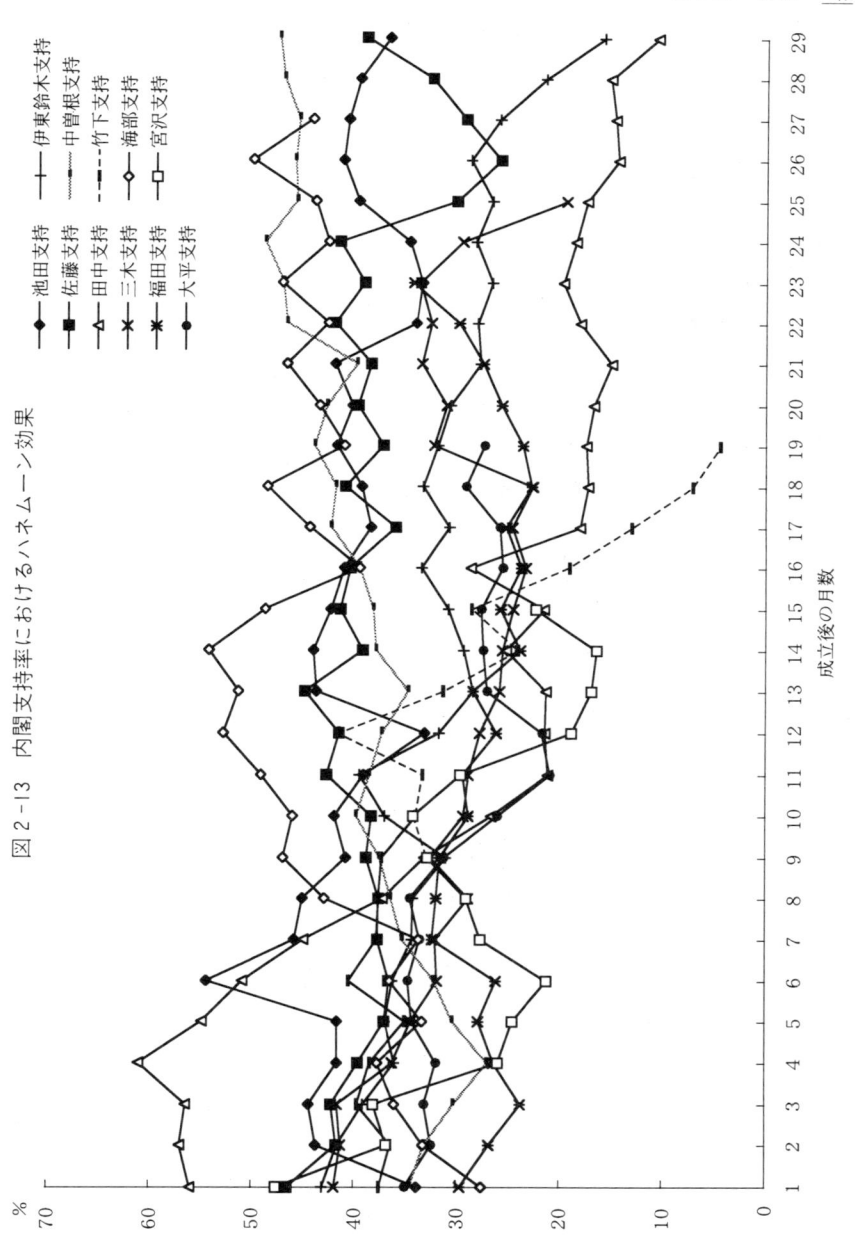

図 2-13 内閣支持率におけるハネムーン効果

成立後の月数

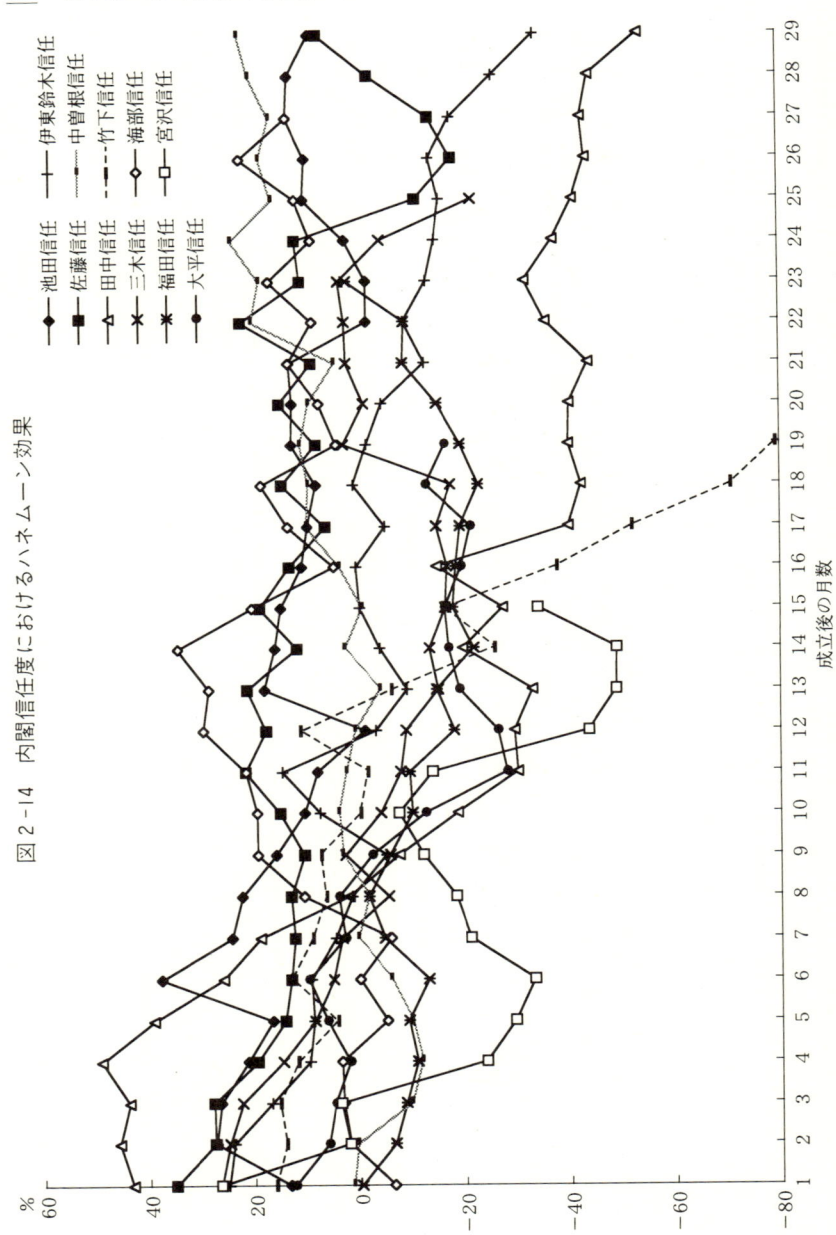

50　第2章　55年体制と有権者の変容

図2-14　内閣信任度におけるハネムーン効果

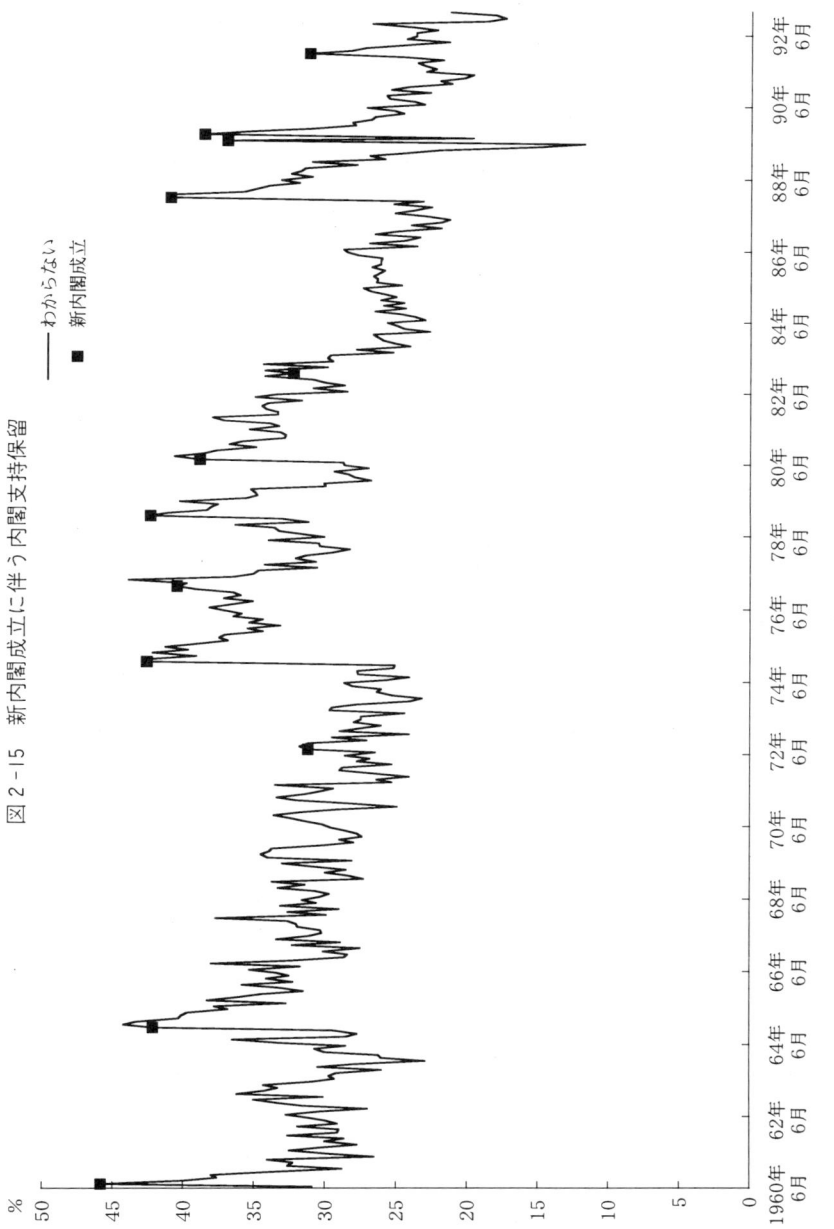

図2-15 新内閣成立に伴う内閣支持保留

第2章 55年体制と有権者の変容

図2-16 池田内閣支持率・信任度と総選挙

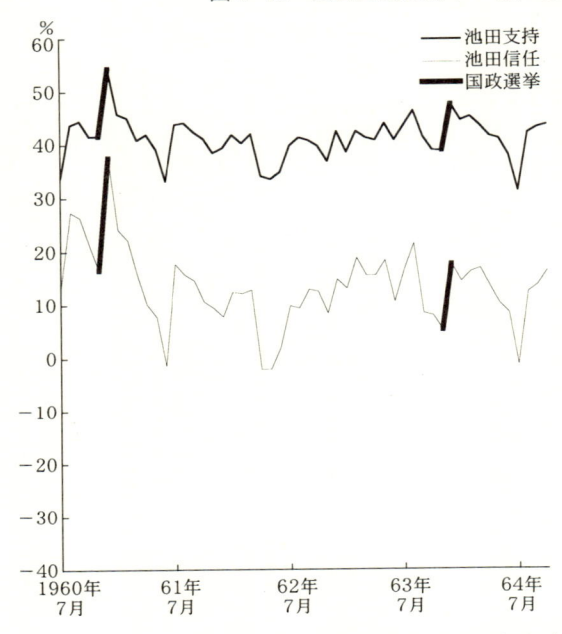

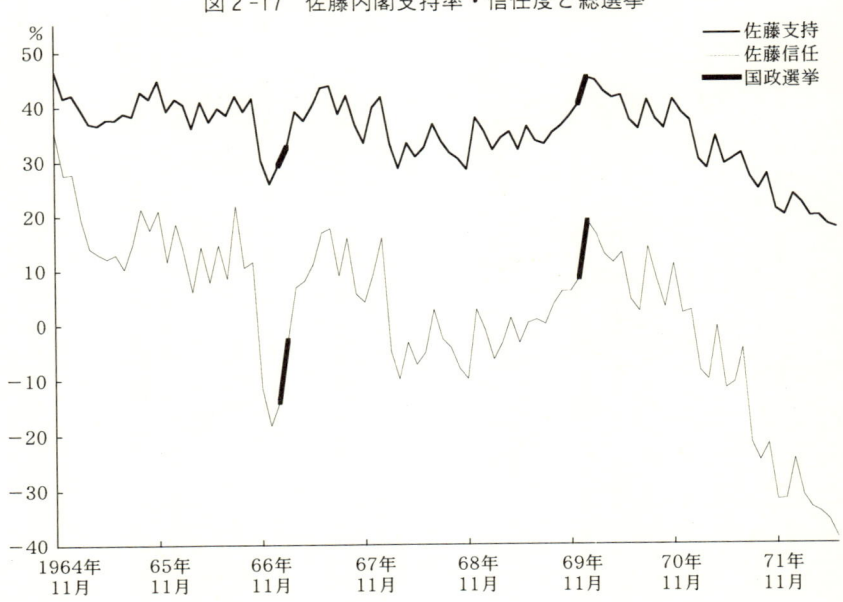

図2-17 佐藤内閣支持率・信任度と総選挙

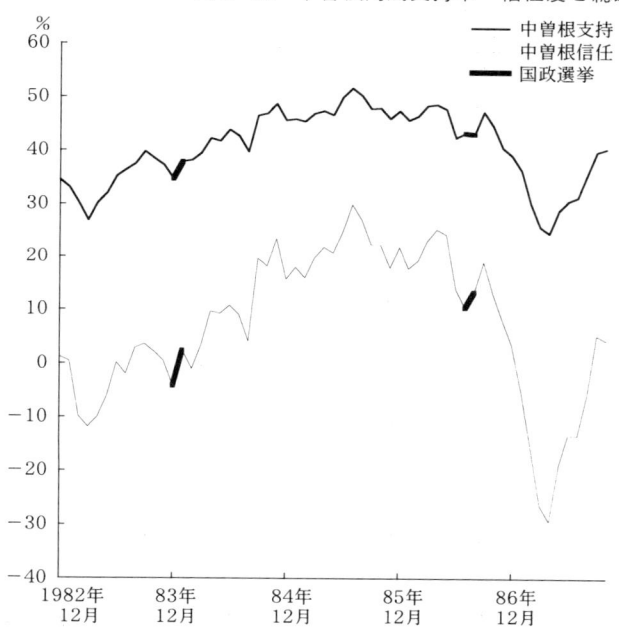

図2-18 中曽根内閣支持率・信任度と総選挙

政治的駆け引きと密接に絡んでいるが、自民党の派閥は、社会党のそれとちがって、はっきりとした政策ラインにそって形成されていたわけでなく、したがって、政権に就いている主流派派閥連合の構成が変わったとしても、有権者にとってそれが目立った政策の変更につながることを期待するわけにはいかなかった。このように、日本でのハネムーン効果の欠如は、政権交代が有権者に新たな政策の公約をもたらさないことと関係していると考えられる。おそらく、歴代政権のなかで田中内閣が唯一ハネムーン効果の恩恵に預かることが出来たのは、田中が例外的に明確に、そして有権者に対して直接自らの政策を訴えることに成功したからであろう。[17]

最後に、政権交代が有権者にアメリカにおける政権交代時に発生するような新たな期待をもたらさないとしても、政党や政治家が選挙を通じて有権者とさまざまな公約を取り結ぶという民主主義の基本的構図は、アメリカも日本も同様なはずである。だとすれば、政権交代のタイミングとは別に、日本

の衆議院総選挙は，その時点での現職政権に対して，ハネムーン効果に似た効果をもたらすのではないかという仮説がなりたつ。図2-16，図2-17，図2-18は，在任中に2回総選挙をした池田，佐藤，中曽根の3内閣について，それぞれの支持率と信任度が総選挙を経ることによってどう変化したかをみようとしたものである。これらの図をみるかぎり，総選挙は，内閣支持率，および信任度を押し上げる効果を持っており，とりわけ，1967年総選挙のあとの第二次佐藤内閣，1983年総選挙のあとの第二次中曽根内閣は，ハネムーン効果同様の上昇気流に乗じてその支持を高めって行った軌跡がみてとれる。同様のパターンは，最近では，1990年総選挙の後の海部内閣にもみうけられる。ただし，だからといって，総選挙がつねに現職政権に御祝儀をもたらしたわけでもなく，田中（1972年），三木（1976年），大平（1979，1980年）政権は，ついに総選挙による支持率上昇の恩恵をうけることがなかった。興味深いことに，これらの政権（総選挙）は，すべて1970年代に集中している。考えつくのは，この時期，日本の経済が高度成長から安定成長への過渡期にあり，短期的フィリップス曲線にそった政策効果への期待が薄れたためではないか，ということであるが，いずれにせよ，池田，佐藤の両安定政権に支えられた1960年代，中曽根の長期政権に支えられた1980年代との比較のうえで，1970年代における総選挙のあり方のちがい，とくに選挙公約の政権浮揚機能のちがいは，今後の検討課題として指摘しておきたい。

7．おわりに

　本章を閉じるにあたって，結論としていえるのは，時事の世論調査に見る限り，日本の有権者は，きわめて冷静に，しかも意識的に自らの政治行動を選択しているということではないだろうか。まず，自民党支持に関していえば，これまで信じられてきた「人口移動」仮説は，有権者は農村から都会へ移動すると，それまで育まれた共同体の価値観や社会的ネットワークから隔絶させられるために，あたかもアイデンティティー危機に陥り，自民党離れをすることを示唆するものであった。これは，日本の有権者の政治意識がもろく，ナイーブで，その政治行動は集団主義的，あるいは非自主的だという，伝統的な政治文化に基づいた日本政治の解釈に通じるものである。しかし，上の分析では，日本の有権者の業績評価，とくに暮らし向き感覚と政権党で

ある自民党への支持とが連関している可能性を示唆した。これについては，第III部であらためて重点を置いて確認するが，こうした可能性は，日本の有権者の政治意識の高さ，自主性を物語る解釈へと通じるものではないだろうか。

同様のことは，内閣支持率の変化について行った考察に関しても指摘できる。総選挙時にハネムーン効果に似た内閣支持率の上昇がみられること，新しく誕生した政権に対してその支持態度を保留し，しかも短期間のうちにその評価を下す用意を整えている，といった事実は，日本の有権者の冷静さとその自主性を示唆しているように思える。特段の支持政党がないと回答する「無党派層」さえ，一定の政治的積極性をもっていること，それが政権党であった自民党のアンチテーゼとして勃興した様子が窺えることなども再確認されたが，これについてもまた同じことがいえよう。もし，伝統的な政治文化的解釈が（他の民主主義諸国と比べて）日本の有権者たちの未熟さ，ひいては日本の議会制民主主義の後進性を暗黙のうちにも含意するものであるとすれば，本章の時事データの分析は，そうした解釈の一面性を示唆しているのではないかと思われる。

第II部
冷戦構造と対外感情

第3章　冷戦構造としての55年体制

　「55年体制」は，曖昧で多義性にみちた概念である。1980年代半ばに文献を整理した山口定は，「55年体制」という言葉がそれまで研究者たちによって七つ以上の異なった意味を込めて使われてきたことを指摘している[1]。また，日本政治学会は，すでに1979年の時点で，学会誌である『年報政治学』において，「55年体制の形成と崩壊」という特集を組んだことがあるが，1993年に自民党が下野した時点でも，この体制の「崩壊」や「終焉」という表現で事態の推移が語られたことを思い起こすと，これも奇妙である[2]。このことは，「55年体制」の内容が明確に定義されていなかったがゆえに，その意味するところが時代とともに変化し，かなりルーズに「概念的伸長（サルトーリ）コンセプチュアル・ストレッチング」をこうむってきたことをうかがわせる。

　こうした混乱の一つの原因は，日本語の「体制」という言葉が，異なる概念をあらわす複数の外来語の訳語として同時に使用されてきたことに由来する。たとえば，英語においては，異なる統治形態を区別するために用いられる"regime"（この語は元来はフランス語である）と，政党制の"(party) system"とは，別の言葉であるが，これらを日本語に訳すときはどちらも「体制」とするのが通例である。政党制システムのタイポロジーは，おおむね，競合する政党の数と，政党が代表するイデオロギー的対立の強度のようなものを基準にして行われる[3]。ちなみに，そこでは，民主主義的な政権獲得プロセスが制度化されていることが，前提とされている。これに対して，政治体制レジームのタイポロジーは，政府の正統性，市民社会の伝統，政府と社会との関係など，幅広い要因を包括したレベルで行われる。また，後者は，民主主義国家と，そうでない国家との区別をはかることを一つの重要な目的としてきたのである[4]。

「体制」という訳語のもつ多義性もさることながら、従来までの「55年体制」の概念化にはもう一つの問題がある。一般に、政党制のレベルの「55年体制」は、国政選挙の結果として与えられた国会の議席配分が、自民党が単独で首班指名を行うことができ(したがって単独で政権を成立させることができ)、かりに不信任案が提出されてもそれを単独で否決することのできる状況であったこと、そうした状況が長期にわたって続いていたこと、という意味で用いられてきた。また、その帰結として、「55年体制」を、自民党が唯一政策に責任をもつ政党であった政治的状況が続いたこととして捉える見方もある。しかし、これらの見方はともに、政治的エリートの側に重点を置いた定義であることに変わりがない。もし、エリートレベルにおける政党再編と、有権者の政治意識、政治態度に現れる変化のパターンやタイミングとが一致するのであれば、そうした定義に基づいた分析で事足りるかもしれないが、この二つが完全に一致することはありえないであろう。一般論として、有権者の側の変化がエリートの再編に先立って、大きな政治変動を引き起こすこともあるであろうし、外生的な構造変化がまずエリートたちに新たな離合集散を促し、それが後になって有権者の意識や態度に反映されるようになる、という逆の場合も考えられる。「55年体制」を捉えるうえでも、1955年に保守合同が実現し、政権成立要件としての一党優位が確立されたことが、果たして有権者の目にはどう映っていたのか、あるいはそうした政党再編を促した構造的要因がどのくらいのタイムラグをともなって有権者の側の意識の結晶をもたらしたのかといった問題を、世論調査データに基づいて検証することは重要な意味を持っていると思われる。

　以下では、こうした分析に先立つ予備知識として、エリートレベルで、「55年体制」が成立した背景に簡単に触れておく必要があろう。第4章以降の分析は、データの制約もあって1960年代からの有権者の変化を跡づけするものであるので、とくに政党システムのうえで、自民党の一党優位体制が確立していく構造的要因、歴史的経緯を簡単にまとめておきたい。

　一般に、ある国のある時期における政党制がどのような要因によって決定されるかについては、研究者によってさまざまな見解が提出されているが、それらは大きく分けて、社会の構造的要因によって形成されるという見解と、選挙制度によって決定されるとする見解とに分かれるということができる。

日本については，このうち，選挙制度の特徴を重視する立場から，衆議院選挙で用いられていた中選挙区・単記非移譲式投票制度のもつ効果についての研究が最近著しく進められている。しかし，こうした研究のほとんどは，この選挙制度の遠心的（centrifugal），分散的（fragmentation）効果を重視し，それを野党の多党化傾向や大政党内の派閥ダイナミックスと結びつけることはあっても，自民党優位体制そのものを説明する主要な要因として取り上げるものは例外的である。(8)

政党制としての「55年体制」の成立と発展を考えるうえでは，むしろ，戦後日本の社会構造的要因と結びつけるオーソドックスな解釈が今日でも有力である。当初，自民党の誕生に先駆けて左右両派の統一によって新生した日本社会党は，議席数では自民党の半分程度であったものの，自民党の優位へ挑戦する野党としての役割を期待されていた。自民党と社会党という政党間レベルでの対立は，より深層的な，社会における保守と革新という対立構図を反映していたと考えられる。つまり，自社対立は，自由資本主義体制を受け入れ，アメリカをはじめとする西側陣営に明確に軸足を置こうとする保守と，社会主義の理想を追求し，外交上の反米路線もしくは中立主義を標榜していた革新との間の，先鋭化したイデオロギー対立を背景にしていた。「55年体制」が，国際場裡で展開された米ソ陣営間の冷戦の国内版であると称されたのは，この意味においてである。

もっとも，保革イデオロギー対立が日本の政治的エリートの再編を促すまでには，かなりの年月を要したと考えるのが適当である。たとえば，今日の外交史研究では，米ソ間の冷戦はトルーマン宣言のはるか以前，第二次世界大戦中に始まっていたと考えるのが常識となっており，アメリカの対日占領政策のあり方についても，当初から，そうした国際的緊張の影響を被ってきたことが知られている。(9) しかし，アメリカの占領下にあった1940年代後半の間は，こうした国際レベルの冷戦構造が，日本の政党制を決定するというところまで，直接的な影響を及ぼすことはなかった。1947年5月から1948年11月まで，社会党と中道，および保守の一部による連立内閣が成立した事実は，そのことを物語っている。また，この連立内閣の失政への反動として，1949年の総選挙で吉田茂に率いられた自由党が，地滑り的勝利をおさめてしまったことも，政党制としての「55年体制」の成立を遅らせることに寄与したと

いえよう。なぜなら，それ以降，保守陣営では，吉田対反吉田の対立が基本的な政治のリズムを刻むようになったからである。この抗争は，1955年の総選挙の結果，鳩山一郎の民主党が40％に満たない議席率で少数内閣を発足させなければならないところに追い込まれて，ようやく沈静化するのである。

しかし，東アジアにおいて，この時期，東西間の冷戦の深化が着実に進んでいたことも確かである。1949年の中国の共産化，そして1950年の朝鮮戦争の勃発は，日本を直接巻き込んだかたちで，この地域の緊張が一挙に高まったことを意味した。こうした事態の進展は，日本にとって，三つの意味で，重大な意味をもっていた。第一に，アメリカで，早期に対日講和を結ぶべきだという意見が大勢を占めるようになったこと。第二に，講和条約とともに，日米の間でもう一つ別の取り決めが結ばれ，アメリカ軍が引き続き日本に残留することが確実になったこと。そして第三に，日本に対する再軍備圧力が増えることが予測されたことである。再軍備や日米安全保障条約は，憲法第9条との整合性を問いかける問題でもあった。対日講和と，戦後日本の安全保障政策の大枠が，こうした緊迫した国際情勢の中で決められなければならなかったことが，保守と革新の間のイデオロギー対立を先鋭化させないはずはなかった。1955年，左右社会党がそれまでの対立の経緯を乗り越えて統一したとき，それは，非武装中立と憲法改正反対の旗印をかかげて，保守勢力に対抗しようとしたからであった。他方，保守合同して成立した自民党は，日米安保と限定的な再軍備の必要性を説き，憲法改正をめざす勢力として認知されるようになったのである。

日本の政党制を定義する対立軸は，この時点で，少なくとも政治的エリートのレベルにおいては，外交，安全保障，そして憲法という，きわめて高次の政策的イシューをめぐって結晶化したのである。大嶽秀夫が強調するように，これは，戦後日本の政治史に特徴的な展開である。[10] 政党制を形成する社会構造として，左右の対立構図はどこの国にも見られるが，ふつうそこで「左右」といわれる対立は，経済政策における政府の役割，すなわち統制型か，自由放任か，という選択をその内容としている。そこでの左右の差は「どの程度政府は介入すべきか」という，いってみれば「程度問題」でしかない。これに対して，日本においての左右（保革）の対立は，親米かそうでないか，憲法改正に賛成か反対か，というように二者択一的な選択を迫るような立場

の違いに基づいていたのである。
　エリートたちのこうした政党再編は，有権者の間では，どのように受け止められていたのであろうか。有権者においても，外交，安全保障，憲法といったイシューをめぐる構造的な変化が政治意識のうえでの変化を促し，それが政党支持へフィードバックされたからこそ，「55年体制」は体制として長続きしたのであろう。しかし，その変化の動態や，有権者の側においても「55年体制」がはっきりと認知されていく過程は，必ずしもこれまでデータを使って明らかにされてきたわけではない。その一つの理由は，安全保障や憲法，さらには経済体制に関して，有権者の意識の変化を早い時機から跡づける世論調査のデータが公開されてこなかったからである。以下の二つの章で行う分析は，時事データの中にある体制（陣営）選択と対外国感情に関する変数を，こうした構造的要因をはかる変数として使うことにより，まさに，そのような有権者の側から見た「55年体制」の成立とその変容を明らかにしようとするものである。

第4章　一党優位政党制の展開と外交基本路線に関する意識パターン

1. はじめに

　第3章でみたように，日本の一党優位政党制の成立の時期については，議論の余地がある。一党優位制の定義要素の第一は優位政党の大きさとその継続期間の長さという数量的要因であるから，その成立時期は比較的確定しやすい。だが，一党優位政党制の第二の定義要素が政治的エリートおよび一般有権者の意識と行動についてであり，日本のように，優位政党が合同によって一気に成立したところでは，一党優位政党制に見合った意識と行動の成立はかなり遅れたのではないかと推測できる。第二の定義要素は，論者によってさまざまに表現されている。いくつか例をあげよう。「元来，政党というものはそれが新時代と一致しているときに支配的となるのである。つまり，党の原理，思想，方式およびその型などがいわば新時代のそういったものと一致しているときである」(デュベルジェ 1970, 333)，「支配的な政党というものは，世論が支配的であると信じているところのものである。」(デュベルジェ 1970, 333)，「支配的な政党の敵対者でさえも，自分たちの投票を支配的な政党に与えるのを拒否する市民たちでさえも，支配的な政党の優越的な位置やその影響力を認める」，「（優位政党は）体制の基本原理を体現する存在である」あるいは「体制の正当性を我がものとする政党である」(的場 1986, 312)，「（優位政党は）その政権が近い将来に崩壊することがないだろうと政治過程参加者によって考えられている」(的場 1986, 305)。
　いずれも，操作的定義に換えるには困難な表現である。政治過程参加者の

うち，本章では一般有権者のみを対象とするので，次のようにまとめることにしたい。(1) (a)優位政党は，体制の基本問題について，有権者の多数意見を体現する政党で，(b)反対政党の支持者すらその優位性を認める意識を持つ。だが，(a)はともかく，反対党の支持者が(b)の意識を持つに至るのは，一党優位政党制が成熟してからのことであろう。一党優位政党制の形成から崩壊まで，それぞれの発展の段階に応じて，政党と体制の基本原理に関する有権者の意識のパターンは変化するはずである。本章は，過去30年間の有権者の意識のパターンのサイクルを時事データによって分析し，日本の一党優位政党制の理解の一助とすることを目的としている。

2．一党優位政党制のサイクルと有権者の基本路線に対する態度パターン

　一党優位政党制のもとでの有権者の政党選択を含む体制の基本路線に対する態度パターンは，通常以下のようであろう。これを通常過程における態度パターンという意味で，「通常パターン」と呼ぶことにする。

「通常パターン」
- (a)　優位政党と野党第一政党に対する支持率の差，および基本路線に対する賛否の差が著しく大きい。もちろん優位政党とその路線の支持者が圧倒的に多い。
- (b)　優位政党支持者内での賛否の分布は，賛成の方向に大きく偏る。
- (c)　野党支持者内での賛否の分布は，反対の方向に大きく偏る。

先述したように，体制初期にはこのような「通常パターン」はまだ成立していないかも知れない。その場合は，次の段階に見られる態度パターンである「結晶化パターン」が見られるだろう。

「結晶化パターン」
- (a)　優位政党と野党第一政党に対する支持率の差，基本路線に対する賛否の差は始めから著しいか，あるいは，この段階ではまだ大きく開いていない。
- (b)　（差が大きい場合）賛否の差が始めから著しいのは，一連の対象に対する多数意見を代表しているだけであって，個別意見の間には相互に綿密な関連ができていず，態度間にまだ整合性がない。

(b′) （差がまだ小さい場合）優位政党支持者内および野党支持者内には「通常パターン」の(b)(c)の傾向が見られるが, 全有権者では賛否の差がまだ大きくない。やがて差は次第に開いてゆき,「通常パターン」に達する。

　既存の「通常パターン」は有権者の意見の変化によって変容し, 優位政党支持者よりも野党支持者が優勢になり, 最終的には, 賛否の分布が逆転することがあろう。この状態が長く続けば, 一党優位政党制はゆらぎ, 崩壊する。この過程の意識パターンを「変容パターン」と呼ぶことにしたい。

「変容パターン」
(a) 有権者全体の優位政党と野党の支持率および基本路線賛否分布の差が縮小し, ついには逆転する。
(b) 優位政党支持者内にも相対的に反対者が増えてくる。
(c) 野党支持者内の賛否分布は一層, 反対の方向へ偏る。

　優位政党は体制を自己のプログラムにそって構築でき, 体制の「正当性」を独占することが可能だとすると, 特別の政治状況が発生し「変容パターン」が出現したとしても, 長続きはしないであろう。むしろ, 次の「成熟パターン」, つまり, 成熟した段階の一党優位政党制における意識パターンに移行する可能性が高い。

「成熟パターン」
　　　「通常パターン」のうち, (a)(b)両項目に大きな変化がなくとも,
(c) 野党支持者内の賛否分布は優位政党支持者内の分布に近づくだろう。つまり, 野党支持者内の賛否分布のパターンに逆転が起きる。これまでの対立軸はもはや争点ではなくなる。それは野党綱領の変更等によって, 与党対野党の基本路線の対抗を別の基本争点に移すことに成功したからかもしれない。その時, 一党優位制は崩壊しているかも知れない。少なくとも, 政党制の再編が行われているだろう。あるいは, 政党制になんの変化もなく, 野党はたんに, 過去の惰性によって, あるいは与党のスキャンダルなど単一争点の働きにより, 優位政党の失政をとがめることによって, なんとか生き延びているに過ぎないのかも知れない。
(c′) 野党支持者内の賛否分布に変更がなくとも, 有権者全体が一層多数

意見の方向に動く結果，野党の規模はさらに縮小せざるをえない。野党は原理的反対派として存続することになる。

それぞれの意識パターンに対応する過程あるいは段階は一党優位政党制のサイクルの一部である。一般的には，「結晶化過程」「通常過程」「成熟過程」と進んで行くだろう。あるいは，この間に「変容過程」が挿入されるかも知れない。結論の一部を先取りして言えば，日本では，保守合同による一党優位政党制の突然の形成に始まり，意識パターンは「結晶化パターン」「通常パターン」「変容パターン」「通常パターン」「成熟パターン」を通過した。最後に「変容パターン」なしに，あるいは，新しい基本的対立軸による政党制の再編成をまたず，優位政党制は優位政党の分裂によってその幕をおろしたのである。

本章では，有権者を対象とする世論調査データに基づき，各々のパターンの存在の確認とそれに対応する時期の確定につとめたい。

3．データ

以上の過程の意識パターンを明らかにできるデータは，いくつかの重要な基本路線についての質問を定期的に繰り返す継続調査でなくてはならない。繰り返しの間隔は短いほうがよい。すでに紹介したように，時事世論調査は1960年6月から現在に至るまで，毎月，政党支持，内閣支持，経済状況の認知と評価，自由陣営か中立志向か共産陣営かの選択，好きな国と嫌いな国などについて，国民の反応を記録している。このような調査は他にない。

ただ，体制の基本路線となると，時事データの項目だけでは十分ではない。これには，「外交上の基本問題」はともかく，的場のいう「体制の正当性との一体化」の諸項目のうち「現行憲法との一体化」と「内政上の基本的政治理念」が欠けている。内政面では，この調査には暮らし向きと景気動向についての質問があるに過ぎない。これらは，景気動向によって揺れ動く性格のもので，基本路線ということはできない。内政上の基本路線は，資本主義経済体制か社会主義経済体制か，あるいは自由主義経済体制か福祉国家かの選択であろう（大嶽 1983）。こういう対立軸に関する調査項目はもとより，もう一つの基本路線，現行憲法体制との一体化の項目も，時事データにはまったく欠けている。だが，与野党間の内政上の基本的争点は外交上の基本路線と

第II部　冷戦構造と対外感情　69

完全に一致するとはいえないにしても，外交上の基本路線による代表性は高いといってよかろう。

結局，時事データからここで主に使用できる項目は，優位政党（自民党）支持，野党第一党（社会党）支持，外交路線として，自由陣営帰属，中立志向，アメリカ好き，アメリカ嫌い，スイス好き，インド好きなどである。本章のテーマを「有権者の政党支持と対外国態度」に絞ったのは，以上の理由による。ここで使用する主な項目の質問文を掲げておく。

（政党支持）あなたはどの政党を支持しますか。（「なし」というものと「わからない」ものに）保守党と革新党とに分ければ，どちらを支持しますか。

（陣営帰属）いまの日本は，自由陣営についたほうがいいと考えますか，共産陣営についたほうがいいと考えますか，それとも中立でいったほうがいいと考えますか。

（好きな国）あなたが好きな国を（このリストの中から）3つまであげてください。

（嫌いな国）反対に，嫌いな国を（このリストの中から）3つまであげてください。

すでに第1章で紹介したように，この調査データは，もともとは毎月，1250人から2000人の全国確率サンプリングによる対象者に面接調査した個人データであって，各月調査の集計データは刊行されている。これにより，全有権者の分布の変化を30年間たどることができる。各意識パターンの(a)項（支持率などの大きな差の存在）はこのデータで示すことができる。

意識パターン，(b)(c)項の政党支持者グループ内の分布の偏りの程度は，個人データによるクロス集計で容易に示すことができる。ただ残念なことには，個人データが手元にあるのは，1964年の1月から3月，1970年から1975年まで（若干の欠落月がある）の58ヵ月分と，1986年から1990年までの6年間，60ヵ月分である。これらのデータを年ごとにまとめてプールし，それぞれで，項目間のクロス表，たとえば，1970年の自民党支持と自由陣営帰属とのクロス表を作成する。

集計データはもともと個人データを月ごとに集計（％）したものである。

個人データの欠けているところは，その月の集計データで補わざるをえない。ある月のパーセントと前月のパーセントの差を計算し，これをデータとして，2変数相互の相関係数をとった。自民党支持率と自由陣営帰属率の相関係数を例にとると，自民党支持率が増えると自由陣営帰属率が上がり，支持率が減ると帰属率が下がれば，両者の相関係数が高くなる。逆の場合は逆相関になる。全データ個数は約360であるが，分析の目的から，五つの期間にわけ，それぞれの期間内で相関係数を計算することにした。

このように集計データで相関関係が見られれば，両者の間に密接な関連があると仮定する。だが，実は，集計データで相関が存在しても，必ずしも，個人データでも2変数間に密接な関連が存在するとはかぎらないが，個人データの欠けている所は，両データが存在する時期での分析結果を参考にして，集計データに基づいて推定を下すことが許されよう。

4．政党支持率，帰属陣営率，外国の好き嫌い率

優位政党とその外交路線に関連する変数のセットとして，優位政党（自民党）支持率，自由陣営帰属率，アメリカ好き率を，それに対応する野党側の変数として，野党第一党（社会党）支持率，中立志向率，アメリカ嫌い率を，それぞれ対照させたい。

優位政党である自民党に対抗するのはまず，野党第一政党の社会党である。自民党支持と外交上の自由陣営帰属の密接な関係の存在は周知の通りだが，これに対応するのは，社会党支持と中立志向の関連である。自由陣営帰属の対極は共産陣営帰属であるが，時事データでの帰属率は平均1.5％（最高は4.5％）で自由陣営帰属の対極として取るには小さすぎる。また自民党の外交路線では，アメリカとの関係を最も重視する。「アメリカ重視」と「アメリカ好き」は異なるが，前者のデータがないので後者で代える他はない。アメリカは自由陣営のリーダーであるから，自由陣営を代表できるが，中立志向側ではそのような国は見あたらない。60年代初頭までの非同盟外交が華やであった時代には，インドがその役割を果たしていた。しかしインドの時代は1964年5月ネルーの死とともに終わった。それまで平均13％のインド好き率はネルー死後数％に落ちる。中立国スイスは日本人の好む国の一つだが，その国際政治上の行動から，自由陣営の対極としての中立志向国代表という位置づ

けはできないし、日本のどの層からも好かれていて、一方の陣営に入れがたい。そこで、消極的ながら「アメリカ嫌い」で中立志向と関連する国を代表させる。これについては後に議論する機会があろう。

「通常パターン」と「成熟パターン」では、優位政党に関する変数値が野党に関する変数値に大きな差をつけて引き離すと仮定されている。もし、逆に、野党側の変数値の方が大きいなら「変容パターン」の存在を推定できる。まず、これらの変数の約30年間の消長を簡単に紹介しつつ、自民党支持率対社会党支持率(野党支持率)、自由陣営帰属率対中立志向率、アメリカ好き率対アメリカ嫌い率の相対的大きさの変化を分析して「変容パターン」の存在とその程度を示したい。

(1) 自民党支持率と社会党支持率

表4-1は1960年以来の自民党支持率(副次的ながら社会党支持率も)の変化を大まかに追い、その変化と対応する国内外の事件を対照させたものである。時事月例調査は各月半ば(ほぼ10日から13日)に実施されるので、有権者の反応が現れるのは事件の生起の翌月になるのが普通であることに注意しておきたい。

時事調査は1960年6月から始まるから、1955年の合同以来1960年5月までの自民党と社会党の支持率は欠けているが、この5年間平均を他の時事通信社調査資料(時事通信社・中央調査社 1982)から推定することが可能である。データの掲載は省略せざるをえないが、平均支持率はその直後の池田内閣期とほぼ同じと見てよい。池田内閣の初期、自民党支持率は30％から40％を前後し、社会党は20％を前後していた。55年体制は「1か2分の1政党制」だと揶揄されたのはこの勢力比による。自民党は1971年に至って30％台を割り込むが、それまでは40％を越すことが数回あった。自民党支持率の上昇は、東京オリンピック、好景気、沖縄返還などによる。逆に、30％すれすれ近くまで下がったのは、不況、スキャンダル、ベトナム戦争が原因であった。

転機は、国内外の問題が一時に押し寄せた1971年である。1月に消費者物価の上昇、7月から8月にかけてニクソン・ショック(キッシンジャーの北京訪問とドル防衛)、10月、国連中国招請決議(逆重要事項指定決議案否決)と続き、1972年1月には日米繊維協定が締結された。自民党支持率が30％台

第 4 章 一党優位政党制の展開と外交基本路線に関する意識パターン

表 4 - 1　自民党支持率の変遷

35-40%を前後	池田内閣初期	（社会党は20%前後）
40%を越す	63.8-64.12	東京オリンピック前後にしばしば越える
35%を割る	65.4-65.7	2月　日韓基本条約調印・ベトナム北爆
		3月　山陽特殊鋼破産・オリンピック後不況
		（社会党　27%に）
40%台に戻る	66.4	43.6%（最高値）　不況より脱出
31.5%に下がる	66.12	66.12-67.1　黒い霧スキャンダル
41%	67.9	好景気：GNP1000億ドルを超える
31%台に下がる	68.3-6	1月　テト攻勢・エンタープライズ佐世保入港
40.5%	70.1	69.11　非核三原則堅持宣言
		-12　沖縄返還交渉報告・総選挙
		（社会党　12.7%に）
30%台を割る	71.2-	1月　消費者物価上昇前年比7.7%
		7-8月　ニクソン・ショック　ドル防衛
		72.1　日米繊維協定
		（社会党　71.7-9　17%に戻る）
33.2%に	72.7	田中内閣成立
24%台	73.4-	73.2　円変動相場制に
		73.4　物価連騰
20.8%（最低値）	74.2	74.1　石油危機：卸売物価前月比7.1%上昇
		（社会党支持率12.5%　上がらず）
27.1%	74.12	三木内閣成立
23.1%	76.8	76.7　田中前首相逮捕
32.6%	77.7	参議院選挙与野党逆転ならず
		（社会党平均：三木内閣期11%)
		（　　福田内閣期10%）
30%台に戻る		大平，鈴木，中曽根内閣期若干の例外を除き20%台に落ちることなし
30%を割る	87.2-3	2月　売上税創設発言：3月岩手補選で敗北
		（社会党　4月14%に）
25%になる	89.2	前年末よりリクルート献金判明続く
20.3%（最低値）	89.7	6月　宇野内閣成立　7月参議院選挙敗北
		（社会党　2月より10%回復，8月　19.3%)
30%台に戻る	89.10	8月　海部内閣成立
		以後，30-35%：社会党12%前後

に戻るのは1972年7月で，佐藤首相の辞職，田中内閣の成立によってである。だが，田中人気も束の間で，すぐに物価連騰により支持率は24%に下がり，石油危機時には，20.8%と過去最低に落ちる（狂乱物価のピークは1974年2月，当月の消費者物価前年比30%増）。社会党支持率はニクソン・ショックの

時期に，沖縄返還選挙敗北時の12.7％から17％まで戻したが，その後は，石油危機時にもずるずると後退し，むしろ自民党支持率の低下以上の率で低下していった。社会党の長期後退傾向に歯止めがかかるのは80年代後半になってからである。

　三木内閣に入っても，田中元首相の逮捕（1976年7月）があって自民党の党勢は回復せず，自民党支持率が30％台に戻るのは，1977年の参議院選挙でなんとか野党の攻勢を凌ぎきってからのことであった。その後，大平，鈴木，中曽根の各内閣期には若干の例外はあるものの，20％台に落ちたことはない。

　その後，自民党支持率が下がるのは，売上税あるいは消費税創設に対する有権者の反発とリクルート事件によってである。3点セットプラスアルファと言われた自民党と宇野首相の不評判は，60年以来の最低支持率，20.3％という記録に残されている。これらの失点は社会党にはプラスとなり，社会党支持率は10％台に回復する。

　自民党支持率の社会党支持率に対する比率を計算すると，30年間の総平均は2.6で，相当に高い。1を割りこんだ月は一度もなかった。年平均をとると，ずっと，2倍前後が続く。自民党の党勢が最低の70年代初期でもそうである。自民党の低下に比例するように社会党も低下したからである。1975年からこの比率はどんどん拡大し，1985年には4倍にも達した。

　野党第一党の社会党の野党内の勢力比は当初，8割以上を占めていたが，やがて，半分を割るまでに下がり，全野党を代表するとは言えなくなった。それゆえ，優位政党と全野党（「その他の政党」，新自由クを含む）の比率がより重要であろう[8]。これが1を割ると，自民党は支持の面で過半数を失ったと見て良い。与党支持の野党支持に対する比率を図示したのが，図4-1の太線である。60年代初期は1.5で始まり，田中時代に1に近づき，しばしば1の線を跨ぐ。1.1以下という1すれすれの比率はほとんどが田中時代の1971年から1974年に集中する。各月の比率で1を割るのは，次の6回である。

```
1965年7月        6月，日韓基本条約調印，汚職により都議会解散
                 アメリカ空軍グアム島よりベトナム爆撃
1973年4, 6, 7月  列島改造ブームによるインフレ，公定歩合引き上げ
1974年11月       田中首相，文春記事に関し外国人記者団とのインタ
```

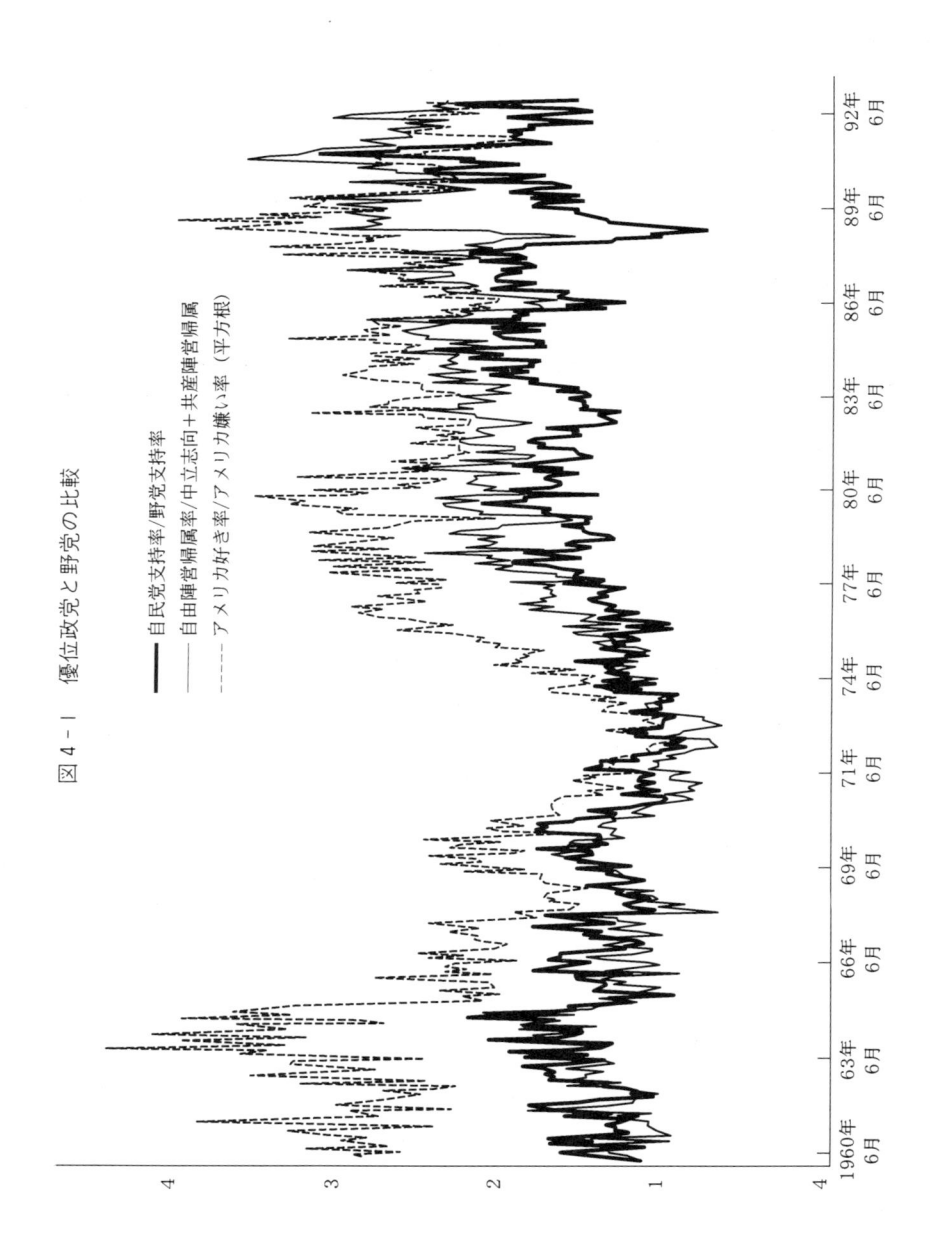

第4章 一党優位政党制の展開と外交基本路線に関する意識パターン

図4-1 優位政党と野党の比較

凡例:
― 自民党支持率/野党支持率
― 自由陣営帰属率/中立志向+共産陣営帰属
---- アメリカ好き率/アメリカ嫌い率（平方根）

第Ⅱ部　冷戦構造と対外感情　75

|1989年6月|ビュー　逆風三点セットと宇野首相のスキャンダル|

　与野党比率は，自社比率に比べかなり低く，総平均は1.56に下がるが，なお，与野党間に圧倒的な開きがあると言える。1985年から1986年頃にはこの比率は年平均で2に近くまで上昇する。

　この与野党勢力比によると，一党優位政党制は1971年頃から揺らぎ始め，田中時代にはかつての勢力差を失うばかりでなく，何度か与野党逆転を被った。この期間は「変容パターン」，控えめに見ても「通常パターン」の衰退と呼べる。この期間の政党支持率の逆転現象は他の報道機関の調査によっても明らかである。⁽⁹⁾与野党逆転は，後に，宇野内閣でも経験してはいるが，この場合は参議院選挙敗北後直ちに内閣総辞職し，海部内閣に変わった後は自民党優位の状況に戻ったので，短いエピソードに終わっている。

(2)　**自由陣営帰属率と中立志向率**

　自由陣営帰属率が中立志向率を上回るのが，この30年間の世論の一般的傾向であったが，二度の逆転期があった。第一は，時事調査の始まる前の日米安保改訂の寸前である。1959年の読売新聞調査によると，日本は自由陣営についたほうがよいか，中立がよいか，それとも共産陣営についたほうがよいかという，時事データとほぼ同じ質問に対し，中立志向率は50％，自由陣営帰属率は26％と，時事データとは逆の回答が記録されている（NHK放送世論調査所　1982, 167）。第二は後述するベトナム戦争期である。

　さて，時事データによる1960年後半の意見分布は自由陣営帰属率が中立志向率を上回るものの，60年安保の後遺症と非同盟諸国の活動によって，自由陣営帰属率40％に対し中立志向率は30％ほどでかなり接近していた。表4－2のように，1964年のオリンピック，ネルーの死去，フルシチョフの解任などの結果，自由陣営帰属率は50％の大台に達し，中立志向率は約半分の25％前後になる。非同盟諸国の低迷，社会主義国の国際・国内問題が中立志向率にマイナスの影響を与える。他方，自由陣営帰属率を下げるのは，アメリカのベトナムへの介入，とくにそれへの日本の関わりであった。自由陣営帰属率が31％台に下がり，中立志向率が42％と上昇して大差で逆転したのが，米国

第4章　一党優位政党制の展開と外交基本路線に関する意識パターン

表4-2　『自由陣営』に属すると答えた人の比率変化

40-45%から50%へ	62.1	12月にインド軍ゴア侵入
		（中立は30％台の前半）
45-50%台へ	63末-64年中	64.5　ネルー没　中印戦争，中ソ対立
		64.10　オリンピック：フルシチョフ解任
		（中立25%前後に落ちる）
30%台へ急降下	68.2	68.1　エンタープライズ佐世保入港　テト攻勢
		（中立45%に）
45%に戻る	70.1	69.12　非核三原則，衆議院選挙自民圧勝，EXPO'70
35%ラインで中立が抜く	71.8-72.2	8月　ドルショック
		10月　中国国連復帰
40%に戻る	72.7-11	7月　田中内閣成立　日中国交回復
30%を割る	73.5	ニクソン側近4人辞任
30%を割る（最低）	73.12-74.3	石油危機　ウォーターゲイト公聴会
		（中立は35%前後で自由陣営を抜く）
40%台に戻す	75.2	12月　三木内閣成立
		1月　日中友好条約早期締結で合意
		（中立年平均で30%を切り，回復しない）
40%を切る	76.5	4月　天安門事件　三木おろし始まる
50%に達する	77.6	5月　第3回サミット
55-60%	80.7-81.1	ダブル選挙　第6回サミット
		7月　ポーランド労働者賃上げスト
60%を超える	83.11	レーガン大統領来日
55%を割る	87.5	統一地方選挙敗北，売上税と農産物自由化の影響
中立20%を割る	88.4	88.2　ソ連アフガン撤退
55%を割る	89.4	消費税実施
65%を超える	89.8	7月　米大統領東欧訪問
中立20%を割る	90.7	6月　韓ソ国交樹立で同意

航空母艦エンタープライズの佐世保寄港直後の1968年1月であった，次に，中立志向率が優位に立つのは，1971から1972年のニクソン・ショックと国連中国招請決議の可決によってである。その後，両志向のシーソーが繰り返される。1973年は中立志向率がとくに優位で，この年の12回の調査のうち，10回が逆転，残りの二つでもほぼ同率であった。石油危機，超インフレ，アメリカのウォーターゲイト事件の複合効果であろう。

　この逆転状況からの離脱は，政党支持率の場合よりも速やかで，ベトナム戦争終了前にもかかわらず，田中辞任，三木内閣成立により，早くも40%台に戻し，その後，40%台を再び割ることはなかった。これに対し，中立志向率は30%を割る。社会主義陣営の崩壊以後は自由陣営帰属率65%対中立志向

率25％くらいの比率で安定したようだ。

　自由陣営帰属率の中立志向率（共産陣営帰属率を含む）に対する比率をとると，図4-1の細線のように，1を割るのは，佐藤内閣の1968年，1971年と1972年，田中内閣の1973年と1974年に集中している。自由陣営帰属率の回復は早く，1975年には年平均で1.33に，1978年には2倍を超えて，すでに東京オリンピック時の水準に帰っている。1989年，海部内閣になると3倍をこすことが数回あった。

(3) アメリカ好きとアメリカ嫌い

　日本にとって，アメリカは占領国であったが，同時に超近代国としてあこがれの国であった。1950年と1951年の調査で「アメリカが好きだ」という人はそれぞれ，66％，64％であった（NHK放送世論調査所 1982, 176)。50年代の反米基地闘争と60年日米安保闘争の影響で時事データが始まる1960年後半には40％台に落ちていたが，「アメリカ嫌い」は少数で，平均6％に過ぎなかったから，好きと嫌いの差はなお非常に大きかった。「アメリカ好き」の30年間の総平均は36％で，2位スイス好きの35％とはほとんど差がないが，後者は動きがほとんどなく，30年間の標準偏差は3.4に過ぎないのに，アメリカ好きは倍以上の8.6で動きが激しい。

　表4-3のように，アメリカ好き率を下げる要因は，アメリカの介入する戦争の勃発，激化，日本との経済摩擦，米国内の暴動，スキャンダルなどの好ましくない事件等である。アメリカ好き率はベトナム戦争激化でずるずると下がり始め，ニクソン・ショックで，20％台となり，ウォーターゲイト事件で，ついに15％となった。アメリカ嫌い率もじりじり上がり，1973年の6月から11月には15％に達したが，同じ月にアメリカ嫌い率がアメリカ好き率を超えることは一度もなかった。

　1975年の天皇訪米がきっかけになって，アメリカ好き率は25％に回復する。アメリカ好きを押し上げるのは，天皇，首相の訪米，大統領の訪日であるが，これはその一例である。その後も，アメリカ好き率は一直線に上がり，1980年に40％に達し，現在に至る。

　ここでも，アメリカ好き率のアメリカ嫌い率に対する比率を計算する。この比率は田中時代を除き，大きな数値になる（総平均は6.25）。田中時代は，

78　第4章　一党優位政党制の展開と外交基本路線に関する意識パターン

表4-3　「アメリカ好き」の比率変化

47%	60年平均	（アメリカ嫌い6％平均）
40％を割る	62.11	10月　キューバ危機　海上封鎖宣言
49%	64年平均	オリンピックの年の年平均は最高値
40％を割る	65.3	2月　ベトナム北爆開始
35％を割る	65.9	8月　沖縄より北爆
30％台	67.11	米国反戦デモ　30都市に広がる
30％を割る	68.3	1月　テト攻勢　（アメリカ嫌い10％超す）
20％台へ	71.10-11	8月　ニクソン・ショック
		10月　国連　逆重要事項指定決定決議案否決
15％へ	73.7	4月よりウォーターゲイト事件公聴会
		（アメリカ嫌い　15％超す（6-11月））
25％超す	75.10	9月　天皇訪米
30％に	77.8	3月　首相米国訪問
		（福田・大平内閣平均：アメリカ嫌い5％切る）
40％超す	80.7	ダブル選挙自民党大勝
40％超す	80.11	レーガン大統領当選
31.7％に落ちる	83.3	2月　対米自動車自主規制
		IBM産業スパイ事件和解
		（アメリカ嫌いは増えない）
45％超す	85.3	1月　レーガン二期目就任
35％へ	87.2	1月　米国貿易赤字拡大
45％超す	89.9	8月　海部内閣成立　米国訪問
37.2％へ	90.11	9月　国連安保理，イラク制裁強化決議
		10月　梶山法相黒人差別発言

　1973から1974年に1.09，1.13，1.22，1.20という1に近い値が見られるが，これは例外で，大きい方では池田内閣時に19倍がある。最近では10倍をこえることは少ないが，海部内閣の1989年12月の15倍が目立つ。他の比率変数と並べて図4-1に書き入れるためには，サイズを縮めねばならない。図での点線は比率の平方根によっている。

(4)　まとめ

　60年代は政党支持率，陣営選択，アメリカ好き嫌い，ともに後の80年代ほどではないにしても，すでに与野党間で顕著な差がみられた。1971年のニクソン・ショックなどの複合的要因による効果，1973年から1974年にかけての石油危機，それに続くインフレとスキャンダルの複合による危機で，優位政党とその外交基本路線が，野党支持者によってしばしば乗り越えられる。「変

第II部　冷戦構造と対外感情　79

容パターン」の出現，あるいは少なくとも，「通常パターン」の消滅が見られるが，1975年，遅く見ても1977年には「通常パターン」に復帰する。

5．政党支持者の外交基本路線賛否の分布パターン：
##　　個人データの分析

「通常パターン」では，優位政党支持者は体制の外交基本路線を圧倒的に支持し，野党第一党の支持者はこれに反対の路線，すなわち，中立志向に傾くであろう。政党支持者グループ別に，基本路線の賛否の分布を計算するには，各月のパーセント集計データは役に立たず，集計する前の個人データに戻らねばならない。

「データ」の節で述べたように，個人データは1964年に3カ月分，1970年から1975年に56カ月分，1986年から1990年に60カ月分保有している。これ以外の個人データは手元にないが，55年体制史の重要部分をかなりの程度カバーしていると言えよう。存在するデータを年別にプールし，年別個人データとして用いる。

表4-4が個人データに基づき，自民・社会支持者別および帰属陣営別に，陣営帰属，アメリカ好き，嫌いの比率を算出した表である。1964年が最初の年であるが，自民党支持者グループ中の自由陣営帰属率は83％，アメリカ好きの比率は66％といずれも非常に高い。また，自由陣営帰属者中のアメリカ好き率も同様である。一方，社会党支持者内では，中立志向率が62％，自由陣営帰属率が35％と「通常パターン」に合致するデータが現れる。しかし，アメリカ好き嫌いに関しては，社会党支持者のアメリカ好き率は37％で，自民党支持者よりもはるかに低いにしても，アメリカ嫌い率は9％に過ぎず，好き率の4分の1にしかならない（1964年データの総平均値は，それぞれ49％と4％なので，これに比べると社会党支持者は嫌米のほうに偏っていると言える）。日米安保条約をめぐる政治闘争の経験があるものの，一般有権者のアメリカ好き嫌いは依然未分化で，体制支持，不支持の線に沿って十分分化していない（宮島 1970参照）。後に見るように，自民党支持者側の変数値は揃って高いけれども，その整合性はやはり十分でない。1964年はまだ自民党優位体制への「結晶化過程」から完全に抜けきっていないようだ。

1970年になると，社会党支持者グループ内の中立志向率と自由陣営帰属率

表 4-4　年次別自民・社会党支持者中，および帰属陣営別特定の態度保持者比率（％）（個人データ）

I	自民支持の自由陣営帰属	自民支持のアメリカ好き	自由陣営帰属者のアメリカ好き			
64年	83%	66%	65%			
70	82	50	48			
71	78	31	42			
72	77	39	38			
73	76	34	33			
74	80	34	31			
75	84	37	33			
86	88	57	50			
87	86	53	47			
88	87	53	49			
89	89	55	51			
90	90	55	51			
II	社会支持の中立志向	社会支持の自由陣営帰属	社会支持のアメリカ好き	社会支持のアメリカ嫌い	中立志向のアメリカ好き	中立志向のアメリカ嫌い
64年	62%	35%	37%	9%	37%	6%
70	69	27	18	23	23	15
71	68	26	13	15	19	17
72	67	26	17	23	18	18
73	68	24	13	25	14	20
74	67	27	16	19	15	16
75	60	35	20	17	18	14
86	49	49	35	13	33	11
87	51	48	34	13	32	12
88	49	48	35	11	33	11
89	45	54	41	6	37	8
90	43	56	41	9	36	9

注(1)　表上の数値（％）は個人データを年次別にプールして計算したものである。Nは数値が大きいので（4桁），記載を省略した。
(2)　自由陣営帰属と中立志向は予めDKを除いて％を計算した。したがって，両者を加算して100％に満たない分は，共産陣営帰属率である。

の差は一層拡大する。その上，アメリカ嫌い率のほうが，アメリカ好き率を5％ばかりだが上回る。社会党支持者とかなり重複するが，より大きなグループである中立志向グループを取って見ても，やはりアメリカ好き率が相対的に多いが，差は縮まっている。この頃「通常パターン」と呼べる意識パターンに転化したようだ。

1971年から1974年までの一党優位政党制が大きくゆらいだ自民党の冬の時代には，自民党支持者の自由陣営帰属率は下がるにしても，1973年の76％が最低で，数パーセント下がったに過ぎず，中立志向率の増分はわずかである。他方，アメリカ好き率は顕著に下がり，1970年の50％から30％台に落ちる。しかしこの場合も，アメリカ嫌い率は2, 3％だったのが5, 6％になっただけで，逆転にはほど遠い。自民党支持者内のデータ・パターンに関するかぎり「通常パターン」をかろうじて維持している。この期間，野党第一党の社会党支持者もデータ・パターンに大きな変化はないが，アメリカ好き率が相対的に多かった中立志向グループ内でもアメリカ嫌い率が増え，1973年には嫌い20％に対し，好き14％と逆転する。政党支持，陣営帰属，アメリカ好き嫌いの三者の関係が整合性を示すようになる。

1975年はそれまでの4年間と僅かであるが変化があり，1970年以前の意識パターンに戻る傾向を見ることができる。社会党支持者内では中立志向率と自由陣営帰属率との差が縮まる。また，わずかながらアメリカ好きが再びアメリカ嫌いを上回る。「変容パターン」から以前の「通常パターン」に戻りつつあるようだ。それを確認するためには，少なくともう数年分のデータを必要とするが，残念ながら，1970年代の個人データはここで切れる。

1980年代の個人データは1986年から始まるが，そこではまた違うパターンが見られる。自民党支持者内の自由陣営帰属率はいよいよ高くなる。社会党支持者内では逆に，中立志向率と自由陣営帰属率が大接近し，1989年から自由陣営帰属率のほうが大きくなるばかりか，その傾向はさらに拡大する。アメリカ好きとアメリカ嫌いの差も一層開くばかりで，全サンプルの総平均値に接近し，社会党支持者の特性が失われつつある（1990年の年総平均，好き44％，嫌い5％）。

遅くとも1986年以降は明らかに「成熟パターン」に入ったことを示している。基本的外交路線はもはや，優位政党と野党第一党支持者を分ける重要争

点ではなくなった。では新しい基本争点は何か。この期間に社会党支持率を高めたのは，消費税反対闘争とリクルート・スキャンダルによる優位政党の失点であったことはすでに述べた通りである。政党再編成に導く，新しい基本争点はまだ登場していない。

6. 政党支持率と外交基本路線賛否の整合性：集計データ分析

個人データは60年代の初め，60年代の後半，70年代の後半，80年代の前半が欠けている。これまでの検討から，60年代の前半までが「結晶化過程」，その後が「通常過程」で，1971年から70年代の半ば頃までが「変容過程」の時期であったが，再び「通常過程」に戻り，80年代に入って「成熟過程」になり，やがて一党優位政党制の終焉を迎えるというサイクルが推定された。しかし，データの欠落から，より正確な時期を確定することができなかった。次に，集計データに戻って，項目相互の相関関係の分析から，意識パターンの変化を考察したい。

調査回数は約360（30年×12月）で，これが各変数の総データ個数となる。データ個数が相関係数を算出するに十分で，各時期の間隔（データ個数）がほぼ等しく，かつ時期区分に実質的意味があるように，時期を五つに区分した。第１期は1965年２月までで，ベトナム戦争激化の始まりまでである。第２期は1970年12月までで，ベトナム戦争，国内のスキャンダルと環境問題に悩みながら，好景気と沖縄返還の実現に支えられて優位政党制を維持できた時期。第３期は1977年６月までで，ニクソン・ショック，ウォーターゲイト事件，石油危機と狂乱物価，ロッキード・スキャンダル等の複合効果により，政党支持率も外交基本路線に対する賛否も逆転する月が多かった，優位政党にとっての冬の時期である。第４期は1983年12月までで，石油危機後の不況からの立ち直り，政治的には中曽根内閣の田中支配からの自立の始まりまでの時期である。第５期は最近までであるが，1989年の消費税とリクルート・スキャンダルによる支持率の急降下の影響による相関係数の異常な上下動を避けるため，1988年末で分析を打ち切ることにした。

表４-５の上段は自民党支持率，自由陣営帰属率，アメリカ好き率，三者間の単相関係数を時期別に算出したものである。第１期は正の相関係数が得ら

表4-5　政党支持・陣営帰属・外国好き嫌い間の単相関係数（集計データ）

I　自民党支持側の変数

時　期	(N)	自民支持と 自由陣営帰属	自民支持と アメリカ好き	自由陣営帰属と アメリカ好き
1　60.3～65.2	(56)	.27	.28	.19
2　65.3～70.12	(70)	.45**	.38**	.21
3　71.1～77.6	(78)	.57**	.47**	.49**
4　77.7～83.12	(78)	.51**	.47**	.39**
5　84.1～88.12	(60)	.46**	.33**	.50**

II　社会党支持側の変数

時　期	(N)	社会支持と 中立志向	社会支持と インド好き	社会支持と スイス好き	社会支持と アメリカ嫌い
1　60.3～65.2	(56)	.40*	.33*	.04	.11
2　65.3～70.12	(70)	.50*	.11	.35*	.21
3　71.1～77.6	(78)	.21	.10	.03	.26
4　77.7～83.12	(78)	.06	.10	-.03	.03
5　84.1～88.12	(60)	.13	-.11	.23	.23

III　その他（革新系支持なしと中立志向）

時　期	(N)	革新系支持な しと中立志向	革新系支持なし と自由陣営帰属	中立志向と アメリカ嫌い	中立志向と スイス好き
1　60.3～65.2	(56)	.14	-.21	.04	-.04
2　65.3～70.12	(70)	.16	-.33**	.39**	.46**
3　71.1～77.6	(78)	.24	-.35**	.29**	.24
4　77.7～83.12	(78)	.35**	-.29**	.27*	.38**
5　84.1～88.12	(60)	.43**	-.34**	.23	.32*

* $p<.05$；** $p<.01$

れているが，統計的に有意ではない。1964年の個人データによる前節の分析では，自民党支持者内で他の2変数は高い比率を示していた。しかし，それらは当時の日本人の多数意見であっただけで，共に同じ方向に動くという意味での相関は十分には高くなかったようである。同方向に動き，高い相関係数が現れるのは，第2期に至ってである。ベトナム戦争が激化し，優位政党の外交路線に対する論議が高まる中で，保守党支持者の間に，三者の関連性が自覚され，定着したものと考えられる。

　表4-5の中段に移って，社会党支持者に関しては，すでに触れたように，社会党支持率と中立志向率には強い相関が見られるが，アメリカ嫌い率との間には相関がない。社会党支持率と相関があるのはインド好き率である。こ

の時期の中立志向は非同盟意識と理解できる（中立志向率とインド好き率の相関は0.48）。ところが，1964年のネルーの死亡の頃までに，インド好き率がこの集合から脱落し，スイス好き率がこれに替わる。この第2期，社会党支持率と中立志向率の相関が強く，社会党支持は直接にではなく，中立志向を介して「アメリカ嫌い」，あるいは「スイス好き」と結びついているようだ。中立志向と「スイス好き」および「アメリカ嫌い」は，表の右下に掲載したように，第2期以降強い結びつきを見せている。だが，日本人の「スイス好き」は未分化な感情で，アメリカ嫌いと結びつくとともに，アメリカ好きとも関連を持つという性格を一貫してもっている（アメリカ好きとの相関係数は0.22，アメリカ嫌いとのは0.28ともに正である）。

　第3期は個人データでいうと，社会党支持者の中立志向とアメリカ嫌いが強化される時期である。ところが，集計データで見ると，社会党支持率と中立志向率の関係はむしろ弱くなる。「変容パターン」が見られたこの時期に，社会党支持率と中立志向率の相関が有意でなくなるのは，中立志向率（それにアメリカ嫌い率）の急速な伸びにもかかわらず，社会党支持率がそれに対応して伸びなかったためであろう。第3期からは，これら3変数のどの組み合わせにも，有意な相関が現れない。個人データによると，1975年くらいから，社会党支持率，中立志向率，アメリカ嫌い率の関連が弱化しはじめ，遅くとも1986年からは，社会党支持率と中立志向率の相関すら薄れ，「成熟パターン」に達したと判断された。集計データで見られるのも，これと同じ傾向なのであろう。社会党支持者はとくに第4期以降，中立志向・アメリカ嫌いを掲げて優位政党の路線と対決しなくなった。この対決は一党優位政党制の成熟化のもとで，どこに消えてしまったのか，中立志向路線に固執する「原理派」は残っているのか。

　かつての社会党支持者に替わったのは他の政党支持グループではなく，「革新系の支持なし」である。表4-5のセクションⅢ（その他）に掲載した「革新系支持なし」率と中立志向率及び自由陣営帰属率の相関係数を見られたい。「革新系の支持なし」率と自由陣営帰属率とはずっとマイナスの相関がある。積極的に中立志向を選択するのではないが，自由陣営帰属には反対だという，支持なしらしい見解の存続が推測できる。ところが，社会党支持者が中立志向に消極的となった第4期からは，「革新系支持なし」はたんに，自由陣営帰

属を嫌うだけでなく，積極的に中立志向を取るようである。「革新系の支持なし」率と中立志向率の相関は，はじめて統計的に有意な高さとなる。ここから，「政党制の衰退」を見ることができるかも知れないが，それは行き過ぎであろう。というのは，「革新系の支持なし」は最盛時でも10％そこそこ，80年代になると平均数％の小さなグループに過ぎないからである。

7. データ分析の通観

(1) 「結晶化パターン」

　日本人のアメリカ好きは占領期より高く，第一次安保を経た1960年初頭でも50％を越す。この感情は当時は未分化で党派性や冷戦構造と直結していなかった。1955年から60年代初頭の期間は「結晶化パターン」の意識が優越した時期であろう。社会党支持者の側は反アメリカよりも非同盟中立に関心が高く，インド好き率は絶対値としてはさほど高くはないとしても，社会党支持率，中立志向率と密接な関連があった。

(2) 「通常パターン」

　60年代の半ばから末までは，「通常パターン」の支配する時期と思われる。オリンピックが開かれた1964年を最高に，その後ベトナム戦争の激化にともなって，自由陣営帰属率は低下を始める。とくに，アメリカ好き率は30％台に急落し，アメリカ嫌いの率が伸びる。しかし，優位政党とその路線の支持率はなお，野党側に大きな差をつけていた。自民党支持者内では自由陣営帰属とアメリカ好きの優位は一層明白になり，態度構造に整合性が見られるようになる。社会党支持者内では，インド好きとの関連が弱くなり，スイス好きがこれに変わる。三者間（社会党支持率，中立志向率，スイス好き率）の相関は高い。

(3) 「変容パターン」

　1971年から，ニクソン・ショック，インフレ，国連の中国招請決議，などの影響が複合し，自民党支持率は30％を割る。さらに，1973年から1974年には，石油危機，スキャンダル，ウォーターゲイト事件などの影響により，20％に落ちる。社会党支持率もこれに並行して低下したため，自民・社会両党

間に支持率の逆転は見られなかったが,公明,共産両党が伸びたので,野党全体の支持率は優位政党支持率を抜く。自由陣営帰属率もこの期間,中立志向率に抜かれる。アメリカ好き率も下がり,アメリカ嫌い率がこれに接近する。この期間の有権者の意識は明らかに「変容パターン」であった。

(4) 「通常パターン」

「変容パターン」の時期は長くは続かなかった。1975年には早くも回復の兆しが見え,1977年には60年後半の水準に戻った。1977年頃の個人データは手元にないが,1975年のそれから推量するに,個人データにおいても「通常パターン」に戻ったものとみられる。70年代半ばから1980年初めまでが第二の「通常パターン」の時期であろう。

(5) 「成熟パターン」

おそらくは1984年,遅くとも1986年には社会党支持者内でも,中立志向率と自由陣営帰属率が拮抗するようになる。また,アメリカ好きが再びアメリカ嫌いを大きく上回るようになる。今や,外交の基本路線は優位政党と野党第一党支持者を分かつ重要争点とはならなくなった。かつての社会党支持者の役割は「革新系支持なし」によって細々ながら担われる。

8. まとめ

(1)政党支持と外交基本路線に関する世論調査データからみる限り,日本の一党優位政党制のサイクルは,「結晶化過程」「通常過程」「変容過程」「通常過程」「成熟過程」と経過し,終焉した。サイクルは二巡したように見える。だが「変容過程」の期間中,多数意見と少数意見が逆転した回数は多くなく(政党支持率で,田中内閣28カ月中,5回),かつ実際に政権の交代も起こらなかったので,「衰退過程」と言い替えたほうがよかろう。そうすると,サイクルが二巡したとは言えないが,日本の一党優位政党制を,70年頃までを前期,70年代後半からを後期に二分することはできる。前期は政党支持分布でいえば,社会党の勢力が相対的に強く,優位政党と野党第一党の「1か2分の1政党制」と呼ばれた時期に始まる。野党第一党の社会党の基本路線が中立志向であったから,その政治亀裂は自由陣営対社会主義陣営というより,自由

第II部　冷戦構造と対外感情　　87

陣営対中立志向となる。再軍備問題を絡めて中立志向はなお強力であったが，アメリカに対する好き嫌いの感情は依然未分化で外交基本路線と密接に関連するに至っていなかった。

　後期になって，石油危機を乗り越えた後は，経済大国としてサミット・メンバー国になる。今や，自由陣営の中枢となったため，自由陣営帰属以外の選択を考える余地はほとんどない。他方，社会党支持者にとって，中立志向を象徴しかつ日本外交の手本となりうる国も思い浮かばない。中立志向率は社会党支持者内でも下がる。社会党支持者には積極的に好きな国はないので，「アメリカ嫌い」という消極的感情と結びつく。こうして，一挙に「成熟過程」に入る。

(2)外交基本路線に関するその他の項目の検討

　重要な外交上の基本対立を代表する項目で，時事データに含まれていないものとして，日米安保条約を取り上げ，本章での分析結果があてはまるかどうか，検討したい。日米安保条約への賛否で，反対が賛成を上回ったのは，1960年の安保改訂の年とたまたま条約自動延長の翌年にあたる1971年である。1971年の逆転は安保条約それ自体に対する意見の変化というより，先述したニクソン・ショックなどの効果であろう。その他の年は常に賛成が反対を上回っていた（NHK放送世論調査所 1982, 169；ただし，各論では賛否さまざまである，西平 1987, 参照）。しかし，賛否の差が大きく開き出すのは，1975年からで，ベトナム戦争の終結，日米安保体制容認への中国の政策転換，ソ連の軍事力増強に対する警戒などの複合効果であろう（NHK放送世論調査所 1982）。また，この頃から，政党支持と安保賛否との相関が弱化しはじめる（三宅 1985, 58）。この意見の変遷は時事データと矛盾しないで，むしろそれを強化する。

(3)集計データでも，個人データでも政党支持と自由陣営中立志向の結びつきはどの時期でも強いものがあった。この関連の強さは，国内要因をコントロールしても残るかどうか，当然疑問が生ずるところである。時事データには内閣支持不支持の項目を含んでいる。これは経済状況，政府の人気・不人気，スキャンダルなどが反映されている。そこでこれをコントロールしてもなお自由陣営・中立志向が政党支持と関連しているかを分析した。紙幅の都合から結論だけを述べれば，陣営帰属率と政党支持率の関連は，自民党支持に関

する限り，内閣支持率をコントロールしてもなお有意である。[13][14]
(4)一党優位政党制は有権者の意識パターンだけで決まるものではない。優位政党の議席占有率を重視するなら，この間の選挙結果が，政党支持率より重要である。自民党は1967年の選挙から相対得票率で50％を割る。1976年からは議席率で過半数を割り，保守系無所属当選者を事後公認して，ようやく過半数を確保する。この状況は1980年を別として，1979年，1983年と続く。「通常過程」に戻ってから，かえって，議席占有率（優位政党の数量的要因）で優位制が危うくなるのは，70年代前半の石油危機と後半の積極財政（財政赤字の累積が持ち越される），田中のスキャンダルの後遺症（田中裁判の開始と田中派支配）による。また，「成熟パターン」の一部である牽制的投票（バッファプレーヤー）の増加は自民党への投票率を一層不安定にする（蒲島 1998）。
(5)一党優位制の継続に関する信念，あるいは，優位政党の優位性に関する意識は，与野党の政治的エリートによっても共有されるのは，本章冒頭でふれた通りである。政治的エリートの意識と有権者の意識パターンとは一対一の対応を持つと考えるのは単純過ぎよう（三宅 1989，7章3）。だが，両者の間に，粗いとしてもなんらかの対応がないはずはない。この問題は本章の範囲を超えるが，二，三のコメントをしておきたい。

　社会党の党改革（の試み）は，有権者の意識パターンが新しい段階に入ると間もなく現れる。1960年代初期の構造改革論は第一の「通常過程」の始まりと，1970年代後半の江田の離党と協会反協会抗争は第二の「通常過程」の開始と，1985年の「新宣言」策定開始は「成熟過程」の始まりと対応する（飯塚ほか 1985，年表参照）。

　カルダーのいう自民党の第三の危機は，1971年4月から1976年12月までで，本章でいう「変容過程」に相応するが，自民党はこの危機から脱するために，一連の政策的「補償」を行わねばならなかった（Calder 1988, Muramatu and Klauss 1990, Inoguchi 1990 も参照）。自民党候補者による後援会方式の有権者の組織化も「変容パターン」を再び「通常パターン」に戻そうとする候補者個人の努力の現れであった。自民党一党支配の装置である，派閥の制度化，総主流派体制，年功序列制，族議員，等は70年代を通じて徐々に形成されたが（北岡 1995，佐藤・松崎 1986，猪口・岩井 1987，Kohno 1997b），その完成を見たのは，有権者の意識でいうと「成熟」期に符合する。制度の完成

は単に時間の関数に過ぎないとしても，それが有権者意識の成熟パターンと並存した場合，システムに対する閉塞感と与野党に対する政治不信感を有権者の間に培養し，優位政党制の基盤を揺るがすことになるのではなかろうか。

第5章　対外国態度における冷戦構造とその変容

1. はじめに

　外国に対する好き嫌いは，日本とその国との政治的，経済的，文化的，地理的親近性が基準になっているようだ(1)。これらの基準，とくに前三者は相互に関連し合っているので，質問の言葉遣いや，調査の時期が異なっても，好きな国のグループに入る国(欧米資本主義先進国)，嫌いな国のグループに入る国(その他の後進国，社会主義国)は，ほぼ一定である。「日本人は非常に単純かつ一次元的に外国及び外国人を並べてみている」(堀 1977)といわれるゆえんである。

　しかし，外国に対する好き嫌いを決める基準は複数あり，しばしば相互に矛盾することも多い。ソ連は，経済発展度や文化的成熟度では決して後進的とはいえないが，政治的には長らく日本の敵対国と見なされてきたので，好きな国としてあげられることがほとんどなく，つねに嫌いな国のトップにあった。この例が示唆するように，好き嫌いの基準はしばしば一次元ではない。対外国イメージが未分化であったのは，情報の乏しさの故であって，日本人の国際化が進むにつれて分化の度は徐々に増大するに違いない。文化的，地理的基準による対外国イメージは長期にわたり変わりにくいが，政治的親近性の影響力はより中期的か，より短期的である。政治的親近性は，一般に，友好国であったか，敵対国であったかという歴史的経験あるいは民主主義国か否かという体制的親近性によって判断されるという点で，中期的であり，戦争とか内戦の勃発といった最近の政治的事件に対する日本人の否定的反応に大きく影響されるという点で，短期的である。本章でとくに注目するのは，

政治的親近性の中期的影響力である。

　戦後期を通じて，冷戦構造上の国の位置はその国に対する好き嫌いを決める基準として重要であった。ここで冷戦的構造とは「自由陣営」と「共産陣営」[3]のどちら側に属するかによって，好きな国と嫌いな国がはっきりと二極分解し，「中立志向」は第三の極を構成する対外意識の構造である。日本は「自由陣営」に属してきたから，日本人の多数意見は「アメリカ好きソ連嫌い」であった。個人レベルでも，対外国好き嫌いの感情は個人の党派的立場と関連するのは当然である。アメリカ好きの人にとって「自由陣営」に属する国はどの国でも多かれ少なかれ好きであり，「共産陣営」に属する国々は嫌いだという傾向が強いだろう。

　対外国感情の冷戦構造は，一般的に言って，冷戦の開始とともに形成され，冷戦の終焉とともに崩壊する。だが現実の政治過程においては，感情の冷戦構造が確立するのには特別の誘因が必要であったと考えられる。当初は，西欧先進国は「自由陣営」の中核というように，西欧先進国対非西欧中・後進国の文化的基準と「自由陣営」対「共産陣営」の党派的対立が，かなりの部分重なり合うこともあって，両基準が十分に分化することなしに推移していたのではなかろうか。ベトナム戦争の激化による，西欧先進国の中でのアメリカに対する好意的感情の急激な低下が，感情の冷戦構造をはじめて明確にしたのではなかろうか。また，こうして成立した感情の冷戦構造の変容過程も，国際政治上の冷戦構造の崩壊と同時に始まるというように簡単ではなかったであろう。冷戦の終焉は「共産陣営」という選択肢を消したのはたしかだが，その前にすでに，意識の冷戦構造は少しずつ揺らぎ始めていた。最初のきっかけは日中国交回復であった。1972年9月の日中国交回復を境に，これまで他の社会主義国に対すると同様，非好意的であった対中国感情は好意的感情へと転回する。[4]モデル通りの対外国感情の冷戦構造が持続したのは束の間であったのではなかろうか。

　韓国好きは冷戦の終焉を待たずに冷戦構造から抜け出したもう一つの例である。韓国は，アメリカと軍事同盟を結ぶ国として，また東西対立の最前線にある分断国家として，感情の冷戦構造では「自由陣営」側にある国である。韓国もこの構造の中から徐々に抜け出る。民主化と経済成長，その結果としての国際社会への参入が，アメリカが支援する分断国家としての韓国イメー

ジを隣国としての韓国イメージに変えたのではなかろうか。その時期は冷戦の終焉に先立つ1984年頃とされている（鄭 1995）。このように，「共産陣営」の崩壊以前に，感情の冷戦構造はかなり変容の兆しを示していたのではあるまいか。そして冷戦構造の解体の結果，文化的，地理的親近性のウェイトが増大する。本章は，時事データに基づいて，対外国好き嫌いの感情における冷戦構造の形成と変容・解体の過程をたどることを目的としている。

2．データと分析手順

(1) データの紹介

好きな国，嫌いな国に関する時事データの質問文は次の通りである。

> 「あなたが好きな国を（回答票の中から）3つまであげてください」「反対に，嫌いな国を3つまであげてください」。
> 　回答票には，米，ソ連，英，仏，西独，スイス，インド，中国，韓国，北朝鮮（1970年5月から）の10カ国が，この呼称と順序で記載されている。（国名の変更，あるいは日本での通称の変化に応じて，回答票の国名も変更されているが，本章では混乱を避けるため，この呼称で通させていただきたい）[5]

　この質問は10カ国から三つまでの国の選択を求めているのであって，好き嫌いの順序を求めるのでも，好き嫌いの程度を得点で与えるよう求めているのでもないことに注意されたい。したがって，被調査者個人レベルでのデータは，好き（嫌い）が1，それ以外は0の，各国別2値データである。

　月別の集計データを，調査の開始時（1960年6月）から，55年体制の終焉とされる1993年7月（宮沢内閣の最後の月）まで，通観しよう。表5－1は好きな国，あるいは嫌いな国としてあげられた月別集計データの各国別総平均値，標準偏差，最小値，最大値の表である。表上の米国好きの総平均値36.7％とは，各月の米国を好きな国の一つとしてあげた人の率の全期間にわたる総平均は，100人中36.7人，すなわち36.7％に上るということを意味する。好きの率の平均値が高い国は，米国を最高として，スイス，イギリス，フランスの順であり，いずれも西欧先進資本主義国である。アメリカとスイスの差はほとんどないが，両者の大きな違いは標準偏差にある。アメリカの標準偏

表5-1 集計データ（％値）の総平均値，標準偏差，最大値と最小値

	国名[1]	総平均	標準偏差	最小値	最大値	N
好きな国	米	36.7	8.45	14.6	53.3	389
	ソ連	2.4	1.34	.2	6.1	
	英	26.1	5.23	14.6	39.8	
	仏	25.7	2.68	17.1	35.0	
	西独	14.6	2.11	10.1	22.1	
	スイス	35.6	3.67	24.9	46.1	
	インド	4.5	3.73	1.3	18.2	
	中国	10.6	6.62	1.3	24.7	
	韓国	1.8	.80	.4	4.7	
	北朝鮮[2]	.5	.36	.0	1.6	279[2]
	ない，不明	34.7	6.32	23.3	51.0	
嫌いな国	米	6.8	2.40	2.6	15.3	389
	ソ連	41.2	9.97	19.9	68.2	
	英	1.7	.62	.4	4.4	
	仏	1.6	.69	.3	5.0	
	西独	3.5	1.01	1.3	6.4	
	スイス	.3	.18	.0	1.0	
	インド	4.1	1.14	1.2	6.7	
	中国	17.2	13.13	3.2	46.2	
	韓国	22.0	6.76	8.0	46.6	
	北朝鮮[2]	31.8	9.45	13.2	55.7	279[2]
	ない，不明	43.4	7.42	26.8	64.0	

注 1960年6月から1993年7月までの389ケース（月）のパーセント・データに基づく。
(1) 国名は時事データの回答票で使用したものをそのまま用いている。なお，「中国」は1971年まで「中共」であった。ソ連は1991年からCIS，西独は1990年からドイツに変わっている。
(2) 北朝鮮のデータのみ1970年5月からで，279（月）分。
1971年4月，5月，1971年7月の3ヵ月の調査では，好きな国，嫌いな国を質問していない。これらの月のデータには前後の月の移動平均値を代入した。

差は，8.45で，スイスの標準偏差の2倍以上になる。アメリカ好き率は，大きく上下しているのがわかる。占領期のアメリカ好きの率は非常に高く，60％台に達していたというが（宮島 1970；NHK放送世論調査所 1982)，時事世論調査の開始の頃には40％台が普通であった。ちなみに，時事データでの最高値は1961年4月の53.3％である。アメリカ好きの率はベトナム戦争が激化するにつれて急速に下がり，ウォーターゲート事件調査中の1973年7月の14.6％が最低記録である。後に見るように，アメリカ好きの率はやがて回復に向かい，湾岸戦争勝利直後の1991年4月には，48.5％に達している。

嫌いな国は，ソ連，北朝鮮，韓国に集中していて，これらの国の嫌いの率は最低の時でさえ10％以下に下がることはほとんどない。これらの率の低下は，アメリカ好き率の低下とほぼ並行していて，これら3カ国の嫌い率最低値はアメリカ好きが最低水準にあった1973年から1974年2月にかけて現れる。

嫌い率の急上昇は，その国の責任とされる国際的事件の勃発による。最高のソ連嫌い率は1983年9月のソ連ミサイルによる大韓航空機撃墜事件直後に記録されている。北朝鮮の最高嫌い率の55.7％も大韓航空機ビルマ沖墜落事件が北朝鮮の犯行と判明した直後である（1988年2月）。これに対し，韓国の嫌い率が高いのは時事データが始まったばかりの頃で，最高値を記録したのは岸内閣時代のことである。当時は，李ライン問題で日韓に強い感情的対立があった。その後はこのように高い数値はなく，だいたい20％前後の率が続いている。

上記3カ国は，好き率と嫌い率の差がプラスになったことがない。中国は，表5-1に見られるように，3カ国に次いで嫌い率の高い国であるが，3カ国との大きな違いは好き率と嫌い率が逆転し，差がプラスになった経験を持つという点，好き率，嫌い率ともに大きく動いたが，とくに嫌い率は標準偏差が13.13で振幅が非常に大きいという点にある。好き率最低は1969年5月の1.3％，嫌い率の最高は1967年9月で46.2％，ともに文化大革命の最盛期である。これに対し，好き率の最高は1985年7月の24.7％，嫌い率の最低は1987年3月の3.2％である。鄧小平・趙紫陽の改革・開放路線を評価したものであろう。ところが，天安門事件により，嫌い率が17.1％に飛び上がり，好き率も17.3％から4.9％へ大きく下落し，再び，好き率と嫌い率が逆転した。

表5-1にあって，これまでの紹介に現れなかった国は西独とインドである。西独は西欧諸国の中では，好き率が最も低い国だが，嫌い率もさらに低く，基本的に西欧諸国と同じパターンである。好き率が低いのは，好きな国は3カ国しかあげられないという質問の制約から，おそらくは好き率四番目かそれに近い順位の国であるため好きな国の中に入らず，好き率が一般にもたれているイメージより下がって見えると解釈できよう。[6] 最近のインドは，好き率が嫌い率より高い国であるが，好きも嫌いも数％にすぎない。池田内閣時代は非同盟中立国として，アメリカとの同盟に反対する人が好んで選択する国であった。ネルー首相死去後は，日本人にとって無関心な（それゆえ

最も情報の乏しい）好きでも嫌いでもない国の一つになってしまった。

(2) 好きな国，嫌いな国の選択パターンと分析手続き

　時事データの質問文では，好きな国，嫌いな国3ヵ国だけの選択を要求しているから，好き，嫌いの順序は問題にならず，どの国とどの国が好きな国あるいは嫌いな国として同時に選択されているか（3ヵ国の中にどの国が入るか）が重要である。好きな国の選択パターンとその時間的変容過程を見出すために，時期をいくつかに分けてパターン分析を行いたい。月毎の集計データは時系列データであるから，パターン分析を行うためには工夫が必要である。一つの方法は，ある月の％値から前月の％値を引いて，好き（嫌い）の国別％値の前月からの伸び縮みを表すデータに変換し，パターン分析を行うことである。すなわち，好き（嫌い）の率において，ある国とともに伸び縮みする国はどの国かという分析になる。この方法の問題点は，月別の伸び縮み率は一般に小さい(7)ので，サンプリング・エラーなど，偶然の理由での伸び縮みを区別することができない点にある。そのため，パターン分析の結果は，説明しがたい次元が析出されるおそれがある。

　そこで，全期間をカバーできないが，本章ではもっぱら個人データを使用したい。すでに紹介したように，われわれが分析できる個人データは，1964年に3ヵ月分，1970年から1975年にかけて58ヵ月分，1986年から以降の各月分に限定されている。まず，その中から，60年代唯一の利用可能な1964年，日中国交回復直前の年の1971年，「共産陣営」崩壊前の1986年，崩壊後の1992年の各年を例にとって，該当年の個人データ（1年分の調査回答者を調査月の区別なくプールしたプール・データ）に，しばしば登場する好きな国，嫌いな国の選択パターンを表示した。これが表5-2である。

　まず，「ない・わからない」がどの年でも（国の積極的選択ではないが）回答中の最大のカテゴリーであることが目立つ。「ない・わからない」は，好きな国についても，嫌いな国についても，1971年に急増しているが，この年はベトナム戦争期の末期に当たり，アメリカ好きが激減していた頃である。アメリカ好きの減少はアメリカ嫌いの増大をもたらさないで，また，ソ連などアメリカ以外の国の好き率を急増させないで，「ない・わからない」の率を増加させたのである。「アメリカは好きではなくなったが，とはいっても他の国

表5-2 好きな国,嫌いな国の選択パターン[1]

国の組合せ	調査年[2]			
	1964	1971	1986	1992
好きな国				
ない・わからない	28.9%	57.9	29.3	27.1
スイス・英・仏	2.9	4.2	5.2	6.1
スイス・米・英	5.9	2.1	5.0	5.8
米・英・仏	8.8	2.7	5.0	5.5
スイス	3.2	3.4	4.1	5.1
スイス・米・仏	4.7	2.6	4.9	5.0
米	7.7	2.5	5.2	4.3
米・スイス・西独	1.7	1.1	2.0	2.6
米・スイス・中国	0.2	0.2	2.6	1.2
中国	0.3	0.5	2.2	1.1
嫌いな国				
ない・わからない	47.1	66.1	38.2	36.5
北朝鮮	—	1.5	2.2	9.0
北朝鮮・ソ連・韓国	—	1.6	10.9	8.3
北朝鮮・ソ連	—	1.6	8.6	6.4
ソ連	11.1	3.7	17.3	6.0
北朝鮮・ソ連・中国	—	5.0	1.4	4.4
ソ連・中国・韓国	10.1	1.8	0.5	0.6
ソ連・中国	8.6	1.9	0.3	0.3
米	0.6	1.6	0.6	1.6
北朝鮮・ソ連・米	—	0.6	1.0	1.6
北朝鮮・ソ連・インド	—	0.3	2.4	1.5

注 (1) 4時期のいずれかに,2%(嫌いな国は1.6%)以上の相対頻度を持つ選択パターンを表記したが,好きな国のパターンは省略したものもある。
(2) 1年間の(使用可能な)全データをプールしたもの。

が好きになったわけではない」というところであろう。

　好きな国3カ国の選択パターンには,初期の頃は,アメリカの登場するパターンが最も多かったが,ベトナム戦期からは,スイスの入るパターンがより多くなり,現在はアメリカとスイスがそれぞれ入るパターン数はほぼ拮抗している。また,数としてあまり多いとはいえないけれども,中国との国交回復後は「中国」単一や「米・スイス・中国」という選択パターンが登場するようになった。

　嫌いな国は,ソ連と北朝鮮への集中度が高い。この2国の他,初期は韓国と中国,天安門事件後には,再び中国を含むセットが登場する。なお,少数

ではあるが，アメリカあるいはインドを含むパターンも見受けられる。1964年に「北朝鮮」がまったく登場しないのは，60年代の調査には「北朝鮮」が選択肢としてあがっていなかったからである。

　表5-2の好きな国，嫌いな国の選択パターンから，その背後にある好き嫌いの判断基準を推定することができる。だが，この表では，しばしば選択されるパターンを表示したに過ぎない。すなわち，多数派の選択パターンを見たにすぎない。少数派の選択をも含めた全体像を引き出そうとするなら，パターン分析の手法を用いなければならない。本章では，選択パターンの抽出を主成分分析にゆだねることにしよう。さらに，主成分分析によって引き出された諸主成分（次元）の意味を正確に読みとるために，主成分スコアと基本要因（政党支持，「帰属陣営」，性別，年齢，学歴などの個人特性）[8]との相関を計算して，主成分分析の結果の解釈を補強する。

　本章では，分析の対象を，好きな国のデータに限定することにしたい。ある国の好きと嫌いのデータは，いうまでもなく逆相関の関係にある。しかし，相関係数の絶対値は想像よりも小さい。ベトナム期には，アメリカ好きとアメリカ嫌いの相関係数は，アメリカ好きとたとえば，ソ連嫌いの間の相関係数よりも小さかった。好きな国のデータは嫌いな国のデータの符号を変えたものだとはいえない。だから，好きな国だけ分析すればよいというわけではない。しかし，好きと嫌いの両データをつっこみにすると，分析の結果現れる次元（主成分）数が多く，かつ複雑になりすぎる。そこで，本章では，好きな国のデータだけを主成分分析の対象とし，嫌いな国については，必要な場合のみ言及することにしたい。[9]

　表5-2が示唆するように，ベトナム戦争，日中国交回復，天安門事件は好きな国，嫌いな国の選択パターンが変化する画期である。個人データを，以下のように4期に分けて，その期間内の月別個人データをそれぞれプールした。各プール・データに対し主成分分析を繰り返す。

　　第1期　1964年：1期と2期の境はベトナム戦争の激化であり，それ以前は対外感情の冷戦構造はなお未分化の部分が残されていると考える。境界は60年代の末期を設定すればよいが，残念ながら，60年代のデータは1964年の3カ月分だけである。

第2期-A　1970年2月-1972年9月（70年代データの最初から日中国交回復まで）
第2期-B　1972年10月-1975年3月（日中国交回復後から70年代データの終りまで）
　　70年代の個人データは1970年から1975年にかけて58カ月分ある。この間のデータを1972年9月で二つのプールに分けて別々に分析する。日中国交回復による中国好き率の急増が、対外感情の冷戦構造に何らかの影響を与えたのではないかという仮説による。
第3期　1986年1月-1989年5月（80年代個人データの最初から天安門事件まで）
　　80年代の個人データは、1986年1月分から分析できる。1989年5月の天安門事件から社会主義圏内の激動が始まるので、1988年までの最初の3年間を取って「共産陣営」崩壊寸前の時期のデータパターンを分析する。対中国国交回復以来、かすかに見えてきた変動の兆しはより明確になっていると期待する。
第4期　1990年8月-1993年7月（共産陣営崩壊後、宮沢内閣の終わりまで）
　　最後に、ポスト冷戦期の好きな国データのパターンの変容を見る。1990年8月をポスト冷戦期の始まりとして選んだのは、その前後に、ソ連ではエリツィンら改革派の共産党離脱があり、ヨーロッパでは東西ドイツ統一があったからで、それ以後、宮沢内閣総辞職（55年体制終焉）までの3年間を取り上げる。

3．好きな国データの主成分分析（第1期：1964年）

　第1節で示唆したように、60年代には対外国感情の冷戦構造はほぼ形をなしていたものと想像できる。だが、西欧先進国対その他の国々という日本人の対外国感情の基本的対置と「自由陣営」対「共産陣営」の党派的対置はほぼ重なるだけに、かえって、対外国感情の冷戦構造はこの時期にはなお十分に分化していなかったのではなかろうか。
　60年代の個人データは1964年の3カ月分しかない。この3カ月分をプールして、主成分分析を行った。結果を表5-3に掲載する。主成分は第4主成分まで析出されているが、4主成分の合計説明率は50％余りで、まずまずのと

第5章 対外国態度における冷戦構造とその変容

表5-3 好きな国データの主成分分析（第1期：1964年）

好きな国	主成分1 多数派選択	主成分2 少数派選択	主成分3 中立国	主成分4 独対仏
米	.77	.13	−.07	.11
ソ連	−.02	.63	.06	−.29
英	.77	−.10	−.01	.08
仏	.54	.09	.25	−.47
西独	.16	.02	.11	.83
スイス	.13	−.15	.73	−.10
インド	−.15	.13	.71	.15
中共	−.07	.76	.04	.07
韓国	.07	.54	−.12	.19
説明率	17.8	14.7	12.7	11.7

(計)56.8%
N=2960

ころである。表に見られる各主成分のラベルはいうまでもなく筆者の推定によるものである。

さて，表5-3に見られるように，第1主成分の係数に，0.5以上の数値が与えられているのは，アメリカ，イギリス，フランスの西欧3カ国で，多数派が好きな国として選択する欧米中軸国を表す主成分としてよかろう。第2主成分は，ソ連，中国，それに韓国に0.5以上の係数が付いている。この3カ国は当時好きな国として選択するのは少数派に過ぎなかった国々（多くの人が嫌いな国として選択する傾向の強い国）であった。表には示されていないが，この3カ国間の相関関係では，ソ連と韓国の間に相関はなく，両国は中国を通してつながっている。ソ連と中国の共通点はいうまでもなく社会主義国であるが，中国と韓国の共通点は東アジアという文化的地理的位置であろう。違った二つの選択原理によって一つの主成分が形成されていると言える。第3主成分では，スイスとインドに大きな係数が見られ，非同盟中立国の主成分である。最後の第4主成分では，西独だけが絶対値で0.5以上の高い係数が付いている国であるが，フランスの係数も0.5に近い。フランスの係数はマイナスなので，この主成分は西独とフランスを対照させるものと考えられる。フランスを選択したときはしばしば西独が選択されず，西独が選択されたときはフランスが選択されない。

この第4主成分は，冷戦構造には関係なく，文化的なものと見てよいだろ

う。これを除く他の3主成分は冷戦構造に関連しているのではなかろうか。第1主成分は西側，第2主成分は東側，第3主成分は中立志向をそれぞれ代表するとおおざっぱに捉えることもできる。そうだとすると，感情の冷戦構造は60年代初期にはすでにできあがっていたことになる。しかし，第二次大戦による分断国家であり，明らかに「自由陣営」に属する韓国が，第2主成分で社会主義国家とともに現れる。また，西独が第1主成分で現れないで，第4主成分でフランスとの対比で現れるのは，党派的対立ではなく文化の質の違いで判断されているものと見られる。こういう意味で，好きな国感情は，この時期にはまだ十分に冷戦構造化するに至っていないといえる。

次に，上述した各主成分の解釈を補強するために，被調査者の個人的特性を示す基本的要因と主成分スコアの関係を分析しよう。好きな国の文化的選択の働きを示すものとして，性別，年齢，学歴を，党派的選択の働きを示すものとして支持政党，陣営帰属の計五つの基本要因を取って，それぞれ4主成分スコアとのイータ係数（従属変数は主成分スコア）を算出し，表5-4aにまとめて掲載する。イータ係数が大きいほど，その基本要因が主成分スコアを説明する率が高いのはいうまでもない。

イータ係数の大きさから見て，第1と第2主成分は明らかに党派的要因が文化的要因に優越する。そして，第3と第4主成分は反対に文化的要因が党派的要因に優越しているようだ。さらに，党派的要因が勝っていると判断できる，第1と第2主成分の間の違い，そして，文化的要因が強いと見られる第3と第4主成分の区別を知るためには，各要因のカテゴリー・レベルに降りて，説明を加える必要があろう。イータ係数は各要因のカテゴリー別主成分スコア平均値に基づいて計算されたものである。この原データ（表5-4b）を検討しよう。

第1主成分は政党支持では，保守党支持（自民党支持と「保守系支持なし」）の平均値が大きなプラス，それ以外のカテゴリーの平均値はマイナスで，帰属陣営は，「自由主義陣営」のそれがプラス値，「中立志向」と「共産陣営」のそれがマイナス値であり，政党支持では保守と革新，帰属陣営では「自由陣営」とその他（「中立志向」と「共産陣営」）の対立である。先に，第1主成分は「多数派による選択」といったが，多数派は平均的には保守と重なるようである。

表5-4a　好きな国データの主成分と基本要因との相関関係（第Ⅰ期：1964年）

基本要因	主成分1 多数派選択	主成分2 少数派選択	主成分3 中立国	主成分4 独対仏
性別	.06	.10	.10	.23
年齢	.10	.03*	.21	.13
学歴	.14	.02*	.22	.06
支持政党	.25	.14	.18	.11
陣営帰属	.22	.29	.15	.08

注　相関関係はイータ係数を採用した。
　　基本要因の欠損値は計算に当たって除去した。
*　分散分析による検定結果，p＞.05，その他はすべて，p＜.001。

表5-4b　好きな国データの主成分分析値
　　　　（基本要因カテゴリー別）（第Ⅰ期：1964年）

基本要因	ケース表	主成分1 多数派選択	主成分2 少数派選択	主成分3 中立国	主成分4 独対仏
性別					
男性	1383	.10	.03	.21	.13
女性	1577	−.06	−.10	−.09	−.22
年齢					
20代	654	.14	−.04	.30	−.21
30代	783	.03	.03	.00	−.05
40代	591	.00	.04	−.03	.09
50代	468	−.07	.00	−.14	.15
60代＋	464	−.18	−.05	−.36	.12
学歴					
義務教育	1763	−.12	.00	−.18	−.02
中等教育	990	.16	.01	.23	.00
高等教育	195	.20	−.19	.45	.21
支持政党					
自民党	1175	.31	.01	−.08	.13
社会党	585	−.16	.15	.29	−.09
民社党	80	−.07	−.01	.39	.35
その他[1]	40	−.47	.95	.34	.24
保守系	188	.15	−.08	−.07	−.08
革新系	139	−.16	.04	.36	−.05
支持なし	352	−.22	−.11	−.02	−.05
陣営帰属					
自由陣営	1434	.29	.02	−.01	.14
中立志向	767	−.12	.04	.31	.01
共産陣営	30	−.69	2.77	.06	−.65

注　陣営帰属は欠損値を計算に当たって除去したので，各要因の主成分総平均値は必ずしも0にならない。
(1)「その他」は「その他の政党」の略であるが，実質的に共産党支持者と見てよい。

第II部　冷戦構造と対外感情　103

　第2主成分では政党支持と帰属陣営とも，平均値でマイナスの大きい値は「その他の政党」「共産陣営」グループのそれだけであり，政党支持では「その他の政党」対その他の全カテゴリー，帰属陣営では「共産陣営」対その他という対立となっている。この時期では，共産党支持者はきわめて少なく，「その他の政党」の中に併合されていたが，実はこのカテゴリーに入るケースはほとんど共産党支持者であった。「その他の政党」対その他のカテゴリーという対立は実質的には，共産党支持対「その他すべて」に他ならない。「少数派による選択」は平均的には革新派による選択と等しい。

　第3主成分では，年齢，学歴によって示される文化的要因のイータ係数が，党派要因よりも高いが，年齢が若く，学歴が高いのは中立国を好む者の特色でもある。年齢と学歴はまた，保守対革新の党派性（現在では支持なし）を表す要因でもあり，両者が重なることにより，学歴・年齢の効果が強く示されたのであろう。したがって，第3主成分は「中立志向」対その他の対立と見ることができ，上述の，主成分係数による推定と一致する。

　性別による平均値の差が大きいのは第4主成分だけである。男性グループの第4主成分スコア平均値はプラスで，表5-3でプラスの係数を持つ「西独」と結びつく。女性グループの平均値はマイナスで「フランス」と結びつく。つまり，フランスが女性に好まれ，西独は男性に好まれるという区別で，フランス文化は「文学と絵画」で，ドイツ文化は「自然科学」で代表されていることの現れであろう（堀　1977参照）。両国イメージのこのような違いはその後も持続している。

4．好きな国データの主成分分析
（第2期Aと第2期B：1970年-1975年3月）

　次の時期の個人データは1970年から1975年にかけての58ヵ月分である。この期間には，対外国感情の冷戦構造はすでに結晶化されているはずである。アメリカ好きに関していうと，ベトナム戦争はようやく終結したものの（和平協定調印は1973年1月）ウォーターゲイト事件の拡大により政治的混乱が続き，アメリカ好き率が最低に落ちる時期である。他方，中国の文化大革命が紅衛兵中心の反乱から制度的安定へと向かい，中国の国連加入の期待も高まって国際的地位も向上するにつれ，日本人の対中国感情が次第に否定から

肯定へと変化の兆しを見せていた(NHK放送世論調査所 1982)。それを決定的にしたのが1972年9月の日中国交回復声明である。この後の調査では「4人組追放」後の1時期を例外として天安門事件に至るまで，中国好き率は嫌い率を上回るようになる。対中国態度が冷戦構造から抜け出ることにより，冷戦構造自体にも多かれ少なかれ変化が起きたと想定される。そこで，この間の個人データを1972年9月でA，B二つのプールに分けて別々に分析する。

1970年から1972年9月までのデータでの主成分分析の結果を表5-5として掲載する。第1主成分はイギリス，フランス，スイスに高い主成分係数が見られるから，ヨーロッパ諸国好きを表す主成分である。第2主成分は明らかに社会主義国選択を示すものであり，ソ連，中国，北朝鮮の3カ国が高い係数を持っている。第3主成分は西独と韓国に高い係数が与えられている。この2国は，アメリカとその同盟国で，東西対立の最前線に位置する分断国家である。最後の第4主成分は，インドのみが高い係数を持つ主成分である。第1期(表5-3)の第3主成分は，スイスとインドに大きな価が付く中立国主成分であった。この第4主成分は第1期の中立志向主成分からスイスが抜けた格好になっているが，やはり中立志向主成分であろう。60年代に比べ，一層冷戦構造が固まった70年代初頭にあって，中立国主成分からスイスが離れたのは，アメリカ好き率が大幅に低落し，スイス，英，仏という西欧3カ

表5-5　好きな国データの主成分分析（第2期A：1970年-1972年9月）

好きな国	主成分1 欧州	主成分2 社会主義国	主成分3 米と分断国家	主成分4 中立国(インド)
米	.34	−.01	.60	−.24
ソ連	.11	.67	−.12	−.10
英	.62	−.07	.30	−.20
仏	.77	.01	.00	.02
西独	.18	−.07	.50	.13
スイス	.72	.06	.01	.25
インド	.08	.01	.07	.90
中国	−.05	.65	.21	.15
韓国	−.28	.21	.65	.09
北朝鮮	−.05	.69	−.00	−.01
説明率	18.7	14.7	10.3	10.0 (計)53.8% N=37516

表5-6 好きな国データの主成分の基本要因との相関関係
(第2期A：1970年-1972年9月)

基本要因	主成分1 欧州	主成分2 社会主義国	主成分3 米と分断国家	主成分4 中立国(インド)
性別	.01	.06	.14	.01
年齢	.24	.07	.06	.10
学歴	.23	.05	.06	.07
支持政党	.09	.25	.20	.11
陣営帰属	.04	.34	.19	.13

注 相関係数はイータ係数を採用した。
　　計算に当たって基本要因の欠損値は除去した。

国の組み合わせの選択が相対的に増えたからであろう。同様に、第1主成分もアメリカの離脱とスイスの参入で党派的意味を薄め、西欧「文化」国の選択となったのではなかろうか。

第2、第3主成分が示すように、60年代に比べて、冷戦構造を表す主成分は、一層純化され、明瞭になってきている。補助データとして、表5-6の主成分スコアと基本要因とのイータ係数値の行列を見ると、最大のイータ係数値は、第2主成分スコアと陣営帰属との間の0.34である。表5-4bと同種のカテゴリー別データの提示は、あまりにも紙幅を取るので諦めざるを得ない。表の提示なしに、カテゴリー・レベルについてコメントを加えることを許していただきたい。

陣営帰属での対立は「共産陣営」対「自由陣営」で、政党支持では、共産党を中心とする革新政党と保守党の対立である。第3主成分スコアと党派的基本要因との間のイータ係数値は比較的小さいが、0.2ほどはある。その関連パターンは、政党支持については、明らかに自民党、民社党など保守系政党支持と革新政党支持の対立、陣営帰属については、いうまでもなく、「自由陣営」対その他のカテゴリーの対立であって、冷戦構造による党派対立を表している。

このように、第2、第3主成分は明らかに党派的意味を持っているが、これに対し、第1主成分は文化的主成分と推定した。表5-6に見るように、この主成分スコアは政党支持と陣営帰属の両要因とは相関がほとんどなく、年齢、学歴との相関が高い。年齢は若いほど、学歴は高いほど、西欧3カ国を

表5-7 好きな国データの主成分分析（第2期B：1972年10月-1975年3月）

好きな国	主成分1 欧州	主成分2 社会主義国	主成分3 米と分断国家	主成分4 中立国(インド)
米	.18	−.03	.68	−.24
ソ連	.09	.70	−.06	−.11
英	.63	−.07	.22	−.20
仏	.79	.01	−.01	.02
西独	.16	−.12	.54	.10
スイス	.74	.08	−.00	.24
インド	.06	−.04	.04	.89
中国	−.03	.54	.39	.23
韓国	−.24	.19	.51	.13
北朝鮮	−.04	.68	−.05	.01
説明率	17.7	14.0	10.8	10.1 (計)52.6% N=43903

選択する傾向が強い。性別との相関が薄いものの，青年の西欧好きを表す文化的主成分と解釈できる。第4主成分はスイスが抜けても，やはり中立国を表す主成分だと推定したが，この主成分スコアと基本要因とのイータ係数値は，この推定を支持する。相対的にイータ係数値は低いものの，陣営帰属と支持政党とのイータ係数値は0.10以上ある。また，その関連パターンも中立国を弁別するもので，陣営帰属との関連は，「中立志向」対「その他のカテゴリー」の対立，支持政党については「革新系支持なし，社会党支持」対自民支持の対立である。

　第1期のパターンと比べると，このパターンは感情の冷戦構造を一層明瞭に表しているといえる。この構造はベトナム戦争の激化とともに明らかになったと見られるので，その完成の時期は，個人データが欠けているので定かではないが，60年代後半のことであろう。

　日中国交回復後（70年代個人データを二つに分けた場合の後半）の好きな国データのパターンは，国交回復という「介入」があっても，期待したほどは変わらない。すなわち，主成分係数が0.5以上の大きさがあれば有意と設定すると，国交回復の前後で，データのパターンは全く変わっていない。表5-7と表5-5を比較されたい。ただ，もっと細かくデータを見ることが許されるなら，両者間に違いを見つけることができる。「中国好き」に注目する

第II部　冷戦構造と対外感情　107

と，第2主成分の社会主義国選択と推定された次元において中国に与えられた主成分係数値は少し下がり，0.5に近づいている。その分，アメリカとその同盟国を表す第3主成分における中国の係数値が0.21から0.39へ上がっている。中国は好きな国としてアメリカや韓国と同時に選択される傾向が見え始めている。また，わずかだが，第4主成分での「中国」に付いた主成分係数値も上昇している。中国とインドとの共通性が前よりも増えているのである。他方，第3主成分における韓国の係数値が下がって，0.5に近づいている。韓国の側ではアメリカに支援された分断国家というイメージから離れつつあるといえようか。対外国感情の冷戦構造は継続しているが，その中に変容の兆しを内包していると判断できる。

　表5-7に続くイータ係数の行列表は表5-6とほぼ同じなので，掲載を省略する。

5．好きな国データの主成分分析（第3期：1986年-1988年）

　80年代の個人データは，1986年1月分から分析できる。1989年5月の天安門事件から社会主義圏内の激動が始まるので，1988年までの最初の3年間を取って「共産陣営」崩壊寸前のデータパターンを分析しよう。70年代のパターン，すなわち，冷戦構造プラス西欧文化国対後進国構造というパターンには，まだ基本的変動は起こっていないが，対中国国交回復以来，かすかに見えてきた変動の兆しはより明確になっているだろう。

　この3年間のデータの主成分分析の結果をまとめた表5-8を見られたい。第1主成分は，ここでも「西欧文化」国を表す主成分であり，これには変化はない。次の表5-9に掲載した基本的要因とのイータ係数の相対的大きさが示唆するとおりである。さらに要因のカテゴリーまで立ち入ると，この主成分は性別では女性，年齢では青年，学歴では高学歴の人々との関連が深く，政党支持と帰属陣営とには関連がない。間違いなく「文化的」主成分である。第2主成分は前時期の第3主成分である「アメリカと分断国家」主成分から韓国が脱落したものである。前時期の第3主成分より男性の選択が多いのは，韓国が抜けたので，西独のウェイトが増えたからであろう。その点「文化的」選択と見られないではないが，党派性要因の重要性は減ってはいない。党派的対立軸は，いうまでもなく，自由陣営対その他の対抗である。前時期の第

第5章 対外国態度における冷戦構造とその変容

表5-8 好きな国データの主成分分析（第3期：1986年-1988年）

好きな国	主成分1 欧州	主成分2 米・独	主成分3 インド・中国	主成分4 ソ連・北朝鮮	
米	.18	.74	.05	.07	
ソ連	−.01	−.01	−.11	.60	
英	.53	.40	−.23	.04	
仏	.76	−.03	−.11	.03	
西独	−.15	.64	.07	−.18	
スイス	.69	−.03	.18	−.09	
インド	.15	−.23	.64	−.24	
中国	−.10	.24	.66	.14	
韓国	−.11	.09	.45	.41	
北朝鮮	.01	−.10	.13	.70	
説明率	15.4	12.9	11.3	10.5	(計)50.1% N=52959

表5-9 好きな国データの主成分と基本要因との相関関係
（第3期：1986年-1988年）

基本要因	主成分1 欧州	主成分2 米・独	主成分3 インド・中国	主成分4 ソ連・北朝鮮
性別	.14	.23	.06	.00
年齢	.28	.06	.03	.01
学歴	.23	.17	.03	.03
支持政党	.06	.22	.09	.10
陣営帰属	.07	.15	.06	.11

注　相関係数はイータ係数を採用した。
　　計算に当たって基本要因の欠損値は除去した。

2主成分である社会主義国家選択は、ここでは第4主成分として現れるので、第3主成分を飛ばして第4主成分に注目しよう。社会主義国といっても、中国はここから脱落している。しかし、党派的基本要因との関連は依然として、共産党（陣営）対「その他のカテゴリー」で、社会主義国選択の次元であることを示しているが、イータ係数の値は大きく下がっている。

他方、冷戦構造的対立軸から抜けた中国と韓国（韓国の係数は0.5より少し低いが）は第3主成分でインドとともに現れる。この2国はインドとともに冷戦的対立上中立国と見なされるようになったのであろうか。この主成分スコアと基本要因との相関はいずれも低く、積極的にそうだと回答できない。

むしろ，アジア文化圏主成分と呼んで良い次元が形成されつつあるようだ。次に見るように，感情の冷戦構造の解体は，アジアブロックの成立あるいは回帰という形で行われるのだが，その萌芽と見ることができよう。

いつ中国と韓国が冷戦軸から離れ始め，アジア文化圏主成分の萌芽が出現したのであろうか。70年代前半から80年代前半にかけての個人データは手元にない。この間10年以上の間隙がある。中国については，70年代後半の日中平和友好条約締結の頃が一つの候補時点である。もう一つの候補時点は1982年の趙紫陽首相来日とその後の中国の開放政策実施の時期である。韓国については，1984年の全大統領の来日頃であろう[10]。両者あわせて考えると，80年代前半が浮かび上がるのではなかろうか。

6．好きな国データの主成分分析
（第4期：1990年8月-1993年7月）

最後に，社会主義陣営崩壊後の好きな国データのパターンの変容を見よう。国際政治上の社会主義陣営崩壊により，対外国感情上の社会主義ブロックが分解することは予想できる。その時，自由陣営の側には変容はないだろう。社会主義陣営は80年代後半に見られた傾向に沿って，旧ソ連とアジアブロックへと分解されるだろう。

ところで，ポスト冷戦期を何時から始めればよいのか。天安門事件後の1年ほどは国際政治の大変動期であり，この期間のデータパターンは当然安定していない。そこで1990年8月をポスト冷戦期の始まりとして選びたい。この時点を選んだのは，ソ連ではエリツィンら改革派の共産党離脱があり，ヨーロッパでは東西ドイツ統一があったからだと言えるが，実は便宜的な決定にすぎない。先に，冷戦終焉直前期として，1988年までの3年間を取り上げたので，ここでも，宮沢内閣総辞職（55年体制終焉）までの3年間を取り上げることにしたのである。

表5-10は「共産陣営」崩壊後の好きな国データの主成分分析結果である。第1主成分は，フランスとスイスそれにイギリスを含む西欧諸国選択次元である。表5-11の基本要因との相関行列に見られるように，女性，若者，高学歴の人に選択され，党派色が薄いという意味で「文化的」次元である。第2次元はアメリカとドイツの次元で，70年代から続く自由陣営の中枢を表すも

表 5-10 好きな国データの主成分分析（第 4 期：1990 年 8 月-1993 年 7 月）

好きな国	主成分 1 欧州	主成分 2 米・英・独	主成分 3 東アジア	主成分 4 インド・中国
米	.23	.68	.23	−.11
ソ連	−.11	.15	.29	−.01
英	.52	.43	−.05	−.18
仏	.75	−.05	−.03	−.07
西独	−.23	.71	−.17	.13
スイス	.64	−.03	−.11	.21
インド	.08	−.06	−.09	.84
中国	−.09	.10	.51	.49
韓国	−.05	.01	.67	.05
北朝鮮	.06	−.18	.58	−.11
説明率	15.2	12.5	11.3	10.3 （計）49.2% N=53522

表 5-11 好きな国データの主成分と基本要因との相関関係
（第 4 期：1990 年 8 月-1993 年 7 月）

基本要因	主成分 1 欧州	主成分 2 米・英・独	主成分 3 東アジア	主成分 4 インド・中国
性別	.11	.23	.05	.02
年齢	.23	.07	.04	.05
学歴	.19	.18	.05	.08
支持政党	.05	.17	.08	.08
陣営帰属	.04	.13	.04	.07

注 相関係数はイータ係数を採用した。
　　計算に当たって基本要因の欠損値は除去した。

のである。強いて違いを述べれば，英国のウェイトが徐々に高くなってきたことであろうか。第 1 主成分が一層文化的になり，第 2 主成分がより党派的色彩を濃くしたと言えるが，党派的要因とのイータ係数を見ると，依然値は高いものの，70 年代，80 年代のそれと比べると下がっている。党派色はさらに薄まっていることに注意しなければならない。第 3 主成分は，韓国，中国，北朝鮮が高い係数をもち，東アジア諸国選択の次元である。第 4 主成分は，インドとやや係数値は落ちるが中国の 2 カ国を選択する次元で，アジアの大国選択の次元といえようか。第 3，第 4 のどちらの主成分も，文化的要因，党派的要因ともに関連が弱く，両要因だけではその選択基準を積極的に指摘

できない。このように，ポスト冷戦期の対外国感情の構造は，冷戦的党派性の低下と文化的・地理的基準の優越によって特色づけられる。

ここで注目されるのは，「ソ連」が四つの主成分のいずれにも顔を出さないことである。ソ連好きとソ連以外の国好きとの間の相関係数はいずれも高くはなく，最大でも中国好きとの0.05に過ぎない。もともと好きな国としてソ連の選択はきわめて少数なので，独自の次元をも構成していない（この時期はゴルバチョフの活躍により，ソ連嫌いも20％台に落ちる）[11]。だが，ソ連（現在ではCIS）好きがずっとこのような形で安定するとは思えない。どの国とともに選択されるようになるか，独自の次元を構成するかは，もちろん，ロシアの今後に懸かっている。

7．まとめ

(1)日本人の対外国好き嫌いは，長期的には，西欧先進民主主義国対非西欧諸国という選択原理にまとめられる。いうまでもなく，前者が多数派の選択で，後者が少数派の選択であり，基本的には現在でも変わらない。だが，多数派も少数派もその中をいくつかに分けることができ，選択原理は多次元である。
(2)党派的要因による好き嫌いの選択の影響力はより中・短期的であろう。戦後期では，冷戦構造が対外国意識に投影された「対外国感情の冷戦構造」が顕著であった。ここで冷戦構造とは好きな国が「自由陣営」帰属国，「共産陣営」帰属国，「中立国」のどれか一つからまとめて選ばれ，嫌いな国は残りのブロックの一つからまとめて選ばれるという構造である。
(3)本章は，対外国感情の冷戦構造の形成と変容の過程を，時事調査の個人データを通して，明らかにすることであった。
(4)分析可能な個人データで，最も早い時期のものは，1964年の三つの調査である。この時期は冷戦の最中ではあるが，西欧先進国対非西欧諸国という選択原理と冷戦構造による選択とが，かなり重なるためもあって，冷戦的選択が十分に分化していない。分化にはベトナム戦争の激化というきっかけが必要であった。
(5)ベトナム戦争の激化により，日本人のアメリカ好き率が急速に低下し，アメリカ好きと他の西欧先進国好きが分離する。アメリカは分断国家である西独と韓国とともに「共産陣営」に対抗する国家として選択されるのに対し，

スイス，フランス，イギリスは「西欧文化」国として選ばれるようになる。
(6)対外感情の冷戦構造は冷戦期を通して続くが，1972年の日中国交回復以後は中国好き率が増え，構造に変化の兆しが見られる。中国が社会主義国として選択される度合いが減り，アメリカあるいは韓国とともに選択される傾向さえ見えてくる。
(7)「共産陣営」崩壊直前の3年間の好きな国パターンに，冷戦構造の解体の始まりを見ることが出来る。「自由陣営」からは韓国が「共産陣営」からは中国が離れ，インドとともに一つのグループを構成する。冷戦構造の第三極としての中立国グループとしてではなく，アジア文化圏に属する国として選択され始めたのであろう。個人データは手元にないが，この変容は1984年頃には始まったと推定された。
(8)「共産陣営」の解体後は党派性が薄れ，文化的・地理的基準が優越する構造になる。まず，西欧先進国の「アメリカとドイツ」の狭義の自由陣営と西欧「文化」国家へ二分される構造は継続するが，前者の選択の党派性（自由陣営対その他の対立）はかなり薄れている。旧社会主義圏は，直前の時期に見られる分解の傾向を強めるばかりではなく，中国，韓国，北朝鮮の東アジア国家，日本から見れば隣国の選択軸と，中国とインドというアジアの大国の選択軸が現れる。いずれも党派性の薄い選択である。ゴルバチョフのロシア (CIS) が4主成分のどれにも現れないのが目に付く。今後，CISがどの国とともに選択されるようになるかは，現在のところまだ定かではない。

第III部
責任政党としての自民党と業績評価

第6章　55年体制下での政策決定

　第II部においては、日本の有権者の体制志向や対外国感情といった政治意識がどのような構造を持っていたか、そしてそれがどのように変化したかについて詳しく検討した。しかし、「55年体制」が政党制のレベルで長く続いた自民党の一党優位体制であったという事実は、自民党がすべての政策を支配し、ゆえに政策に責任をもつ唯一の政党だったことを意味する。本章以下、第III部では、このことをふまえて、有権者が自民党およびその内閣の政策に下した業績評価とその影響を分析する。なお、有権者の業績評価とは、経済政策および経済パフォーマンスについて行われるものという前提でモデル化と分析を進める。[1]

　有権者が投票を決める上で、政権についている政党や現職政治家たちの業績を考慮するという考え方は、「業績評価モデル」と呼ばれる。[2]ただし、一口に業績評価モデルと言っても、具体的には、さまざまなモデルが競合しているのが実状である。これらの個々のモデルは、それぞれ異なった理論的前提に基づいて成立している。たとえば、有権者たちの投票が経済の業績評価に影響されているとしても、有権者たちがどのくらい前までさかのぼって政府の業績を評価の対象にするのかという点で、研究者の見解は微妙に異なる。業績評価は、過去ではなく、むしろ将来の経済の先行きに対して行われるものだ、という考え方もある。また、評価される業績とは、より正確には、誰の業績をさすのか、政権についている政党か、あるいは現職の政治家か、という問題もある。これらの個々の問題にどう対処するかによって、分析する変数として選ばれる指標や、推定モデルの特定化は当然左右されることになる。より広いタイポロジーということで言えば、業績評価モデルは、大きく

二つの理論的見方に分けて考えることができる。その二つの見方とは、いわゆる個人志向（ポケットブック）投票モデルと社会志向（ソシオトロピック）投票モデルである。有権者は国家の経済状況を客観的に判断して投票を決めるものだという考えに基づくのが社会志向投票モデルである。これに対して、有権者は自らの財布の中身をみて投票を決めるのだという考え方が個人志向投票モデルである。

　ところで、業績評価モデルを使った日本についての行動論的研究は、それほど蓄積が多いわけではなく、また必ずしも研究者たちの間でこうした業績評価の効果についての見解の一致があるとはいえない状況にある[3]。それは、実証研究において、これまで体系的で整合性のある結果を導きえていないことに理由がある。たとえば、実際の選挙データと経済指標を使った分析では、経済要因の効果について、まったく一貫性を欠く推定結果が報告されており、モデルに投入される変数が異なったり、分析に用いられる統計手法が異なることによって、大きな差が出てしまうことが指摘されている[4]。また、従属変数として、実際の投票ではなく世論調査データを使った研究もあるが、こうした研究においても、必ずしも分析結果が強固（ロバスト）な形で出ているとはいえない状況にある。たとえば、このモデルを早くから積極的に取り入れている平野浩は、1992年の参議院選挙、1995年の参議院選挙、そして1998年の参議院選挙時のデータを分析している。しかし、そのそれぞれの場合において、景気と暮らし向きの相対的効果のパターンがまったく一致していないことを自ら報告している（平野 1994；1996；Hirano 1999）。

　ただ、いずれにせよ、一回限り、あるいは時期が限定された世論調査データを使って、業績評価モデルをあてはめることには、大きな障害があると思われる。この論点は、第10章で詳しく解説するところであるが、クレーマー（Kramer 1983）が提起したように、ある年における有権者の暮らし向きや景気判断の変化には、政府の業績に帰せられるべき部分のほかに、純粋に個人的な要因も働いているはずである。こうした個人的要因をうまく処理しない限り、推定結果には、測定誤差に基づくバイアスがかかる可能性がある。クレーマーは、時系列データを使うメリットは、こうした誤差が長期的には打ち消し合うことにあると考えたわけであり、われわれもここに時事データを使って、「業績評価モデル」を検証することの意義があると考える。

第III部　責任政党としての自民党と業績評価

　さて，その具体的なモデル化と分析は，次章以下にゆだねることにして，ここでは，業績評価という考え方を，「55年体制」のもとでの日本の有権者にあてはめる場合に，あらかじめ留意しなければならない一つの点について述べておきたい。有権者が自民党に対する態度を決定する上で，自民党の経済政策の評価を考慮するという考え方は，有権者の間に，自民党が政策についての責任を負っているという認識があることがその大前提になければ成り立たない。しかし，日本の政策決定過程を専門とする研究者の間では，政治家や政党，ひいては国会が政策決定において影響力を持っているという見解は，必ずしも通説であるとは言えないのである。

　かつて，辻清明によって整理され，その後継の行政学者たち，さらにはジョンソンの通産省研究などによって広められた説によると，日本で政策決定の立案および運営を行っているのは，官僚，とくに大蔵や通産をはじめとする経済官僚たちであるという（辻 1969；Johnson 1982）。この官僚優位説は，明治維新以来の日本の近代化が上から押しつけられた国家主導のものであったこと，マッカーサーによる連合国軍の占領が「間接統治」という形態をとり，官僚機構を温存強化することになったことの，二つの歴史的要因にその根拠を求める。この説に対する批判として，いわゆる多元主義者たちは，エリートサーベイや事例研究を通して，さまざまな他のアクターたち，すなわち与党自民党，族議員をはじめとする政治家，国会，圧力団体，マスメディアなども，政策決定に一定の影響力を与えることを示そうとしてきた。しかし，伝統的な官僚優位説は，研究者の間で根強く残っており，今日でも，少なくとも他国との比較のうえでは，日本は官僚の強い国家として位置づけされるのがふつうである。

　いうまでもなく，「業績評価モデル」は，第一義的には，有権者の政治行動についての理論化をめざそうとするものである。しかし，このモデルにおいては，有権者が政治的エリートたちについての一定の考え方をもっていることが暗黙のうちに前提とされている。つまり，そこでは，みずからが投票によって選ぶ政治家や政党こそが，官僚を凌駕する権力と影響力を行使できることが前提になっているのである。日本の政策決定が官僚優位説の描く通りであるとすると，そもそも有権者が投票を決めるうえで業績評価を行いえないわけであるから，業績評価投票はおこらないはずである。逆に，有権者が

業績評価投票を実際に行っていることが判明すれば、それは間接的ながら、政策過程における官僚優位説へ異を唱える結果になるといえよう。(6)

ところで、「55年体制」のもとでの、有権者の業績評価と自民党の支持率との関係を検討しようとする時、われわれは、自民党が政権を担っていた間に、日本経済が大きく変化したことをあらためて認識しておかねばならない。1955年、つまり「55年体制」の成立当時、朝鮮戦争による特需景気などで日本経済はすでに回復の軌道にのっており、「もはや戦後ではない」といわれたが、客観的には、まだ日本経済が伝統的な農村社会的要素を色濃く反映した構造を呈していたことは否めないであろう。しかし、それから1972年まで、日本は奇跡的な高度成長を遂げ、年平均で10％以上の成長率を記録し続けることになる。高度成長が、日本の産業構造、人口分布、さらには生活様式までをも一変してしまったことは言うまでもない。日本は、この時点ころから、近代化途上の国ではなく、近代化を終えた国家とみなされるようになったのである。

日本経済自体が大きな変貌を遂げたばかりか、経済政策において、主流の経済(学的)イデオロギーが入れ代わったということも忘れてならない。1960年代まで主流だったケインズ的な積極介入政策は、1970年代になると、先進各国が巨額な財政赤字を抱え込むようになって、しだいにその正統性を失っていった。代わって、1980年代に影響力をもつようになったのは、小さな政府をめざす経済的新保守主義であった。日本においても、第一次石油ショックの影響などで、1970年代は、いわゆる調整期にあたり、インフレや不況を克服することを課題として背負わされた日本経済は、この時期さまざまな試行錯誤を繰り返した。しかし、1980年代になると、財政再建路線がはっきりと定着し、他の先進国同様、新保守主義に基づいた歳出カット、民営化、規制緩和などの措置が経済政策の流れとなっていった。また、1985年のプラザ合意に代表されるように、日本は、経済の国際化、グローバル化が進む中で、マクロ経済政策上の国際協調の枠組みが次第に制度化されていくことも経験した。それは、さまざまな意味で、経済政策の自律性を失わせることにもつながり、財政、金融政策の国内での効果の幅を縮小するものであった。

このように、自民党が政策に責任を負う体制は長期間続いていたものの、その政策の中身は大きく変化し、日本経済自体もその規模や構造を大きく変

化させたのである。したがって，有権者の業績評価と自民党支持との関係も，いくつかの大きな波を経験しながら発達したことが考えられる。だとすれば，日本における有権者の業績評価のあり方を体系的に分析するには，長期的視点に立つことが重要であろう。しかし，残念ながら，そうした論考は，これまでほとんどないのが現状である。

　もちろん，自民党一党優位と有権者の業績評価的態度を取り扱った文献が皆無だというわけではない。たとえば，村上泰亮は，かつて「新中間大衆仮説」を提示し，1980年代以降の有権者の現状維持を好む行動を保守化と結びつけて，日本の「近代化」以降においても自民党が政権を担いうる理由の一つとしてあげた。しかし，村上の考え方は，社会学における階層論を基礎にしたもので，投票行動の理論としての業績評価モデルをふまえたものではなかった（村上 1984）。また，蒲島（1988）や猪口（1983）らは，それぞれに，「バッファープレーヤー」という概念を用いて，有権者の一部が，政権（自民党）に対してその時々で是々非々の態度をとることが，やはり1980年以降の選挙における変動（ヴォラティリティー）をある程度説明できるという主張をしばしば行ってきた。しかし，いずれも，一部の（あるいは特定の時期の）有権者に「業績評価」に似た行動をする主体を限定しているという点で，業績評価の考え方を正面から受け入れたモデル化ではなかった。

　この意味で，1955年から1993年までを，通時的に扱う次章以降の分析には，意義があると考えるのである。まず，第7章では自民党支持と有権者の業績評価との関係を，次に第8章ではそれに内閣支持率をも検討に加えて，時系列的に分析する。第9章では，個人データをも活用して，有権者の経済評価の変容を明らかにしたい。なお，業績評価モデルには，複雑で，しかし重要な方法論的問題点がいくつか存在する。個人志向と社会志向のモデル化の違いについてはすでにふれたが，それ以外にも世論調査データを使うことに関連する測定誤差の問題，さらには業績評価モデルと社会心理学モデルとの理論上の緊張関係をめぐる問題である。煩雑さをさけるために，こうした点についての議論は第10章に先送りすることとし，第Ⅲ部におけるモデルの設定と実証は，できる限りシンプルに進めたい。

第7章　自民党支持と経済業績評価

1. はじめに

　民主主義理論の「教科書」に登場する有権者は，自分にとって最も有利な政策を実現するだろうと考えられる者を，与えられた候補者の中から選ぶことになる。この点を最も端的に理論化したのが，A.ダウンズの期待効用差による投票モデルだろう。それは，

　　　$E(U^A_{t+1}) - E(U^B_{t+1})$
　　　　ただし，A・Bは政党，
　　　　　　$U^A \cdot U^B$は，政党A・Bがそれぞれ政権をとったときに，有権者にもたらされる効用（利益），Eはその期待値を表わす。

という式によって抽象化することができる (Downs 1957)。二つの項のサブスクリプトに (t+1) とあることに注目したい。t+1，つまり選挙後に各政党が実現することになると期待できる効用を比較して，相対的に利益の大きな政党（あるいは候補者）に投票する人が，ダウンズのいう「合理的」な投票者ということになる。選挙の目的が，次期の政権担当者を決めることにあるかぎり，将来に向かっての効用を比較しないのは，合理性を欠く。その意味では，選挙は将来に向かっての (prospective な) 選択である。
　ところが，ダウンズの期待効用差モデルは，完全情報のもとでのみ成立するという大きな制約がある。有権者にとって，候補者の将来の行動は「未知数」である。また，次の政権担当者が遭遇する政治状況がいかなるものであるかについても予測不可能に近い。つまり，ある選挙での投票選択の将来的

な影響についての判断を有権者に求めるのは,ずいぶん過大な期待ということになる。

さて,そのような状況にあって,有権者は,投票選択の基準とするものを何も持ち合わせないかというと,決してそうではない。政府の過去の業績についての情報があるわけで,それをもとに将来の政権担当者を選ぶということが考えられる。この点に注目した業績が,フィオリーナのretrospective votingである (Fiorina 1981)。

過去を振り返ったとき,自分の暮らしは楽になったか,政府の行政サービスはより充実したか,町内での犯罪件数は増えたか減ったか,交通渋滞は解消されたかどうかといった日々の生活環境については,誰もが感じるところがあるはずである。これらの問題に対する政府の取り組みの具体的な内容について詳細な情報を個々の有権者は持ち合わせないのが普通である。それでも,とりあえず「結果」が良ければ,その業績に対する褒美として,次の選挙では現政府を支持する方向に票を投じる。反対に,「結果」が芳しくない時には,「お灸」をすえる目的で,次の選挙では少なくとも現政府には票を投じないか,場合によっては野党に票を投じる。過去の政府の業績を基準に(retrospectiveに)将来の選択を行う,これが業績評価投票である。そして,それは説得力のある議論でもある。

さて,本章の一般的な目的は第6章で述べたとおりであるが,より具体的な課題は,経済状況に対する業績評価と,自民党支持率とが連動していることを示すことである。つまり,ここでの被説明変数は,自民党支持率である。したがって,業績投票モデルが日本の選挙に当てはまるかどうかについては,最終的な結論は出せない。ただし,経済状況に対する業績評価と自民党への支持の関連を明らかにするのは,業績投票を含む投票行動の理論全般の議論に対して有用な資料となるだろう。

さて本章では次の二点を試みたい。

一口に経済業績評価と言っても,それは客観的経済状況と主観的経済評価とに理論的には区別されなければならない。にもかかわらず,このテーマでのこれまでの理論的あるいは実証的分析は,一部の例外を除いて,その点に十分注意を払ってこなかった。その多くが,同一のレベルで両者を捉えているか,あるいは客観的経済状況についてはまったく分析から除外されている。

その点について，より踏み込んだ検討があっても良いと考えたわけである。

　第二の試みは，経済政策に対する評価関数（投票や政党支持）を純粋に「時系列データ」として捉える手法の応用である。経済政策に対する評価関数は，時間的には「連続」するものである。ところが，これまでの分析では，その多くがデータの制約上から，特定の選挙の前後における変化として捉えるか，あるいは複数の時点のデータを分析の対象としながらも，その連続性は捨象した形で扱われてきた。いわば，それはスタティックなアプローチである。それを，ここではダイナミックに捉えようというのである。具体的には，時系列データの分析に経済学の分野でこれまで多く用いられてきた，ARIMAモデルを利用する。

　以下，次のような手順で議論を進めることにする。第２節では，なぜ，ここでの議論が経済政策に限られているかを簡単に説明し，続く第３節では，業績評価モデルを議論するときの問題点を本章の具体的な課題との関連で整理する。第４節でデータ分析の手法と分析結果を披露する。それが，本章の核心部にあたる。最後に，本論で触れることのできなかった点を整理してまとめとする

2．業績評価モデルと経済政策

　業績評価投票がかりに行われるとしても，評価の対象となりうる争点は多い。最近の日本の選挙を思い浮かべても，たとえば景気対策・税制・行政改革・農業政策・教育・福祉・外交または国際貢献と，そのリストは続く。その中で，ここではとりあえず経済政策に限って議論することになるが，けっしてその他の争点での業績投票の可能性を初めから排除するものではない。そうではなく，もし業績評価を裏付けることができるとしたら，経済状況に対する評価においてその可能性が最も高いと考えるからである。

　有権者が「賢」ければ，彼らの業績に対する一般の有権者の評価を政治家は無視することはできない。フィオリーナの政治家への「忠告」である。ところが，時間的・経済的資源が限られているために，有権者全員を満足させることはできない。そうだとすると，次の選挙での集票について最も効率の良いと考えられる争点，あるいは最も多くの有権者の関心である最大公約数的な争点に的を絞ることになる。

その場合，彼らが最優先する政策分野は経済だろう。マズローの欲求階層理論を引用するまでもなく，経済的な安定が一般の有権者の第一の関心事だからである（Maslow 1954）。有権者の大部分を占める「新中間大衆」が経済状況にとくに敏感であることを，政府は十分承知のはずである（村上 1984）。

3．業績評価モデルの問題点と本章で検討する命題

さて次節で，経済に関する業績評価モデルを具体的に検討するわけだが，その前にいくつかの理論的な問題点に触れる必要がある。ここでは，われわれに与えられたデータで実証が可能な範囲のものに限って考えてみたい。

(1) 客観的経済状況と主観的経済評価

経済業績モデルが想定しているロジックに従ってその有効性を主張するには，実証的に確認しなければならないことがある。それは，主観的な経済評価が客観的な経済状況に適切に反応しているかどうかである。

いわゆるマクロ経済指標で作業定義される客観的経済状況と世論調査データなどで測定された「暮らし向きの良し悪し」などの主観的経済評価は，いずれも「経済変数」として従来まとめられてきたが，厳密にはそれらは区別されなければならない。というのも，政府の経済介入の成否がただちに評価関数（投票や政党支持）に影響を及ぼすわけではないからである。少なくとも，業績評価モデルのロジックには，それは無関係である。業績評価モデルのポイントは，経済政策の成否（経済効果）を有権者がどう評価するかという点であり，そしてそれが評価関数にどのように影響を及ぼすかという点にある。その関係は図7-1のように整理できる。(3)

図7-1 経済状況についての業績評価モデルの2段階

```
  客観的経済状況
        │
     ステップ1
        ↓
  主観的経済評価 ── ステップ2 ──→ 評 価 関 数
```

したがって，業績評価モデルの有効性を検証しようとするとき，ステップ1における2要因間の対応を確認することが不可欠である。もし，その点が確認できなかったとすれば，かりにマクロ経済指標と評価関数との関連が認められたとしても，それには別の説明が用意されなければならない。また，主観的経済評価を政府がコントロールするわけではないので，かりに，主観的経済評価と評価関数との間に関連が確認されたところで，それは経済業績評価モデルを裏付けたことにはならない。

そこで，本章での第一の課題は，次の命題を検証することである。

命題1：経済状況に対する有権者の主観的評価は，実際の経済動向と正の方向で連動している。

実は，ここで指摘するステップ1の過程を考慮した実証的研究がまったく存在しないわけではない。小林良彰は，経済状況の変化と社会生活意識の変化の政党支持に対するパス解析を行っている。客観的経済状況と主観的経済評価を明示的に区別した「一部の例外」として，「はじめに」で紹介したのがこれにあたる。ステップ1の小林の従属変数は，社会生活意識における楽観・満足で，本章で取り上げるものより広い概念規定が行われている。それによると，「雇用」と「賃金」については，それが主観的経済評価に影響があるようで，ここでの分析におおいに参考になる（小林 1991, 71）。

さて，この命題に関連して，指摘しておかなければならないことがある。それは，政府の経済操作能力と有権者の責任帰属判断能力に関わるものである。

政府与党の経済介入へのインセンティブは十分納得がゆくとしても，実際に政府が経済のコントロールに成功しているかどうかは，経済学者の間でも議論のあるところのようである。政府の意図とは別に経済が変動するのであれば，厳密な意味での業績評価モデルはありえない。経済変動が，政府の「業績」ではなくなるからである。

一方，有権者の側はどうなのだろうか。経済状況の変化のどこまでが政府の経済介入の結果であるのかを，有権者に判断ができるのだろうか。厳密な意味での業績評価は，政府の責任による「業績」のみを対象に行われなけれ

ばならない。経済変動のうち，政府のコントロールの及ばない部分を，政府の業績であると勘違いして評価しているとすれば，それは必ずしも合理的な行動とは言えない。

この点についての考察は，持ち合わせるデータの能力を超えるので，ここでは立ち入らない。とりあえずここでは，このパズルが，業績評価モデルに対しての決定的な障害とはならないことを指摘しておきたい。それは，実際の責任の所在にかかわらず，その時々の経済状況が政府の経済政策の結果としてあると，有権者が信じているかぎり事足りるからである。その効果は別にしても，経済政策という介入手段が政府に与えられているのだから，経済の運営が政府の責任であると大部分の有権者が認識していると考えてよいだろう。

(2) 業績評価の結果としての自民党支持率

ところで，自民党に対する支持率の変動を，経済政策に対する業績評価の関数として捉えてよいのだろうか。

政党支持を説明する社会的・心理的要因として，三宅一郎は，(1)政治的社会化過程，(2)職業集団および世代集団などの社会集団，(3)政策意見と政治的イデオロギー，(4)政治的関心とシニシズム，そして(5)経済的生活意識の五つを挙げている（三宅 1985, 11）。そのうち，(1)から(4)は，そもそもそれらが長期的なスパンでしか変化しない要因だけに，支持政党の長期的な変化を説明しても，月単位で観察される自民党支持率の細かな変動は説明できない。そうすると，残る経済的生活意識が，短期的な変動を説明する有力な候補となる。自民党支持率の変動に見られる長期的なトレンド（趨勢）を取り除いた部分を，経済変数で説明することができるのではないかとの期待が持てる。[4]

この点を裏付ける，実証的な研究もある。

たとえば，猪口孝は，1960年から1976年までの16年間の世論調査における自民党支持率および政府支持率が，所得と物価の二つの経済変数の関数であることを実証している（猪口 1983, 101-116）。また，三宅一郎は，1976年のJABISS調査データを用いて，「暮らし向きの良し悪し」・「公共サービス」に対する評価・「職業上の問題」解決の取組みの良し悪しなどによって測定される業績評価と，パネルの二つの調査時点間に生じた自民党支持強度の変化と

に，期待される方向での相関関係を認め，「政府業績評価の支持強度に対する効果は弱いながらも存在する」と結論づけている（三宅 1985, 336-342）。さらに，前節で紹介した小林良彰の分析結果でも，社会生活意識の変化を仲介要因としながら，経済状況の変化と政党支持とが関連していることが示されている（小林 1991）。

ただし，これらの業績は，いずれも時間的要素が加味されているとはいえ，三宅の場合は，それがパネルデータであるので，その時間的幅に限定があり，また，猪口や小林については，時系列データを使用しているものの，それぞれの時点をクロスセクショナルな分析のケースと同じ扱いをしているので，ケース間の連続性は捨象されている。そこで，ここでは，時間的連続性を保ちつつ分析しようというのである。

そして，検討される第二の命題は次のとおりである。

命題2：自民党支持率は，経済状況に対する有権者の主観的評価の関数である。

日本の選挙では争点投票より候補者や政党評価に基づく投票の方がより一般的であることはしばしば指摘されることである。業績評価の可能性を，投票との関係で実証しようとするとき，これらの点を無視するわけにはいかない。ところが，各選挙区の「人」の要素や個々の選挙に固有な状況をコントロールしつつ，全得票のどれだけが政府の業績に対するものであるかを峻別するのは，そのために用意された世論調査データが必要となる。

それでは，投票ではなく政党支持を被説明変数とするときはどうだろうか。投票の場合と同じ論理が働くかもしれない。あるいは，選挙結果に直接関係がないので，むしろ自民党支持率にこそ業績評価の影響が見られるかもしれない。残念ながら，この点について直接検討する術を持たない。ただし，命題2が確認されたとしたら，後者の可能性が強いことになる。

(3) 政党支持の業績評価への影響

さて，命題2の検証にあたって，同時に検討されなければならない問題がある。それは，自民党支持から業績評価への因果関係の可能性である（ステ

ップ2の逆)。日本人の投票行動を説明する因果モデルにおいて，政党支持要因が圧倒的に高い規定力を示すことがしばしば指摘されてきた。ここでも，ステップ2の逆の可能性を否定することはできない。業績評価とは別の理由で，自民党に対して好意的になった人が，自民党の業績を以前より「甘く」採点するという因果関係である。そこで，命題2と合わせて，次の命題も検討の対象としたい。

命題3：経済状況に対する有権者の主観的評価は，自民党支持率の関数である。

4．時系列データによる検証

(1) データ

　最初に，ここでの従属変数をもう一度みておこう。それは，時事通信社の月例調査の自民党に対する支持率についての時系列データである。分析対象として手元にあるのは，第1章で紹介したとおり，1960年6月から1993年7月までの398カ月分のデータである。それは図7-2のような変動パターンを示す。

　そこには，二つの特徴的な動きが見られる。その一つは，第2章ですでに紹介した10年単位の大きな変動である。60年代後半からオイルショックまでの10年間の下降期と，その次の10年間に見られた保守回帰が，30年間の大きなうねりを作っている。そして，第二に指摘されなければならないのが，月単位の細かな変動の幅の相対的な大きさである。自民党支持率の変動の最大幅が32.6％（最大52.9％，最小20.3％）であるのに，月ごとの変動幅の平均値は2.1％（最大19.4％）である。この短期の変動の説明が，ここでの課題である。

　主観的経済評価も同じく時事通信社の月例調査の集計データを利用した。「1年前と比較した回答者の暮らし向き」・「前月と比較した世間の景気」の二つの質問項目に対する回答割合である。暮らし向きについては，5選択肢のうちのポジティブな評価である「大へん楽になった」と「やや楽になった」の二つの割合の合計，景気については5選択肢のうちのポジティブな評価で

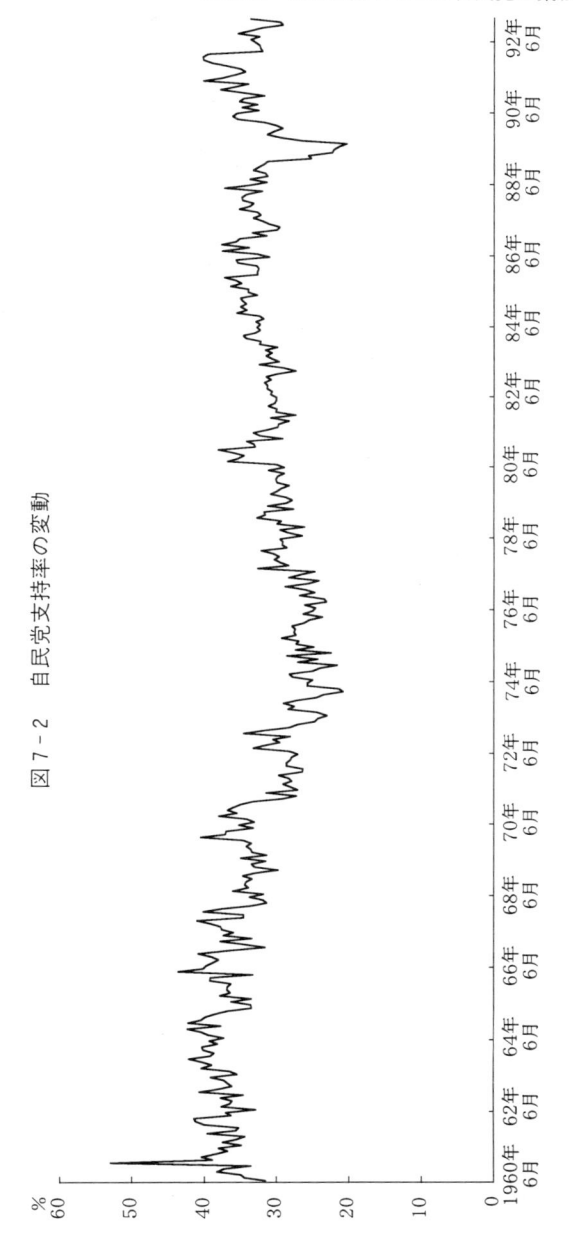

図7-2　自民党支持率の変動

ある「たしかに良くなってきたと思う」と「やや良くなってきたと思う」の二つの割合の合計をそれぞれ用いた。なお、時事通信社の月例調査では、「物価動向」についての質問もある。ところが、その質問は、「物価は落ち着いてきたと思いますか、これから上がると思いますか。いまより下がると思いますか」と聞いている。ところがこれは、これまでの経済政策に対する評価の側面を持つと同時に、将来についての期待の側面を含んでいる。じつは、第9章ではこの質問が重要な役割を果たすことになるのだが、純粋なレトロスペクトな評価でないということで、本章ではこの「物価動向」は取り扱わない。

　客観的経済状況には、消費者物価指数・卸売物価指数の2指標を採用した[5]。上記の主観的経済評価に影響を及ぼすとすれば、まずこれらの変数であると考えられる。なお、経済変数は、趨勢(トレンド)と季節性の二つのコンポーネントによってその変動パターンがかなりの部分規定されている。したがって、分析ではそれらの変動パターンを除去したものを用意した。そのうえで、それぞれ1年前との差をとることにした。他の月に比べてかなり多い額のボーナスが年に2回支給されるという日本の賃金体系では、暮らし向きの変化は、前年との比較において実感されると考えられるからである[6]。

(2) 分析手法

　ここでは、これまで経済学の分野でもっぱら用いられてきた、ARIMAモデルを用いることにする。それは、自らの過去の一定期間の変動パターンを分析することで、時系列データの変動パターンを最も良く再生する方程式を導き出そうとするものである。そこでは、ある時点での変数値が、長期的なトレンド(I)、過去数期にわたる自らの値・自己回帰項(AR)と、過去数期にわたる変数値のうちのランダムな要因・移動平均項(MA)の3組の項の関数として表現できるとの前提を立て、トレンドを除去するために必要な階差(隣合う期との差)と、それぞれの期のAR項とMA項のウェイトを推定することになる。なお、階差・自己回帰項・移動平均項のいずれについても、過去何期まで遡る必要があるかは、それぞれの変数の変動パターンによって異なる。その確定は、自己相関係数(コロログラム)と偏自己相関係数(パーシャル＝コロログラム)によって行う。

そこで，自民党支持率への「暮らし向き」評価の影響を検証する場合を例に，ここでその手順を説明しよう。

まず最初に，自民党支持率についての，そのコロログラムとパーシャル＝コロログラムの数値をもとに，変動パターン方程式（ここではこれを純粋モデルと呼ぶことにする）を確定する。そしてそれを最尤反復推定法を用いて推定する。次に，その方程式（純粋モデル）の右辺に，「暮らし向き」を説明変数として追加したものを，もう一度同様の手法で推定し直す。これを因果モデルと呼ぶことにする。かりに，「暮らし向き」が自民党支持率に実際に関連していると，追加した説明変数の分だけ情報量が多くなる。それだけ，因果モデルの方が純粋モデルよりパフォーマンスが優れているはずだし，「暮らし向き」に対する係数値も統計的に有意な大きさの数値を示すはずである。

純粋モデルと因果モデルとのパフォーマンスの違いを，架空のデータで視覚的に表現すると図7-3のようになると想定できる。純粋モデルは，過去のデータによって推定されているので，基本的にはラグ＝モデルである。したがって，実データを少し右にずらした（時間を一期分遅らせた）形でプロットされる。そして，因果モデルであるが，説明変数が変動パターンのトレースに寄与しているなら，純粋モデルより実データに近いプロットとなるはずである。

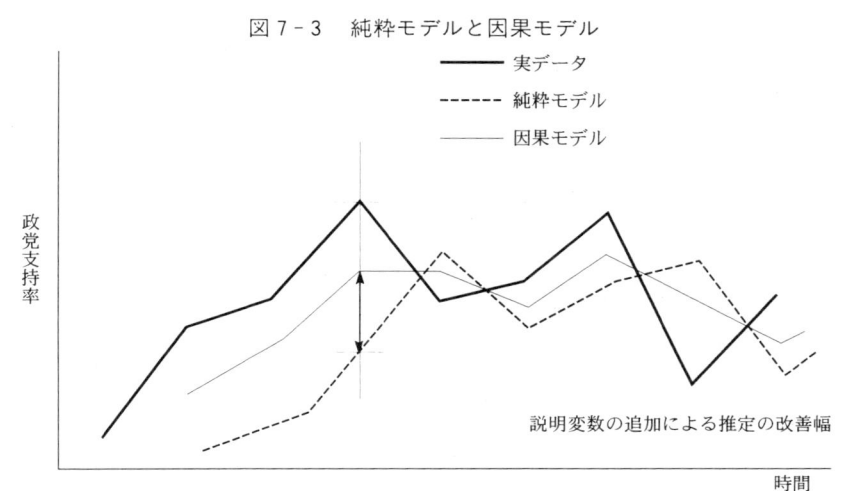

図7-3　純粋モデルと因果モデル

(3) 純粋モデルの確定と推定

ステップ1の従属変数には「暮らし向き」を用いた。ステップ2の従属変数は、もちろん自民党支持率である。したがって、純粋モデルを二つ確定する必要がある。各変数について、コロログラムとパーシャル＝コロログラムを検討したところ、次のようなモデルが適当であることが判明した。

ステップ1：「暮らし向き」
$$Z_t = -B_1 E_{t-1} - B_2 E_{t-2} + E_t$$
ステップ2：自民党支持率
$$Z_t = -B_1 E_{t-1} + E_t$$

ただし、$Z_t = X_t - X_{t-1}$ は、トレンドの除去のために1期の階差を取った後の従属変数であることを示し、E_t は、t 時におけるランダム項を指す。

つまりこれは、「暮らし向き」については、ある時点（t）における従属変数の値は、2月前に遡っての二つのランダム項の値とその時点（t）でのランダム項の値によって決まり、自民党支持率については1月前のランダム項の値とその時点（t）でのランダム項の値によって決まることを意味している。[7]

そこで、最尤反復推定で各方程式の係数のウェイトを推定してみると、結果は次のとおりであった。カッコ内の値は、各推定値のt統計値である。

ステップ1：「暮らし向き」
$$Z_t = -.33 E_{t-1} - .21 E_{t-2} + E_t$$
$$\quad\quad (6.24)\quad\;\; (4.05)$$
ステップ2：自民党支持率
$$Z_t = -.53 E_{t-1} + E_t$$
$$\quad\quad (12.21)$$

ここには記載していないが、残差についての自己相関係数から判断して、各モデルが実データをかなり適切に再現していることが確認できている。

(4) 因果モデルの推定

さて，説明変数の説明力をテストするための因果モデルを方程式にするとそれぞれ次のようになる。

ステップ 1：「暮らし向き」
$$Z_t = -B_1 E_{t-1} - B_2 E_{t-2} + \beta IND_t + E_t$$
ステップ 2：自民党支持率
$$Z_t = -B_1 E_{t-1} + \beta IND_t + E_t$$

ただし，$Z_t = X_t - X_{t-1}$ は，トレンドの除去のために 1 期の階差を取った後の従属変数であることを示し，E_t は，t 時におけるランダム項を，また，IND_t は，t 時における当該の説明変数（第 4 節(1)で説明した補正の済んだもの）の値を指す。

順次，該当する説明変数を差し替え，あらためて最尤反復推定で各方程式の係数のウェイトを推定してみた。当然のことながら，ここでの関心事は，それぞれの方程式の IND に対する係数値の値と，その統計的な有意度である。モデルが変わるので，各方程式の E 項に対する推定結果も変わるが，それらの値は，本章の目的にとって直接的な意味を持たないのと，すべての推定結果を方程式の形式で報告しても繁雑になるばかりなので，それらを省略し，図 7-4 のように整理した。各説明変数に続く数値が β の推定値で，カッコの二つの値は前者が β に対する t 値で，後者がその危険率である。

いずれのステップにおいても，それぞれの説明変数の係数は，期待した方向の値を示している。ステップ 1 での経済指標に対するウェイトがいずれもマイナスであることは，物価が上がると自民党支持率は下がり，物価が下がると支持率が上がることを示す。また，主観的経済評価についての各変数のポジティブな係数は，評価が上がれば自民党支持者が増え，評価が下がればやはり支持者も減ることを意味する。しかも，いずれの指標についても，統計的にもかなりの確からしさでそれぞれがモデルの推定に寄与していることが分かる。経済的業績評価の可能性を裏付ける有力なデータである。

134　第7章　自民党支持と経済業績評価

図7-4　因果モデルの推定結果

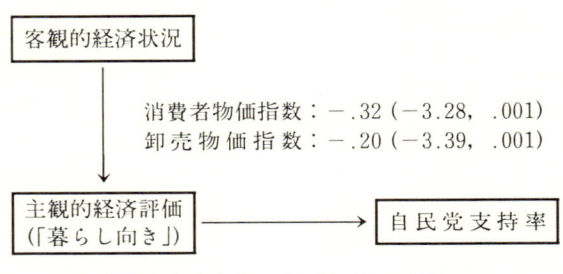

```
        ┌──────────────┐
        │ 客観的経済状況 │
        └──────┬───────┘
               │   消費者物価指数：－.32（－3.28, .001）
               │   卸売物価指数：－.20（－3.39, .001）
               ▼
  ┌──────────────┐         ┌──────────┐
  │  主観的経済評価 │────────▶│ 自民党支持率 │
  │（「暮らし向き」）│         └──────────┘
  └──────────────┘
```

　　　　「暮らし向き」：.46　(4.41, .000)
　　　　「世間の景気」：.14　(3.18, .002)

(5)　ステップ2の逆の因果関係について

　さて，第3.3節で紹介した，政党支持から業績評価への因果関係の可能性について検討するために，まず，「暮らし向き」を従属変数とし，自民党支持率を説明変数として因果モデルを推定してみた。その結果は，図7-5のとおりである。

　ステップ2の逆の方向，つまり政党支持の業績評価との関連性が，かなりの確率で認められるわけである。ただし，このことはあらかじめ予想のついていたことである。集計データによる分析は，両者の関連性の強さをテストすることを可能にしても，その関連性における因果関係を裏付けるものではなく，AからBへの関連は，とりも直さずBからAへの関連でもあるからである。

　そこで，分析をさらに一歩進めて，「暮らし向き」と「自民党支持」のいずれかが時間的に先行しないかどうかをテストしてみた。具体的には，それぞれの説明変数を前後に2期までずらせたものを，該当する因果モデルのINDとして差し替え，もう一度推定し直してみた。その結果が，図7-6である。

　両変数ともtの時点での係数値（☆印）が最も大きいが，「暮らし向き」については，1期遅らせたもの（t−1）（★印）までが有意であるのに，前にずらせたものは全く有意ではない。一方の自民党支持率は，期を遅らせたものが全く有意ではなく，かえって前に1期ずらせたもの（★印）が有意となっている。これは，「暮らし向き」のほうの変動が，自民党支持率に時間的に先行していることを示すものである。

第Ⅲ部　責任政党としての自民党と業績評価　135

図7-5　ステップ2の逆の因果モデルの推定結果

主観的経済評価（「暮らし向き」） ← 自民党支持率

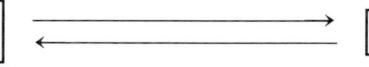

自民党支持率：.11（4.44, .000）

　もう少し具体的に説明しよう。たとえば，ある年の5月の「自民党支持率」を説明しようとしたときに有効なのは，「暮らし向き」の5月のデータと4月のデータということになる。その月（t）と，その前月（t－1）の「暮らし向き」が有効であるということは，「暮らし向き」の変化が「自民党支持率」の変動に時間的に先行している，つまり，「暮らし向き」が原因であることを示す。そして，その結果として「自民党支持率」があることになる。一方，「暮らし向き」を「自民党支持率」が説明するという逆の可能性については，5月の「暮らし向き」に対しては5月（t）と6月（t＋1）の自民党支持率が有効ということになるが，これは論理的には不可能である。まだ起こっていない6月の「自民党支持率」が5月の「暮らし向き」を説明できるはずがない。実は，このような矛盾は，「自民党支持率」が時間的に先行している

図7-6　ステップ2についてのラグモデルの推定結果

```
  「暮らし向き」(t＋2)：  .00 (   .05, .963)   ｝「暮らし向き」が
  「暮らし向き」(t＋1)：－.12 (－1.10, .271)    時間的に追従
☆「暮らし向き」(t   )：  .46 ( 4.41, .000)
★「暮らし向き」(t－1)：  .38 ( 3.54, .000)   ｝時間的に先行
  「暮らし向き」(t－2)：  .10 (  .93, .356)
```

主観的経済評価（「暮らし向き」） ←――――→ 自民党支持率

```
  自民党支持率 (t＋2)：  .03 ( 1.12, .264)   ｝「自民党支持率」が
★自民党支持率 (t＋1)：  .07 ( 2.78, .006)    時間的に追従
☆自民党支持率 (t   )：  .11 ( 4.44, .000)
  自民党支持率 (t－1)：－.03 (－1.01, .313)   ｝時間的に先行
  自民党支持率 (t－2)：  .02 (  .82, .410)
```

（原因である）と仮定したことによって起こるわけで，むしろ，自民党支持率が時間的に追従している（結果である）と考えるのが自然ということになる。つまり，因果関係の方向は，「業績評価から政党支持へ」ということになる。

5．まとめ

本章では，経済政策における業績評価が日本に見られるかについて，自民党支持率の変動を従属変数として検討してきた。とくにここでは，もし，そのロジックが予定しているとおりのメカニズムで業績評価が起こっているとすれば，有権者の主観的経済評価を介した，2段階の因果のチェーンによって成立するはずであることを強調した。そのうえで，ARIMAモデルを応用して，2組の要因間の関連性について検証した。

その結果は，経済的業績評価の可能性を支持するものであった。

ステップ2の結果については，これまでの実証的な研究でもある程度確認されてきたことで，また，同一の世論調査データの集計値であることから，その関連性はあらかじめ予測したところであったが，それでも，その確からしさ（危険率の小さいこと）にとくに注目したい。

また，そのモデルが想定しているとおりに経済業績評価が働いていることを裏付けるのに不可欠でありながら，これまで「あたりまえ」としてあまり顧みられなかったのが，ステップ1であった。なるほど，世間一般の経済状況が好調であるのに，「自分はそうは思わない」と，ネガティブな評価をする人は，よほどイデオロギー的に偏っているか，あるいはかなりの「あまのじゃく」で，それは少数派だということもできる。ただし，有権者の側に経済状況を正しく評価する判断能力が必ずしも備わっておらず，客観的な経済状況にではなく，政府のプロパガンダに有権者が反応している可能性も考えられなくはない。また，世間の経済状況が良くなったのに，自分の暮らし向きはあまり変わらなかったら，自分の生活は相対的に「苦しくなった」と評価するのを，必ずしも「あまのじゃく」とは言えないだろう。

この点についても，予定したとおりの結果が得られた。有権者の「暮らし向き」に対する評価は，政府の経済政策の成否に対してかなり適切に反応しているようである。第4節(5)では，ステップ2における逆の因果関係の可能

性についても，若干の検討を加えたが，少なくとも経済効果については，政党支持に対して業績評価が時間的には先行しているようである。

最後に，日本の投票行動決定要因の研究の流れの中で，本章が明らかにしたことの位置づけを確認しておきたい。投票行動の決定要因として，政党評価・候補者評価・政策評価の三つがこれまで指摘されてきた。そのうちの政策評価の一つである経済政策に対する評価と自民党支持との関係について，本章では検討したわけである。

アメリカの大統領選挙の投票行動の研究では，政策評価の投票への影響を支持するものが多い。ところが，いわゆる中選挙区制をとってきたわが国の選挙では，政策が争点となり難いことが，これまでしばしば指摘されてきた。中選挙区制のもとでは，その多くの選挙区では，政党間の争いより同一政党の候補者間の争いのほうがしばしば熾烈となった。そこでは，政党の政策より候補者の人柄がより重要な評価の対象となる。しかも，個別利益の提供によって票を集めようとする傾向は，マクロ経済といった不特定多数に対して影響をもつ全国的な政策争点をさらにその背後に追いやってしまう。また，高畠通敏が指摘するように，日本の選挙では個人的集票組織が重要な役割を演じる。まさしく，「人」中心の選挙であった（高畠 1980）。[8]

一方，政党評価（政党支持）が「人」にもまして，重要だと考えられる理由がないわけでもない。そもそも，新聞やテレビニュースに政治的なアクターとして政党がしばしば登場するのに対して，議員一人一人の日常的な活動が一般の有権者に伝えられることはほとんどない。しかも，55年体制が崩壊するまでの主要な政党については，いずれもすでに30年以上存在するのに対して，候補者の方は選挙のレベルによって異なるし，同じレベルの選挙でも頻繁に交替がある。実証的にも，候補者に対する認知は，政党への認知より低い。また，支持政党と投票政党の一致率の高いこともしばしば報告されてきた（三宅 1985；三宅 1998）。

したがって，争点投票が成立しにくいのが日本の選挙であるとの観察は，基本的に正しいと言わざるをえない。ただし，このことは政策投票が行われる可能性を完全に否定するものではない。実際，一党優位体制での政策投票の可能性を示唆する仮説が提唱されている。たとえば，猪口孝は，各政党の選挙公約の分析を通じて，選挙公約が「政党の政策の違いをかなり正確に反

図7-7 投票についての因果モデル

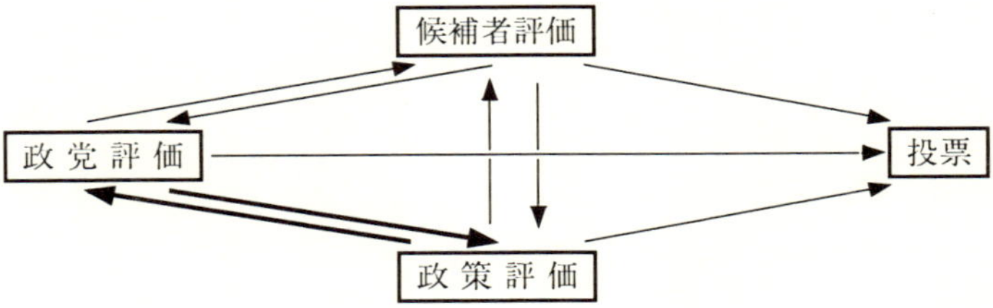

映」していることを確認したうえで,「日本の優勢政党体制は各政党がさまざまな選好をもつ投票者の支援を求める競争的な体制」であると指摘している(猪口 1983, 60)。また,マスメディアの役割に注目し,それが特定の争点について政治的な「波」を作ることができると,その争点が当該の選挙に大きく影響を及ぼしうることを,蒲島郁夫は指摘している(蒲島 1986b)。

ところで,候補者・政党・政策の三つの要因は,個別に投票に影響を及ぼすのはもちろんのこと,理論的には要因間にも相互の影響関係が考えられる(三宅・西澤 1992)。したがって,それらの関係は図7-7のように図示できる。そして,本章で扱ったのは,政策評価から政党評価への矢印(太い矢印)であるということになる。しかも,数ある争点の中でも経済政策にのみ注目したわけで,その意味では限定的な議論といわざるをえない。それでも,このように業績評価の効果が実証的に認められたことは注目に値する。

なお,投票行動の研究の最終的な目的変数は,とりもなおさず「投票」である。ところが,本章は政策評価の投票への直接の規定力についてはまったくメスを入れていない。ここで扱ったデータが月次の時系列であったのに対して,選挙は間欠的に実施されるために,分析の単位が一致しない。政党評価が投票をかなりの程度で規定することが実証的に確認されているのであるから,政策評価も,政党評価を介して投票に影響を与えていると推論することはできる。ただし,直接の影響力については,世論調査データによる分析に頼るより他にない。

第8章　内閣支持と経済業績評価

1. はじめに

　われわれは，前章において，経済状況に対する主観的な評価が，自民党支持に影響を及ぼすことを示した。その議論の背後には，第3章および第6章で紹介したとおり，長期間にわたって政権を独占してきた自民党が，その間の経済状況に対して少なからず責任を負っているという認識が有権者の中にあるということが前提としてあった。経済状況の善し悪しは，政権党である自民党の責任であると一般的な有権者は考えているということである。

　ところが，政府の政策に対する評価ということになると，それは内閣に対する支持率のほうにより直接的に反映されるのではなかろうか。政権党は一般的な責任を負うとしても，具体的な施策の責任が問われるのは，やはり，それを担当している内閣であろう。したがって，自民党に対する評価より，内閣に対する評価のほうにこそより鮮明な相関関係が認められるだろうということが予測される。そこで本章では，この内閣支持率と主観的な業績評価の関係を検討することにする。

　アメリカのような大統領制においては，立法府に対する有権者の評価と行政府に対する評価は理論的には別のものであると考えられる。とりわけ，「分割政府」と呼ばれる事態のもとでは，その傾向がより強められることが予測できる。一方，わが国のような議院内閣制のもとでは，基本的には議会第一党が政権を担当することから，第一党に対する評価と内閣に対する評価が区別されているか否かは必ずしも定かでない。とりわけ，本書が分析の対象としている期間では，長期にわたって自民党が政権を独占してきたことを考え

ると，自民党に対する評価と内閣に対する評価の区別がなされているのか興味のある点である。そこで，本章では，自民党に対する支持と内閣に対する支持との関連性を念頭に置きながら分析を進めることにする。

そして，もう一点，注目したいことがある。それは，政党支持と内閣支持との関連である。これまで，新聞紙上で引用される内閣支持率は，主として有権者全員（正確には世論調査の回答者全員）の支持率である。ところが，内閣支持は，政党支持の影響を当然受けることになるだろう。自分が支持する政党が内閣を構成している場合と，そうでない場合では，おのずと内閣に対する評価が変わってくるはずである。自民党支持者は，自民党内閣に「甘い」評価をし，自民以外の政党を支持する有権者の自民党内閣への評価は「辛く」なると考えるのが自然である。ところが，これまで，この点について実証的に明らかにしようとした研究は見あたらない。本章では，この点についても検討を加えたい。

2．内閣支持率の説明モデルの欠如

内閣支持率は，その内閣の寿命を占う上の大切な指標としてしばしば引き合いに出される。たとえば，次の新聞記事は，55年体制期の最後の内閣である宮沢内閣の支持率について，日本経済新聞が1992年12月9日に報じたものである。

『本社世論調査，宮沢内閣支持14％台に急落―不支持66％に上昇』
　宮沢内閣の支持率が3カ月の間に半減，超低水準となった。日本経済新聞社は4日から6日にかけて全国世論調査（日経1万人電話調査）を実施，8日にその結果をまとめた。それによると内閣支持率はこれまでおおむね30％台を維持してきたが，ここへきて14.7％にまで急落した。逆に不支持率は66.5％に急増した。(中略)
　宮沢内閣の支持率は発足して間もない昨年11月は支持37.5％，不支持37.2％ときっ抗。その後，一時は支持が22.3％にまで落ち込んだが，緩やかに回復し，前回調査の今年9月は支持30.2％，不支持45.6％だった。14.7％という支持率は近年ではリクルート事件にあえいでいた竹下内閣末期の13.1％に次ぐ低さで，これを継いで参院選で惨敗した宇野内閣の16.7％より低い。

それぞれの内閣におけるその支持率の変動については第2章ですでに見たとおりであるが，宮沢内閣についてのこの引用から二つのことが指摘できる。

まず，宮沢内閣の支持率の変動は，その他の内閣と共に後でより詳しく検討するが，一時期の回復期を除くと，基本的には右下がりの下降パターンを示した。その状況をこの記事は端的に示している。そして，宮沢内閣は，翌年7月の退陣まで，その支持を大きく回復することは結局なかった。

さらに，この引用には明示的には示されてはいないが，支持が10％台に落ちるのは，内閣にとっての「赤信号」のようである。他の内閣との比較から，当該の内閣が「末期症状」にあることを示唆するのが，後者のパラグラフである。

このように，内閣支持率は，政治的にはしばしば引き合いに出される。ところが，政治学の研究対象となることはこれまであまりなかった。各内閣の支持率の変動を記述的に説明するものはいくつかあるものの，何が支持率を変化させるのかという因果関係の特定を目的にした実証的な研究は，少なくとも日本ではごく一部の例外を除いてほとんど存在しない。[1]

その主たる理由は，実証的なデータの欠如によるだろう。内閣支持率は月単位にデータが集められる。ところが，内閣支持率に影響を与えるだろうと考えられる要因についてのデータは限られている。そして，かりに存在しても，それらが内閣支持率と同じ頻度（つまり，月単位）で集められてきたケースは限られている。

実際，本章も，同様の理由から，内閣支持率の包括的な因果モデルを提示することはできない。次善の策として，前章の自民党支持率についての説明の場合と同様に，間接的な手法を取る。そして，その基本的な手順は次のとおりである。。

(1) まず，内閣支持率の過去の値から，変動パターンを推定する（純粋モデル推定）。ある時点（t月）における内閣支持の高さは，前月（$t-1$）の高さにランダムな変動が加わったものであると仮定して全体の変動パターンを推定する。

(2) そのうえで，影響を与えるだろうと考えられる要因（説明要因）のデータを追加する。そのことで，変動パターンの推定の精度が上がるかどうかを確認する(因果モデルの推定)。もし，多少なりとも説明要因が支持率に対

して影響を及ぼしているのであれば，自己の変動パターンだけによる推定（純粋モデル）より，後者（因果モデル）の方が推定結果が良くなるはずである。[2]

3．内閣支持率の変動パターンに関する命題

さて，内閣支持率を規定する要因について，それぞれを検討すべき命題として整理すると次のようになる。

命題1：内閣支持率は，自民党支持に支えられている（自民支持基盤効果）

　自民党に対する支持と内閣に対する支持とを明確に区別している有権者がどれだけ存在するかは実証的に確認の必要なところである。ただし，この二つの「支持」は，理論的には異なるはずである。自民党に対する支持が，体制についての支持としての側面を持つ一方で，内閣支持はその時々の政府の業績に対する評価としての側面が強いだろう。すると，自民党支持のほうが相対的には安定的であると予測できる。
　ところで，自民党支持率と内閣支持率との関連を考える場合，次の点に注意する必要があるだろう。それは，有権者全体としての自民党の支持率が内閣支持の基盤となっているとしても，有権者個人のレベルで考えたとき，政党支持態度によって，そのメカニズムは当然異なるだろうということである。
　自民党を支持する有権者は，支持政党の内閣であるということで，もともと内閣に対する評価の基準が甘いのではないか。つまり，内閣の仕事ぶりの如何にかかわらず，基本的には内閣を支持しているということがあるだろう。そして，もしハネムーン効果が認められるとしたら，このグループの間でその効果が最も顕著に見られるはずである。もちろん，そのような支持者でも，政府の政策に対する不満が積もると，やがて内閣支持から不支持に転向する。実際，内閣支持が低迷する時期の多くは，自民党支持率よりもはるかにスコアが低いことはしばしば起こっているわけで，これはとりもなおさず内閣が自民党支持者にも「見放された」状態を表している。
　一方，自民党以外の政党を支持する有権者は，自民党の内閣を支持しないかというと，そうではない。内閣支持率が自民党支持率を上回ったこともこれまでにあるわけで，非自民党支持者や政党支持なし層の支持を内閣が獲得

していることの裏付けである。

　ところが，非自民党支持者や政党支持なし層が自民党の内閣を支持する場合というのは，自民党支持者の場合とは違ったメカニズムが働いているはずである。自民党支持者のような「支持する政党の内閣だから」という理由は，少なくとも成り立たない。そのような感情的な支持が弱まる分だけ，具体的な政策に対するより客観的な評価のウェイトが大きくなると考えられる。

命題2：時間の経過とともに，評価は下がる一般的傾向がある（衰退効果）

　内閣支持率の変動の基本は右下がりである。時間とともに衰退し，あるレベルまで落ち込んだとき，交代が行われる。もちろん，第2章ですでに見たとおり，内閣支持率の変動パターンは実際には多様である。定規を当てたように左上から右下に直線的に降りていく「単純衰退パターン」に当たる内閣はなく，いずれもどこかに浮き沈みがある。とりわけ，長期政権の場合は，「山」がいくつか見られるものである。また，内閣によっては右肩上がりのものもある。時間がたつごとに支持率が上がっていくパターンである。

　それでも，衰退パターンが全体として多数であるようだが，その点は実証的に確認が必要なところである。

　ところで，「右下がり」が基本なのか「右上がり」が基本なのかは，内閣支持率の源泉を考えるにあたって重要な意味を持つ。それは，支持率が表すのは「評価」なのか「期待」なのかという問題である。そもそも，なぜ，内閣が代わっただけで支持率が上がるのか。本当の意味で「評価」の結果が「支持」として表現されるのであれば，まだ，何も実績を上げていない新米の内閣に対して評価が高いはずがない。前の内閣の評判があまりにも悪かったために，その反動として，内閣が代わると，少なくとも平均値まで戻るというのであれば理解できる。そして，実績を上げることに成功した内閣は，そこから支持率を上げていくのである。そうではなく，初期の支持率が一番高いとしたら，その多くの部分が「期待」を表していると考えるのがより自然であろう。そして，「期待」だから，新内閣が活動を始め，「期待」が外れる度に全体としての支持率を下げることになる。

命題3：内閣が代わると，その期待感から一時的に評価があがり，それが数
　　　　カ月は持続される（ハネムーン効果）

　命題2にも関連する現象が，ハネムーン効果である。内閣が交代した時，新内閣に対する期待から支持率が上がるとしても，その期待効果がどの程度持続されるかという問題である。アメリカの大統領の場合は，就任から半年間くらいは「執行猶予期間」として高い支持率が続くことが経験的に知られている。それと同様のことが日本の内閣にも当てはまるのだろうか。この点も第2章ですでに検討したところであるが，ここではその他の要因をコントロールした上での効果を確認することにしよう。

命題4：内閣支持率は主観的経済評価の関数である（業績評価）

　「はじめに」で示したとおりに，内閣支持は，政府の業績についての直接的な評価のバロメーターであるといえるだろう。そして，数ある政府の業績の中でも，日常の生活水準に直結する経済状況に対する評価が最も敏感に内閣支持率に影響を及ぼすだろうことが推測できる。
　経済状況についての業績評価を考える場合，二つの側面について見る必要があるとこれまで指摘されてきた。つまり，有権者は世間の景気動向を基準に評価（社会志向な評価）をするのか，それとも，自らのおかれている経済状況によって評価（個人志向な評価）をするのかという議論である（Kinder and Kiewiet 1981, Lewis-Beck 1988）。
　幸い，ここで用いる時事通信社の世論調査では，この両者について継続的なデータを収集しているので，この両者の役割について検討することができる。[3]

命題5：首相が代わらなくても，内閣を改造することによって支持を回復することができる（改造効果）

　歴代の首相は，その任期中に内閣改造を行った。その理由は状況によってさまざまだが，その一つの目的に内閣の強化があるだろう。その時点で重要

争点として認められる政策分野に，強力な指導力を発揮できる人材を登用して，より積極的に当該の問題に取り組もうとする姿勢の現れである。それは，首相が入れ替わる内閣の交代ほどドラマチックでないまでも，一定の期待高揚効果が認められる可能性がある。マスメディアの取り上げかた次第では，その効果がいっそう高まるだろう。

命題6：国政選挙が近づくと内閣支持率が上がる（国政選挙活性効果）

　やはり第2章で見たとおり，国政選挙が近づくと内閣に対する評価が上がるようである。そもそも，有権者の政治への関心は一般的に低い。それでもさすがに国政選挙が近づくと，マスメディアによるアジェンダ・セッティングや周囲の人との政治的会話の活発化などの相乗効果で，個人レベルでも政治関心が高まる可能性がある。ただし，そのことが内閣支持に対してプラスの効果があるのか，マイナスの効果があるのかは，その時点での政治状況による。内閣がそれなりの業績を上げていれば，政治関心の活性化は，当該内閣の支持率を上げるだろうし，成績の芳しくない時期であれば，むしろ政治関心の活性化は，内閣評価にマイナスに働くだろう。
　したがって，問題は，選挙のタイミングである。国政選挙における勝敗は，当該首相の存続ということに大きな影響を与えるので，「ベストコンディション」で国政選挙に各首相は臨もうとするはずである。国政選挙のタイミングを見計らって，政策の効果が最も選挙結果に効果的に現れるように，各種政策の実施を考えるはずである。つまり，国政選挙が内閣支持率を上げるというより，国政選挙の時期には内閣評価が上がるように政治日程を調節しているために，見かけ上，国政選挙が近づくと内閣支持率が上がるという現象が起こるのではないだろうか。もちろん，定期的にやってくる参議院選挙と，4年以内とはいえ実施時期を選択できる衆議院総選挙とでは，「操作」の自由度が違う。後者の方にこの見せかけの相関がより強く認められるのではなかろうか。

命題7：首相の個人的評価が内閣評価に影響を及ぼす（個人評価効果）

政策評価とは別に，首相の個人的な評判は，内閣支持率を左右する大きな要因の一つであることは間違いない。たとえば，国際的な会議での諸外国の首脳陣とのパフォーマンスは，その会議での具体的な貢献の有無とは別に，首相へのプラスのポイントをもたらすかもしれない。その一方で，金脈や異性関係での疑惑は，その事実の有無とは別に大きなマイナス点となるかもしれない。

問題は，この個人的な評価をどのように指標化するかということである。新聞の首相に関する記事についての内容分析などが考えられる数少ない方法の一つとしてありえる。ところが，(1)ポジティブ・ネガティブの判定が容易ではないこと，(2)コラムセンチといった記事量が，単純に影響の程度を表すとも考えにくいので，本章では，この点についての検討は断念することにした。

4．内閣支持率の視覚的分析

まず，分析の対象となっている期間の，内閣支持率の変動パターンを視覚的に概括しておこう。ここで用いた内閣支持率は，時事データの内閣に対する支持についてのデータである。分析の対象として手元にあるのは，1960年6月まで遡ることができる。ただし，最初の2ヵ月は岸内閣の最後に当たるので，分析からは除外した。したがって，1960年8月（池田内閣）から1993年7月（55年体制の最後の内閣である宮沢内閣の最後）までの396ヵ月分のデータがある。そして，それを内閣ごとにプロットしたのが図8-1a，8-1bである。[4]

これらの図から次のようなことが指摘できる。

- 自民党支持率の変動に比較して，その分散が大きい。
- いくつかの特殊なケースを除いて，時間の経過とともに支持が下がる右下がりのトレンドが認められる。例外は，右肩上がりに時間とともに支持率が上がっていく海部内閣，中盤が膨らむ中曽根内閣，そしてほとんど横這いと表現する方がよい池田・福田両内閣などである。
- 首相が代わると，内閣の支持率が基本的には回復する。唯一の例外が，宮沢内閣である。それは，宮沢が例外というより，海部の最終月のポイントが例外的に高かったことによる。

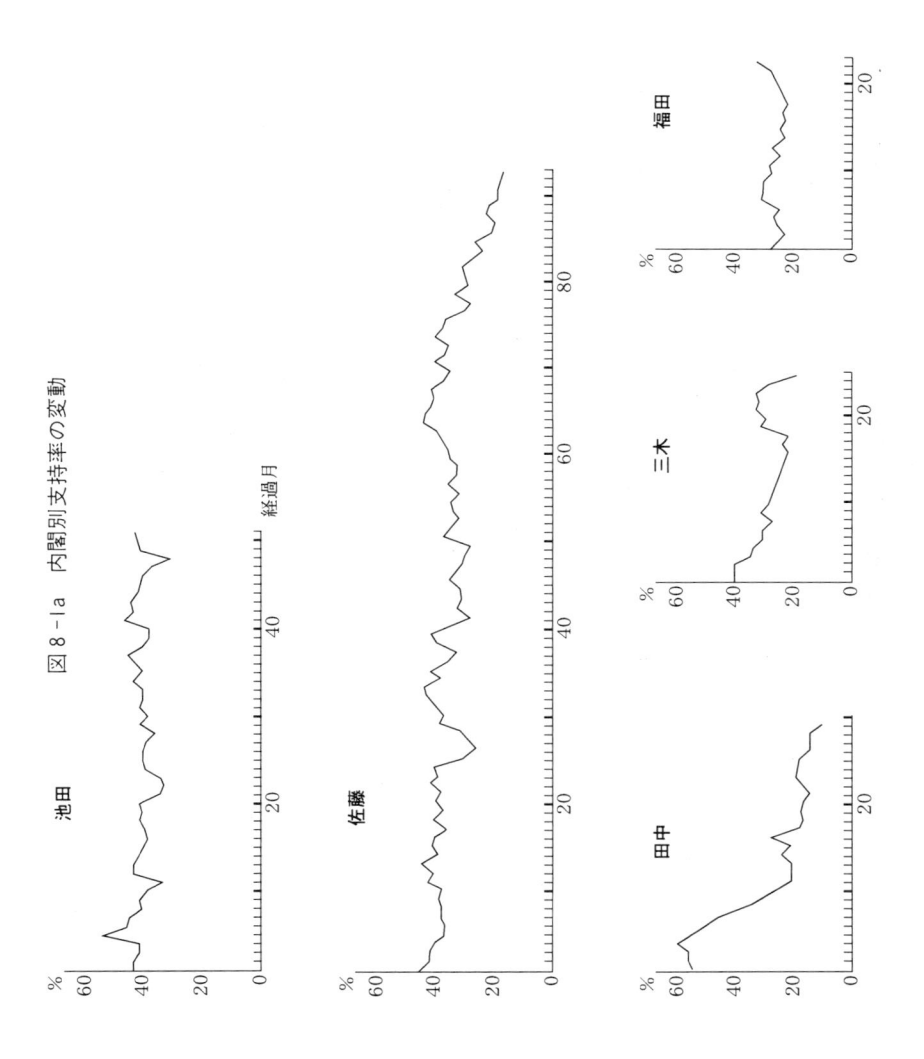

第III部　責任政党としての自民党と業績評価

図8-1a　内閣別支持率の変動

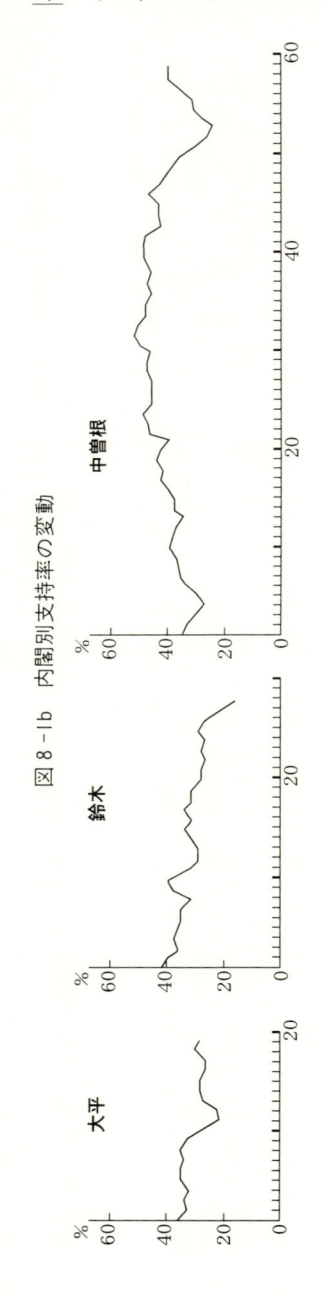

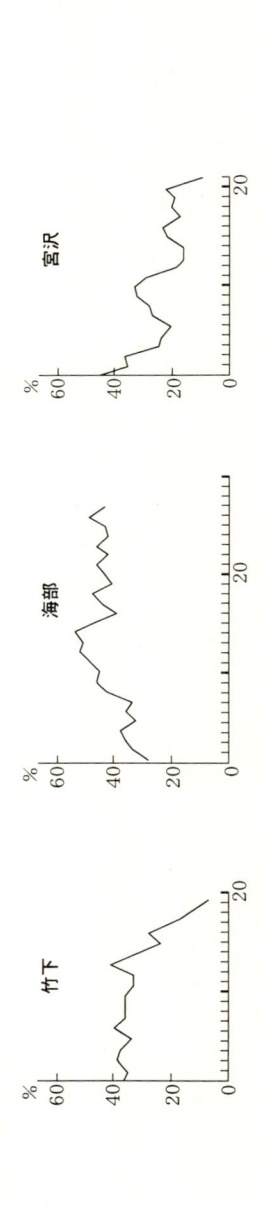

148 第8章 内閣支持と経済業績評価

図8-1b 内閣別支持率の変動

・そして，ハネムーン効果があるかという点については，3カ月から半年ぐらいは横這い（つまり，ハネムーン）が続くと判断できるものもあれば（大平・竹下・田中・三木），就任直後に降下の始まるケース（佐藤・中曽根・宮沢）もある。
・右下がりのパターンに従うケースの場合，支持が20％を下回ると，政権の末期であると言える。

5．時系列データによる検証 I

(1) 分析の準備

さて，先の命題をモデルとして整理すると次のようになる。

$$
\begin{aligned}
内閣支持率 = \ & \beta_1 \times 自民支持基盤効果 \\
& + \beta_2 \times 衰退効果 \\
& + \beta_3 \times ハネムーン効果 \\
& + \beta_4 \times 主観的経済評価 \\
& + \beta_5 \times 内閣改造効果 \\
& + \beta_6 \times 国政選挙活性効果
\end{aligned}
$$

各項の係数（β_i）は，それぞれの要因の効果を現す。そして，それらの係数の推定には，ARIMAモデルを用いることにする[5]。なお，各要因の作業定義は次のとおり。

自民党支持基盤効果 自民党に対する当該月の支持率を用いる。

衰退効果は，新内閣誕生月を1とした経過月で表した。つまりここでは，内閣支持率は，直線的に降下するという前提を立てていることになる。

ハネムーン効果については，第1期から第6期までに対応するように6つのダミー変数を作成した。第1期ダミー変数は，新内閣が誕生したその月は1，その他の月は0とコードされている。第2期ダミーは誕生月とそれに続く月が1，その他が0とコードされている。以下同様に当該の月までが1とコー

ドされ，その他の月は0となっている。なぜ，6期までとしたかについては，理論的な根拠は無い。仮に長く続いたとしても半年までであろうとの憶測に基づいて，とりあえず6期までをモデルに含ませることにした。

主観的経済評価には，「世間の景気」に関する質問と「暮らし向き」に関する質問の2項目を用いた。いわゆるソシオトロピックな議論に前者が対応し，ポケット・ブックの議論に後者が対応する。いずれも，5選択肢のうちのポジティブな評価である「たいへん良くなってきた・楽になった」と「やや良くなってきた・楽になった」の二つへの回答割合の合計とした。

内閣改造効果 内閣改造が行われた月を1，それ以外を0とコードしたダミー変数。[6]

国政選挙活性効果 国政選挙の有無についてのダミー変数。選挙日を含む月を1とし，それ以外は0とコードされている。[7] なお，実際の推定の際には，衆議院ダミーと参議院ダミーの二つを分けて用いた。いわゆる「波乗り」（現職内閣に都合のよいときに選挙を実施すること）の可能性が高い衆議院と，実施時期が固定されている参議院では，異なったメカニズムが働くと考えられるからである。

(2) 純粋モデルの確定と推定

内閣支持率の時系列データについて，コロログラム（自己相関係数）とパーシャル・コロログラム（偏自己相関係数）をもとに，著者が判定したところ，次のようなモデルが適当であると判断した。[8]

$$Y_t = A_1 Y_{t-1} + E_t$$

つまり，内閣支持率は，ある時点（t）における値は，前月（t-1）の内閣支持率自身の値と当該月のランダム項の値によって決まるというものである。

そこで，最尤反復推定で方程式の係数を推定してみると，結果は次のとおりであった。カッコ内の値は，各推定値のt統計値とその危険率である。な

お，推定の際に発生する残差についてのコロログラムから判断して，推定結果が実データをかなり適切に再現していることを確認している。

$$Y_t = 0.87 Y_{t-1} + E_t$$
$$(33.38,\ 0.000)$$

(3) 因果モデルの推定

ここで，上記に紹介した説明変数の説明力をテストするために，純粋モデルにそれらの変数を加えたものを因果モデルと呼ぶこととする。すると，その方程式は次のようになる。

$$Y_t = A_1 Y_{t-1} + \Sigma B_i IND_i + E_t$$

ただし，

　　　　IND_1　自民支持基盤効果
　　　　IND_2　衰退効果
　　　　IND_3　ハネムーン効果（なお，実際には6つのダミー変数が一組となっている）
　　　　IND_4　主観的経済評価
　　　　IND_5　内閣改造効果
　　　　IND_6　国政選挙活性効果

これを，同じく最尤反復推定で各係数の値を推定した結果が，表8-1である。

まず，t統計値の大きさから（あるいはその危険率の低さから），「自民党支持率が内閣支持率に統計的に有意な影響を及ぼしている（命題1）」と，かなりの確率で言えることが分かる。自民党に対する一般的な評価に正の方向で連動して，内閣支持率も変化することが実証された。自民支持が内閣支持のベースラインとなっているわけである。また，視覚的な検討からもおよそうかがうことのできた傾向として，時間とともに内閣支持率が降下する衰退効果であったが，統計的なテストでもそのことが確認できた（命題2）。

第8章　内閣支持と経済業績評価

表8-1　因果モデルの推定結果（全体）

	係数	t統計値	危険率
自己回帰項	0.89	35.45	0.000
自民党支持率	0.80	9.75	0.000
衰退効果	−0.19	−5.86	0.000
ハネムーン効果（1カ月間）	3.33	3.31	0.001
ハネムーン効果（2〜6カ月間）	—		
主観的経済評価			
世間の景気	0.21	2.44	0.015
暮らし向き	0.36	1.97	0.049
内閣改造効果	—	—	—
国政選挙活性効果	—	—	—

　なお，ハネムーン効果については，1カ月目については統計的に有意な効果が認められたが，2カ月目以降については，まったくその効果が認められなかった（そのために，最終的な分析からは2カ月目以降のダミー変数を削除した）。内閣が代わったその当該月だけは，新内閣に対する期待感からか，支持を回復はするが，その効果はまったく持続することなく，翌月から下降傾向が始まることになる（命題3）。

　そもそも，内閣に対する期待とは，政策に対する具体的な期待ではないのかもしれない。かりに，多少なりとも具体的な政策に対する効果を「期待」しているのであれば，就任して1カ月や2カ月で効果が現れるはずのないことは，一般の有権者にも了解できそうなことである。もし，そうであれば，最低でも半年くらいの「猶予」期間を持っても良さそうなものであるが，現実はそうではないようである。

　なお，内閣改造と衆参両選挙に関するダミー変数は，いずれも統計的に有意な効果が認められなかった（したがって，最終的なモデルの推定には，これらの変数も除外した）。内閣改造については，一般の有権者における認知の程度が低いのか，内閣への期待を持ち上げる効果は無いようである。なんといっても，内閣総理大臣が誰であるかということが重要であって，その内閣の構成メンバーの違いは，有権者にとってはそれほど重要ではないのかもしれない（命題5）。また，選挙についても，第2章（53頁）の観察とは異なって，システマチックな効果が認められなかった。先にも触れたように，選挙による関心の高まりは，状況しだいで内閣に有利にも不利にも働く可能性が

ある。そのために，つねにプラス（あるいはつねにマイナス）といった一定の効果が検出できなかったのかもしれない。少なくとも，評価の高いときに選挙を実施したいという内閣総理大臣の意図どおりには選挙時期は決まっていないということが言えそうである（命題6）。

さて，本章の課題として最も関心のあるのが，主観的経済評価変数である。それぞれのt統計値の大きさから，主観的な経済評価（世間の景気・個人的暮らし向きのいずれも）が内閣支持率の推定に有効に働いていることが確認できる。「世間の景気」が先月に比べて「たしかに良くなってきた」・「やや良くなってきた」とポジティブな評価をする人が増えることで，内閣支持率は上昇する。また，「暮らし向き」が昨年の今頃と比べて「大へん楽になった」・「やや楽になった」とポジティブな評価をする人が増えることでも，内閣支持率は上昇する。つまり，業績評価のメカニズムが働いていることが裏付けられた（命題4）。しかも，「世間の景気」・「個人的暮らし向き」のいずれも統計的に有意な効果を示していることから，いわゆる社会志向なものと，個人志向的なもののいずれもが働いていることが示唆される。

6．支持政党別の内閣支持

さて，ここまでの分析で，内閣に対する支持は，政府の業績評価の指標であるということを確認したが，すでに紹介したとおり，業績評価の中身は，支持する政党によって変わることが予想される。そこで，ここでは，自民党支持・非自民支持・支持なしの三つのグループに有権者を分け，そのそれぞれの内閣支持率の変動を説明するモデルを比較することにする。

ところで，内閣支持率として公表されている数値は，有権者全体の集計値である。したがって，支持政党ごとの内閣支持率について分析するためには，原データに帰って，グループごとの支持率を再集計する必要がある[9]。ところが，われわれの手元にある時事世論調査の原データは，1964年1月から同年3月・1970年2月から同年7月・1971年2月から1975年3月までの期間に限られる。さらに，時系列分析をするためには，ある程度の期間にわたって連続してデータが存在することが条件となるので，1964年と70年代のデータは分析から除外せざるをえない。さらに，佐藤・中曽根の両内閣に対応する時期については，それぞれ政権の後半部分に対応する期間のデータしか存在せ

ず，ハネムーン効果や衰退効果を確認することができないので，これも分析から除外した。結局，分析の対象となったのは，田中・三木(最初の4カ月)・竹下・宇野・海部・宮沢の六つの内閣のみである。[10]

7. 支持政党別の内閣支持率についての視覚的分析

以上のように再集計したもののうち，変動パターンを視覚的に観察するに足るだけの期間についてデータのある4内閣について，それを図示した(図8-2)。これらの図から，次のような点が観察できる。[11]

・自民党支持者の内閣支持率が，予想したとおり全般的に圧倒的に高い水準を保っている。竹下・宮沢内閣の末期を除くと，常に過半数の支持を獲得してきている。とりわけ，海部内閣では，終始80％の高水準を保っている。内閣支持の「基盤」を自民党支持者が提供しているだろうという命題は，このことからも確認できる。
・自民党支持者には，ハネムーン効果らしきものが確認できる内閣がある。
・自民党支持者以外では，内閣支持率は一般に低い。
・それでも，海部内閣を除くと，初期にはそれなりの期待をもって内閣交代を見守っている様子がうかがえる。
・宮沢内閣を除いて，支持なしグループの内閣支持率は，自民党支持者と非自民党支持者の中間的な位置を移行している。宮沢内閣に限っては，支持なしも非自民支持者とほぼ同様な内閣支持変動パターンを示すのが興味深い。
・そして，この支持なし層の変動幅が大きい。田中内閣の発足直後では，支持なし層でも80％が支持をしているが，3カ月ほどの短いハネムーン期間を終わると急激に支持を減らし，半年後には非自民グループの方により近い水準まで支持を落とすことになる。全体としての内閣支持率の変化を支持なしグループがダイナミックに動かしている様子が推測できる。

8. 時系列データによる検証 II

(1) 純粋モデルの確定と推定

では，先に有権者全体を対象に確認した六つの同じ命題を，グループ別データで確認してみよう。またここでも同じように，ARIMAモデルを用いる。

第Ⅲ部　責任政党としての自民党と業績評価　155

図8-2　支持政党別内閣支持率の変動

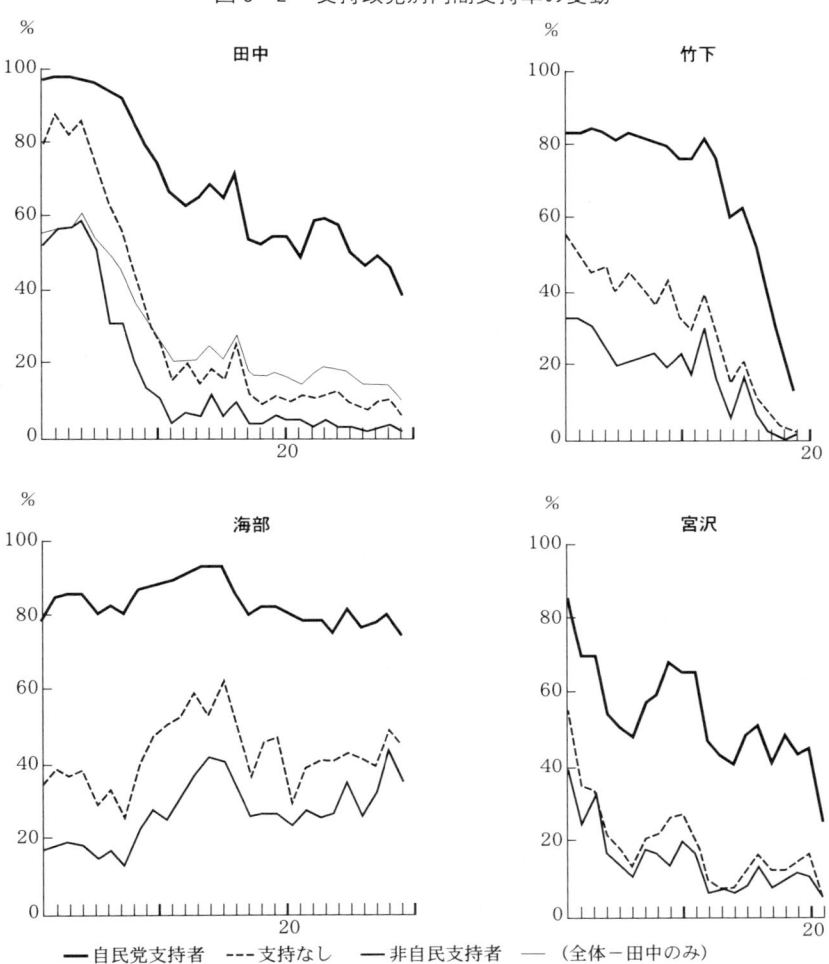

──自民党支持者　　---支持なし　　──非自民支持者　　──（全体－田中のみ）

コロログラム(自己相関係数)とパーシャル・コロログラム(偏自己相関係数)をもとに,著者が判定したところ,自民支持者・非自民支持者・支持なしのいずれのグループについても,全有権者についての場合と同じ構造のモデルが適当であると判断した。

$$Y_t = A_1 Y_{t-1} + E_t$$

つまり,内閣支持率については,ある時点(t)における値は,前月(t-1)の内閣支持率自身の値と当該月のランダム項の値によって決まるというものである。

そこで,純粋モデルの方程式の各係数を最尤反復推定で推定してみると,結果は次のとおりであった。カッコ内の値は,各推定値のt統計値・その危険率である。なお,いずれのグループについても,推定の際に発生する残差についてのコロログラムから判断して,推定結果が実データをかなり適切に再現していることを確認している。

自民支持 　　　$Y_t = 0.84 Y_{t-1} + E_t$
　　　　　　　　(14.54,　0.000)
非自民支持 　　$Y_t = 0.86 Y_{t-1} + E_t$
　　　　　　　　(17.62,　0.000)
支持なし 　　　$Y_t = 0.90 Y_{t-1} + E_t$
　　　　　　　　(20.680,　0.000)

(2) **因果モデルの推定**

ここで,全有権者を対象として推定した因果モデルが,支持政党別の三つのグループについても当てはまるかを検討するために,一連の説明変数の追加した因果モデルを,同じく最尤反復推定で各係数の値を推定した。その結果が,表8-2のとおりであった。なお,ここでの主観的経済評価も,グループごとに集計し直した値である。

三つの推定結果を比較しやすいように整理したのが表8-3である。この表は,各項目の危険率のみを抜き出したものである。網掛けの部分が,統計的

表8-2 因果モデルの推定結果（支持政党別）

	自民党支持者			非自民党支持者			支持なし		
	係数	t統計値	危険率	係数	t統計値	危険率	係数	t統計値	危険率
自己回帰項	0.84	14.50	0.000	0.83	14.83	0.000	0.88	18.90	0.000
自民党支持率	1.05	3.48	0.001	0.65	2.60	0.011	1.11	3.97	0.000
衰退効果	−1.16	−5.08	0.000	−0.76	−3.45	0.000	−1.07	−5.02	0.000
ハネムーン効果(1月間)	8.36	2.61	0.000	1.99	0.73	0.464	3.34	1.14	0.255
主観的経済評価									
世間の景気	0.21	0.77	0.444	0.05	0.23	0.819	0.44	1.71	0.091
暮らし向き	0.24	0.43	0.672	0.42	1.11	0.268	1.22	2.63	0.010

表8-3 グループ別の危険率比較

	全体	自民支持者	非自民支持者	支持なし
自己回帰項	0.000	0.000	0.000	0.000
自民党支持率	0.000	0.001	0.011	0.000
衰退効果	0.000	0.000	0.000	0.000
ハネムーン効果（1月間）	0.001	0.010	0.464	0.255
主観的経済評価				
世間の景気	0.015	0.444	0.819	0.091
暮らし向き	0.049	0.672	0.268	0.010

にも効果があると判断できる項目である。

これらの推定結果から，三つのグループについてのいくつかの興味深い差異が確認できる。

まず，業績評価の議論に関連して重要なことは，主観的経済評価についての推定結果である。自民党支持者や非自民党支持者の経済評価についての係数は，いずれも危険率が大きい。一方，支持なし層については，その危険率が0.01・0.09とあるように，統計的にかなり高い確率でその説明効果を確認することができる。前節で，内閣支持率が政府の経済的なパフォーマンスに対する評価として変動することを，有権者全員についてのデータから指摘したが，実は，その関連性は，支持なし層によって支えられている関連性であるということになる。自民党支持者や非自民党支持者については，それぞれ自民党に対するポジティブ・ネガティブな感情的評価が支配的で，合理的な

評価のメカニズムを確認することができないことになる。繰り返すが、全体として観測できる経済業績評価は、支持なし層によってもたらされているわけである。

　もう一点，大きな違いは，自民党支持者に限ってはハネムーン効果が確認できるのに対して，非自民党支持者や支持なし層については，それが認められないことである。もっとも，自民党支持者に確認されたハネムーンといっても1カ月だけの短期のもので，もともと「淡い期待」といわざるをえない。ところが，政権交代によって政治の内容が変わるかもしれないというその「淡い期待」すらも，自民党支持者以外は持ち合わせないということのようである。

　そして，いずれのグループについても強い衰退効果が認められるように，基本的には時間とともに支持は直線的に後退するのである。

　最後に，自民党支持率が，自民党支持以外のグループに有効に働いているのはどういうことなのであろうか。自民党支持者にこの変数の効果が認められることについて特別の説明は必要としないだろう。ところが，非自民・支持なしの両グループにとっては，この変数（自民党支持率）の値は「他人」のデータであって，自らの態度を測定するものではなく，理論的には影響がないはずである。にもかかわらず，その数値が，これらのグループについても有意な影響が認められるということは，純粋な支持とは別の「何か」を「自民党支持率」変数が代表していると考えざるを得ない。これは，ここでモデルに含めることができなかったその他の要因の存在を示唆するものである。そして，それらの要因の効果をも，この自民党支持率が吸収しているようである。

9．まとめ

　本章では，内閣支持率の変動パターンを規定する要因について，その効果を実証的に検討してきた。分析結果で示したように，自民支持基盤効果・衰退効果・主観的経済評価などについて，その効果が統計的にもかなりの程度確認された。ハネムーン効果については，第1期のみに認められたが，それでは短かすぎて，およそ「ハネムーン」とは言い難いのではなかろうか。改造効果・国政選挙活性効果などは，ここでは影響を確認することはできなか

った。

　中でも，主観的な経済評価が内閣支持率の変動に影響を及ぼしていることが確認できたことを重ねて強調しておきたい。「はじめに」でも議論したとおり，一般の有権者は，経済状況の責任を内閣に認めているようである。そして，その評価の指標として内閣支持率を見ることができるようである。また，支持なしを含めた支持政党別の分析では，支持なし層においてのみ経済評価の影響が認められた。このことは，有権者の政党支持態度ごとに，経済評価投票について，異なった説明が必要であることを示唆するものである。

　なお，ここでは，ARIMAモデルを用いた。それは，基本的には自らの過去の値から，現時点での従属変数の値を推定しようとするもので，いわゆるラグモデルの一つである。その利点は，従属変数に対しての包括的なモデルを考慮しなくても，説明変数の影響を確認できることである。

　ただし，包括モデルでないということが，このアプローチの欠点でもある。本来なら個別の説明要因としてモデルに含まれるべき多くの部分を，被説明変数の過去の値に肩代わりさせているわけである。したがって，ここでの分析からは，その他の重要な変数がモデルから欠落しているかもしれない。つまり，「本章によって内閣支持率の変動パターンが説明された」とは，控えめにも言うことはできない。[13]

　包括的な因果モデルの提示という観点からは，第7章の場合もそうであったように，ここで用いたような時系列データによる分析には限界がある。過去に遡ってデータを収集することができないからである。それには，まさしくそのことを目的にした，パネル形式の世論調査を用いた分析によるしかないだろう。内閣支持率は，わが国の民主主義のパフォーマンスを測定する貴重な尺度である。それだけに，より深い理解が求められる。

第9章　経済評価の変動と自民党支持：
個人データ分析

1．はじめに

(1) 本章の課題

　第7章は集計データを対象にし，1960年から1993年までの全期間にわたり，(a)有権者の主観的経済評価は客観的経済指標（物価指数のみ）の変化を反映していること，(b)有権者の主観的経済評価は自民党支持率と相関があるが，客観的経済指標は自民党支持率に直接影響を及ぼしていないこと，(c)主観的経済評価変数の中で「暮らし向き」の向上感覚が自民党支持に関連が最も深いことを明らかにした。

　本章は，データを集計データから個人データに変えて，第7章とほぼ同じ仮説に基づく分析を行うほか，さらに新しい課題を追求する。すなわち本章において，(a)経済状況に基づく時期区分をコントロールしても，自民党支持と主観的経済評価の関連は消滅しないことを示し，(b)経済評価の自民党支持に対する効果について，経済評価の3変数(「暮らし向き」「物価動向」「世間の景気」)の間に効果の違いがあるかどうかを明らかにし，(c)経済評価と自民党支持の関連は，直接的な関連なのか，媒介変数を通しての間接的なものに過ぎないのか，を分析したい。

(2) 先行研究と本章の作業仮説

　客観的経済状況あるいは主観的経済評価と自民党支持の関連について，これまで次のような点が議論されている[1]。これらの論点と先行研究を紹介しながら，われわれの課題と仮説とをより具体的にしていきたい。

(a)経済評価と自民党支持の間に関連があるとして，それはいかなる場合でも存在するのか，特定の時期あるいは条件が成立するときだけかという，効果の時期的条件が議論されている。特定の経済的条件としてまず景気後退期があげられる。政治的条件としては，政府の経済政策の失敗による景気後退の深刻化など，政府責任が明白に見られる場合があげられよう。

時事調査の個人データに基づくこの種の分析はまだ存在しないが，集計データによる時系列分析に十川宏二（1993）がある。十川は経済評価と自民党支持との関連は特定の時期にのみ見ることができると主張する。まず，1965年以降，1989年までを景気循環の局面によって11に時期区分し，それぞれの時期で両者の関連を見る。しかし11区分では，各区分のケース数が少なくなりすぎて，回帰式のあてはまりが悪い。そこで，期間を5期にまとめたが，その際「経済状況が良い（悪い）と考える」という主観的経済状況をも考慮に入れてまとめている。この新しい時期区分で再計算を行った結果，経済状況の悪い時期には経済評価が自民党支持率に影響を及ぼし，良い時期には影響がないと結論した。つまり，自民党は経済状況の悪化により罰を受けても，経済状況の改善によっては賞を受けられなかったことを意味する。

ただし，十川の分析において，仮説通りの結果が得られたのは，5期のうち，第1期（良い時期），第2期（悪い時期）と第5期（良い時期）の三つで，他の時期には多かれ少なかれ問題がある。第3期（良い時期）の経済評価の効果は有意ではなかったが，それに近い結果が現れた。これは仮説に反するが，十川は，第3期に入っても，第2期（悪い時期）の暗いイメージの後遺症から脱し切れていないからだとする。また，第4期（悪い時期）で仮説に反し，経済評価の効果が有意でないのは，第二次石油危機にもかかわらず日本経済は頑健との印象を国民が持ったからであるという。十川のこの説明は，客観的な景気循環の局面だけでは説明しきれず，経済危機の深刻さ，あるいはそれについての有権者の主観的評価をも考慮に入れねばならないことを示唆する。

さらに，十川の分析においてより重要な問題は，消費税が実施され，暮らし向きの向上感覚と自民党支持がともに後退した時期は，景気の局面では好況と分類された第5期だということである。もともと消費税は好況期であったからこそ自民党によって強行されたのである。自民党支持に消費税の強い

影響が見られたのは、実施から海部内閣の組閣までの短い期間であったため、十川はこれを分離し分析することができなかった。時系列データ分析では、ある程度のケース数を確保するため、1時期区分をかなり長くとらねばならないからである。好況期に実施された消費税の影響を引き出すためには、ケース数の多い個人データによる分析が必要である。

個人データは、集計データのようにケース数の心配をしなくてよい。また、態度変数も豊富だから心理的メカニズムの分析に適している。しかも、時事データのように時系列的にデータが蓄積されていると、なおさらである。われわれが利用できる個人データは時期的に限られているが、ニクソン・ショック期、第一次石油危機（残念ながら、第二次石油危機の前後の個人データは手元にはない）、消費税実施開始直後期というわれわれの課題にとって重要な時期をカバーできる。本章では、時期区分も個人データを用いて行い、主観的経済評価と自民党支持の間の関連が時期的にどう変化するかを分析する。[2]

(b)主観的経済評価と自民党支持の間に関連が見られたとしても、その関連は、直接的な関係か、あるいは何らかの媒介変数を通しての間接的関連かという問題が残る。媒介変数として、政府の経済的業績評価（平野 1993）や、「暮らし向き」についての政府責任の認知（三宅 1995）が考えられる。これらの媒介変数を通しての間接的関連だとすると、経済評価と自民党支持の間の関連は疑似相関になる。[3]

個人データの中で、媒介変数として使えそうなものは、内閣支持しかない。内閣支持は政党支持よりも経済状況に敏感だから、主観的経済評価はこれを介して、間接的に自民党支持に影響を与えているに過ぎないかもしれない。平野（1993）は直接、間接の両効果を認めているので、まず、それに習い、両効果があると仮定しよう。ただし、時期による差異は当然ここにも出現するだろう。経済評価から自民党支持への直接効果は通常弱いが、それが強くなるのは、経済的、政治的に危機の時期だけだろう。つまり第一次石油危機の時期と1989年の消費税実施開始後数カ月であろう。非常時に経済評価が直接自民党支持に影響を与えるということは、時の内閣の責任を問うにとどまらないで、自民党の一党優位体制が直接批判の対象となったことを意味する。

(c)主観的経済評価の中で、最も大きい効果を持つのは、社会全体の状況あるいは社会志向（ソシオトロピックと呼ばれる：たとえば「世間の景気」の良

し悪し)の評価か,個人(家計)の財政状況あるいは個人志向(ポケットブックと呼ばれる:たとえば「暮らし向き」向上感,「物価動向」感)かは論点の一つである。[4] 経済評価変数の質問文と回答選択肢は,第1章で一部紹介済みだが,ここであらためて掲載しよう。

「暮らし向き」(個人志向):あなたの暮らし向きは,昨年のいまごろとくらべてどうでしょうか。楽になってきていますか,苦しくなってきていますか。
　1．大へん楽になった／2．やや楽になった／3．変わらない／4．やや苦しくなった／5．大へん苦しくなった／わからない

「物価動向」(個人志向):物価は落ちついてきたと思いますか,これから上がると思いますか。いまより下がると思いますか。
　1．落ちついてきたと思う／2．上がると思う／3．いまより下がると思う／わからない

「世間の景気」(社会志向)世間の景気をどうみますか……先月と変わりはないと思いますか,悪くなったと思いますか,よくなってきたと思いますか。(「悪くなってきた」か「よくなってきた」のものに)どの程度でしょうか。
　1．たしかによくなってきたと思う／2．ややよくなってきたと思う／3．変わらないと思う／4．やや悪くなってきたと思う／5．たしかに悪くなってきたと思う

「これからの生活」(個人志向):それでは,これから先,あなたの生活は,よくなっていくと思いますか,悪くなっていくと思いますか。
　1．よくなっていく／2．変わりない／3．悪くなっていく

　日本では,個人志向の評価がより効果があるとされる(猪口 1986；平野 1993)。個人的な財政状況の悪化も政府の責任と見る人が多いのだろう。本章でも,個人の財政状況が優先すると仮定しよう。
　また,主観的経済評価は過去との比較でなされるのか(たとえば,昨年と比較しての向上感),未来の期待によるのか(たとえば,これから生活は良くなると思うかどうか)という問題もある。自民党支持ではなく,自民党への投票の判別分析ではあるが,個人の財政状況については過去との比較が,国全体の経済状況については未来の期待がより効果が大きいという結果が得ら

れている（猪口 1986, 232-233）。だが，われわれのデータには未来の期待に相当する評価変数が欠けている。「暮らし向き」と「世間の景気」は過去との比較である。「物価動向」の回答の選択肢で「上がると思う」「今より下がると思う」は未来の期待であるが「落ち着いてきたと思う」は過去との比較と受け取れる。この変数では「落ち着いてきたと思う」の選択の変化が重要なので，「物価動向」は過去との比較と見たほうがよい。時事データに，未来の期待である「これからの生活」が含まれるようになったのは1988年2月からのことで，本章の分析の対象とすることはできないから「過去」か「未来」かの問題をテストすることは無理である。

(3) 本章の構成

　本章の構成は次の通りである。まず，次節（第2節）で主観的経済評価による時期区分を行う。次いで，時期をコントロールしても，経済評価と自民党支持の間に関連が残ることを示すため，経済評価3変数，政党支持，時期の間の関連を，対数線形モデルで分析する（第3節）。経済評価と自民党支持の間の関連は恒常的だとしても，関連の強さは時期によって変化するだろう。時期別に2変数のクロス表を作り関連係数の変化を見ることにより，関連の強い時期を見いだす（第4節）。最後に，第5節で，媒介変数として内閣支持変数を加え，自民党支持，内閣支持，それに主観的経済評価変数のうち1変数を対象とする対数線形モデル分析を行い，内閣支持をコントロールすると，経済評価と自民党支持との関連はどのように変化するか，経済評価と自民党支持との関連が相対的に強く残るのはどの時期かを検討する。

2．時期区分の作成

(1) 客観的経済状況と主観的経済評価スコア

　まず時期区分の作成から始めねばならない。われわれの時期区分は主観的経済評価データに基づく。十川は景気循環の局面を時期区分に用いたが，経済状況の効果は心理的に解釈しなければならなかった。また，操作しやすい時期区分とするため，経済評価を考慮せざるを得なかった。本章では客観的経済指標でなく，主観的経済評価を時期区分のデータとして用いることにした。すなわち，主観的経済評価の3変数（「暮らし向き」「世間の景気」「物価

表9-1 客観的経済状況と主観的経済評価スコアの対応

景気変動			主観的経済評価スコア			
時期	期間	局面	平均スコア	前期との差	標準偏差	N（月）
1	6312-6410	＋	.18		.119	11
2	6411-6510	－	-1.08	-1.26	.250	12
3	6511-7007	＋	.10	+1.18	.532	57
4	7008-7112	－	- .45	- .55	.486	17
5	7201-7311	＋	- .19	+ .26	.819	23
6	7312-7503	－	-2.23	-2.04	.670	16
7	7504-7701	＋	- .55	+1.68	.528	22
8	7702-7710	－	- .65	- .10	.219	9
9	7711-8002	＋	- .19	+ .46	.678	28
10	8003-8302	－	- .89	- .70	.343	36
11	8303-8506	＋	.50	+ .69	.437	28
12	8507-8611	－	.81	+ .31	.213	17
13	8612-9104	＋	1.26	+ .45	.753	53
14	9105-9305	－	.54	- .72	.482	25

注．ケース（月）数＝354
　　景気変動の局面　＋は景気の拡張局面，－は後退局面

動向」）を総合するという意味で，3変数を揃って使える1963年12月から自民党が分裂する直前の1993年5月までの約30年間の集計データを対象に3変数の主成分スコアを算出し，各月の経済状況を代表する指標，「経済評価スコア」とした。この主観的経済評価の指標は客観的景気動向指標（景気変動の基準日付）と密接に関連していることは当然である。景気動向の諸局面ごとに，主観的経済評価指標の平均値を算出し，表9-1に示した。

景気循環の拡張・後退局面と経済評価スコアの上下はうまく対応するはずである。ある局面の平均スコアから直前の局面の平均スコアを差し引いた値を算出し，表に併載した。差のプラス・マイナスの符号が，ちょうどジグザグになっていることからわかるように，景気の局面と主観的経済評価スコアの変動とはかなりの程度うまく対応する。うまく対応していないのは第12期（円高不況期）で，景気循環の後退局面であるのにかかわらず，経済評価スコアの期間平均値は前期より伸びて，前期との差の符号はプラスになっている。これは不況といっても物価は安定しており，かつ，不況が比較的短期間で終わったからであろう。

表9-2 経済評価スコアによる時期区分(個人データのある時期のみ)

時期	期間	評価の方向と強さ	経済評価平均スコア	前期との差	標準偏差	N(月)*
60年代プール						
1	6401-6403	+	.20	—	.160	3
70年代プール(1)						
1	7001-7012	+	.24	—	.416	12
2	7101-7206	— —	−.60	−.84	.380	18
3	7207-7301	+	.87	+1.47	.100	7
4	7302-7310	—	−.59	−1.46	.235	8
5	7311-7503	— — —	−2.15	−1.56	.679	18
80-90年代プール						
1	8601-8705	+	.49	—	.363	17
2	8706-8712	++	1.30	+.81	.371	7
3	8801-8903	+++	2.07	+.77	.312	15
4	8904-8907	+	.14	−1.97	.334	4
5	8908-9110	++	1.20	+1.06	.383	27
6	9111-9305	+	.31	−.89	.317	19

注(1) 70年代には個人データが得られない月がある。

　平均スコアが大きく変動するのは，1964年から1965年にかけてのオリンピック後不況(構造不況と呼ばれる，第2期)，1973年から1975年にかけての第一次石油危機(第6期)，80年代初頭の第二次石油危機(第10期)，それに最近のバブル破裂による不況期(第14期)であり，主観的経済評価スコアの大きな変動は客観的経済状況により説明可能である。

(2) 主観的経済評価スコアによる時期区分

　さて，われわれの時期区分は表9-1の景気変動の基準日付を参照しつつ，主観的経済評価スコアの動向に基づいて作成する。主観的経済評価スコアは集計データによるので，1965年以降の全期間にわたって時期区分を作成することができる。だが，本章のこれ以降の分析は個人データを対象とするから，表に提示し紹介するのは，分析可能な個人データが手元にある時期に限られる。前章で触れたように，われわれの手元にある個人データは1964年の一部，1970年代の前半，1980年代の後半から1990年代の初めの三つのグループにまとめられるので，それぞれのグループを「60年代プール」「70年代プール」「80

-90年代プール」と呼び，時期区分はデータ・プール別に行う。

表9-2が時期区分の表である。表には時期区分に並べて，時期区分別経済評価スコア平均値とその直前期の平均値の差をも掲載した。また，時期区分に付けたプラスマイナスの符号は経済評価の良し悪しとその程度を示す記号である。この経済評価スコアは主成分分析の結果得られた主成分スコアであるから，手元に個人データのない時期を含めての全期間総平均は0，標準偏差は1になっている。各時期に含まれた月スコアの平均値が0以上であれば＋符号，0以下であれば－符号とし，平均からの隔たりが1シグマから2シグマまでのスコアが多く含まれていれば符号を二つ重ね，2シグマ以上があれば3つ重ねて，変動の方向と大きさを示した。

表9-1と表9-2を比較すると，景気動向と経済評価スコアとの間には多少のずれがあることがわかる。それは有権者は経済について常に悲観的で，経済状態の悪化を景気の山にたどり着くやや手前で察知する，あるいは，景気の谷が過ぎて上昇期に入ってもなお数ヵ月は悲観的状態を続けるというようなことが多いからである。

70年代プールの第1期，1970年は長く続いた「いざなみ景気」の最後の年に当たるが，景気引き締め政策はすでに前年から始まっており，そのため経済評価スコアは4月から急速に悪化する。第2期には景気後退局面に重ねて，1971年8月にはニクソン・ショックがあり，状況はより深刻になったが，大規模な円切り上げ対策と田中内閣の列島改造計画によって景気は回復する（第3期，列島改造ブーム）。ここで経済評価スコアはいったんプラスとなるが，積極的財政政策はインフレを促進する。列島改造ブームの最後の年となる1973年には，経済評価スコアはすでにマイナスに変わっており，第4期とした。これに石油危機が重なって狂乱物価に至る（第5期）。1974年10月に経済評価スコアは全期間（約30年）中の最低スコア－3.26を記録した。

80-90年代プールの第1期は1986年1月から始まる。この年は，円高不況と呼ばれた不況の最中であった。対ドル為替レートは1985年の220円から1986年には160円に（さらに1988年には120円）急上昇する。経済評価スコアは1983年，第二次石油危機による不況が谷を打って以来，ずっとプラス値を続けたが，1987年に入って，久しぶりにマイナスを記録した（第2期）。1987年後半からは再び楽観に転じ，1988年7月に全期間中最高値の＋2.28を記録するに

至る(第3期)。この高スコアは消費税実施によって急激にマイナス値に落ちる(第4期)。1989年4月から7月までの4カ月の評価スコア平均はなおプラスだが，その前後の時期のスコアと比べると落ち込みの大きさがはっきりとわかる。客観的経済指標の中では物価指数が消費税分だけ上昇したが，全般的に見ると客観的指標では好況の中の主観的不況ということができる。その後の平成景気(第5期)は1991年10月まで続くが，これを山に不況に入る(第6期)。

3. 対数線形モデルによる自民党支持，経済評価変数，時期区分の関連の分析

時期区分は主観的経済評価の変動をうまく表わすべく，経済評価スコアの転換点で区分するよう努めたから，経済評価3変数と変数としての時期区分との間の関連が大きいのは当然である。経済評価と自民党支持に強い関連があるなら，時期区分変数をコントロールしてもなお，自民党支持と経済評価3変数の間に関連は残るはずである。そして3変数の中では個人志向の2変数，「暮らし向き」と「物価動向」の効果がより大きいだろう。これが最初に検討すべき仮説である。まず，二つのプール・データ(70年代と80-90年代)のそれぞれで，経済評価3変数の一つと自民党支持，時期区分の対数線形モデルによる分析を行った。三次元のクロス表分析である。その結果(偏カイ自乗値，自由度，V係数)が表9-3である(60年代プールは3カ月分のデータしかなく，時期を含めた三次元分析は意味がないから，同様な分析は行わなかった。なお，このデータでの「暮らし向き」と政党支持のクロス表によるV値は0.11であった。表9-4，第一行参照)。

2変数ずつの組み合わせの効果の大きさは，それぞれ偏カイ自乗値で代表される。たとえば，表9-3の左上の偏カイ自乗値(707.38)は，時期の影響から独立した「暮らし向き」と自民党支持のこの期間(70年代プール)を通じての平均的効果を意味する。どの効果も統計的に有意であったので，検定結果の表示は省略した。つまり，3評価変数と自民党支持の2変数の組み合わせの効果は，時期をコントロールしても有意である。評価変数のどれも，時期区分を超えて自民党支持と多かれ少なかれ関連を持っていることが確認される。

第9章 経済評価の変動と自民党支持：個人データ分析

表9-3 主観的経済評価，政党支持，時期区分3変数間の関連：
対数線形モデルによる分析結果

変数の組合わせ	70年代プール 1970-1975			80-90年代プール 1986-1993		
	DF	χ^2	V	DF	χ^2	V
(1)「暮らし向き」						
暮らし×政党支持	1	707.38	.10	1	512.79	.06
暮らし×時期	4	6308.05	.30	5	956.85	.09
政党支持×時期	4	148.89	.05	5	317.64	.05
		N=72294			N=125129	
(2)「物価動向」						
物価×政党支持	1	423.88	.08	1	1302.36	.11
物価×時期	4	3937.28	.12	5	3937.22	.18
政党支持×時期	4	366.57	.07	5	337.19	.05
		N=69708			N=115896	
(3)「世間の景気」						
景気×政党支持	1	249.90	.06	1	123.59	.03
景気×時期	4	5902.20	.30	5	10642.89	.30
政党支持×時期	4	159.71	.05	5	339.87	.05
		N=64025			N=117734	

注　経済評価3変数と自民党支持はともに2カテゴリー。時期は，70年代プールで5カテゴリー，80-90年代プールで6カテゴリーである。
　　DFは自由度，χ^2は偏カイ自乗値，Vはクラマーの V に準ずる係数

　どの効果も統計的に有意であるが，偏カイ自乗値はセル数（自由度）と有効ケース数に左右されるので，この値そのままでは相互に比較しがたい。そこで，クラマーのV係数の計算と同じ手続きで，自由度と有効ケース数をコントロールした係数を算出した。表上のV値がそれである。まず，70年代プールから検討しよう。V値で一番大きいのは評価変数と時期区分の組み合わせで「暮らし向き」と「世間の景気」の0.30である。「物価動向」のV値もこれに次いで大きい。評価変数の値が時期ごとに大きく揺れたことが分かる。これに対して，自民党支持と時期区分の組み合わせの係数値はいずれも最低で，この間，自民党支持はそれほど変動しなかったことを示す。評価変数と自民党支持の組み合わせの効果は，「暮らし向き」「物価動向」「世間の景気」の順で小さくなる。

　80-90年代プールでもこの傾向に大きな変化はない。強いて，変化を上げれば，第一に，「世間の景気」の変動はいぜん激しいけれども，「暮らし向き」

第III部　責任政党としての自民党と業績評価　171

はかなり安定してきていること，第二に，3評価変数の中で，自民党支持と最も関連が深い変数は「物価動向」になっていることぐらいであろうか。

　自民党支持との関連の程度を経済評価の3変数で比較すると，70年代は「暮らし向き」との関連が最も高く，80-90年代は「物価動向」の効果が高くなるという違いはあるが，70年代プールも80-90年代プールも「世間の景気」が最も低い。個人志向の評価変数がより効果が大きいのであって，仮説通りの傾向である。

4．各時期における経済評価変数と自民党支持の関連

　個人データを大きく二つに分けて，プールした場合，各プールとも，時期と経済評価の関連をコントロールしても，経済評価と自民党支持の間に関連が見られた。しかし，この分析では，関連の程度が個々の時期ごとにどう違うかについてまで明らかになったわけではない。これを知るためには，各時期区分ごとに経済評価変数のそれぞれと自民党支持の2変数クロス表を作り，時期ごとに順次検討して行かねばならない。どの時期でも多かれ少なかれ関連は見られるものの，経済評価スコアがマイナスの時期に有権者は経済状況と政治の関連を意識し，相対的に高い関連が出現する，というのが仮説である。

　表9-4はこの検討結果をまとめたものである。表の主要数値は各クロス表の関連度を代表するオッズ比である。クロス表の関連の程度を示す係数のうち，自民党支持者ほど経済状況を良く評価し，自民党支持でない者ほど経済状況を悪く評価するという関連の方向性をも示すことができる係数として採用したのである。他の表でしばしば使用するV係数（クラマーのV）も括弧に入れて併載した。クロス表のケース数は，「暮らし向き」との表のそれのみ表記した。表があまりに複雑となるのを避けるためである。なお，ケース数が膨大なためもあって，すべてのクロス表の関連性は統計的に有意（$p < .01$）である。ここでも，経済評価と自民党支持の関連をすべての時期にわたって見ることができる。

　自民党支持と経済評価との関連を示すオッズ比を，経済評価3変数間で比較しよう。「世間の景気」との関連のオッズ比が総じて低く「物価動向」関連のオッズ比が全体として大きい。「暮らし向き」に関するオッズ比は，80-90

第9章 経済評価の変動と自民党支持:個人データ分析

表9-4 経済評価変数と政党支持の関連(経済時期別)

時　期	経済評価 方向と強さ[1]	オッズ比（括弧の中はV係数）			N[2]
		暮らし向き	物価動向	世間の景気	
60年代プール					
1　64.1 －64.3	＋	1.43(.11)	2.06(.15)	1.48(.09)	2506
70年代プール					
1　70.2 －70.7	＋	2.03(.16)	1.73(.06)	1.46(.08)	5371
2　71.2 －72.6	－－	1.36(.07)	2.10(.09)	1.21(.04)	19379
3　72.7 －73.1	＋	1.58(.09)	1.79(.06)	1.30(.05)	10278
4　73.2 －73.10	－	1.71(.12)	2.23(.08)	1.44(.08)	11620
5　73.11－75.3	－－－	1.58(.10)	1.78(.09)	1.37(.07)	25646
80－90年代プール					
1　86.1 －87.5	＋	1.30(.06)	1.89(.14)	1.14(.03)	23796
2　87.6 －87.12	＋＋	1.22(.04)	1.68(.12)	1.26(.05)	9831
3　88.1 －89.3	＋＋＋	1.31(.05)	1.77(.13)	1.15(.02)	20938
4　89.4 －89.7	＋	2.02(.14)	2.28(.12)	1.41(.06)	5475
5　89.8 －91.10	＋＋	1.59(.09)	1.61(.09)	1.23(.06)	37752
6　91.11－93.5	－	1.15(.03)	1.43(.08)	1.08(.02)	27337

注　(1)　主観的経済評価変数の主成分スコア平均値の0からの隔たりを用いて作成。
　　(2)　「暮らし向き」と自民党支持の組み合わせでの有効ケース数。他の変数の場合は欠損値によりこの値は若干異なるが、記載を省略した。変数により若干変わる。

年代でやや小さくなっているようだが、「物価動向」のそれと並ぶ大きさである。ここでも、個人志向の評価変数の効果が社会志向の評価変数に勝っていることが示される。

さて、オッズ比にはとくに大きいものは見られない。2.0以上というのは少数だが、これを関連の強さの基準値として取ることにする（1.0が無関連）[7]。この基準値を超すオッズ比は経済評価スコア値のマイナスの時期に現れるというのが作業仮説になる。

まず、60年代プールでは「物価動向」と自民党支持の関連の係数が2.0を越す。1964年はオリンピック後不況の寸前の時期であったが、経済評価スコアはプラスの時期である。なぜこの時期に強い関連が現れたのか。60年代プールは3ヵ月分しかデータがなく、さらにその前後の時期の個人データも手元にないので、これ以上の詮索は諦めたい。

70年代プールデータでは、2.0を越す係数が第2期と第4期の「物価動向」と自民党支持のクロス表に見られる。二つとも経済評価スコアがマイナスの

時期で，仮説に合致する。問題は経済評価スコアが最悪の時期である第5期に係数はさらに大きくならないで逆に下がっていることである。もう一つの2.0を超える係数が見いだせるのは第1期の「暮らし向き」と自民党支持のクロス表である。第1期は経済評価スコアがプラスの時期であり，それに続くマイナスの時期にはかえってオッヅ比は低くなる。そこで，問題となるこの二つの時期について，2変数間のクロス表に戻り，変数間の関係とオッヅ比を検討しよう。

表9-4aは第1期と第2期の「暮らし向き」と自民党支持のクロス表である。2表の周辺度数の比較から始めると，第1期に比べて第2期では，「暮らし向き」が「悪くなった」が4ポイント増え，自民党支持者が8ポイント減っている。第2期のほうが経済状況は良くないが，オッヅ比（V係数も）にはかなり大きい違いがあり，第1期の表のほうが大きい。表内のセルの数値（％）を見ると，自民党非支持者に「暮らし向き」が「悪くなった」人が多く，自民党支持者に「良くなった」「変わらない」という人が相対的に多いのは，両時期共通であるが，第2期には自民党支持者でも経済状況を悪いと評価する人が増えている。その結果，第1期に見られた「暮らし向き」と自民党支持のやや強い関連が薄められたのである。経済評価の大きな変動は，このような結果をもたらすことが多い。これについては80-90年代のプール・データを説明した後，立ち返ることにしよう。

次に，表9-4bは第4期と第5期の「物価動向」と自民党支持のクロス表である。周辺度数を見ると，第5期になって「物価は上がるだろう」という悲観的回答は，なお圧倒的に多いが，第4期より8ポイントも減少して88％になった。この回答は1968年頃より，90％を割ることがなく第4期に至っており，第5期でも時期の始め（第一次石油危機）は100％に近い数値であったが，1974年2月より90％を割る月が見られるようになったのである。にもかかわらず，この時期の経済評価スコアが大きくマイナスになったのは「暮らし向き」と「世間の景気」の悲観的回答がさらに増えたからである。「物価動向」が落ち着いたという判断は，その時点ではもうこれ以上，上がらないだろうという判断であり，良くなったという楽観的な意味ではないだろうが，オッヅ比が下がるのは変数の性格から仕方がない。

80-90年代プールでは，2.0以上のオッヅ比が「暮らし向き」と「物価動向」

表9-4a　自民党支持と暮らし向き

自民党支持・非支持	暮らし向き			計(%)	N	縦計(%)
	良くなった	変わらない	悪くなった			
第1期　70.2－70.7						
自民党非支持	10	49	41	100	3302	61
自民党支持	15	60	25	100	2069	39
計	12	53	35	100	5371	100
第2期　71.2－726.						
自民党非支持	8	50	42	100	13423	69
自民党支持	13	53	34	100	5956	31
計	10	51	39	100	19379	100

注　第1期の表　V係数＝.16；2×2表にまとめたときのオッズ比＝2.03
　　第2期の表　V係数＝.07；2×2表にまとめたときのオッズ比＝1.36

にそれぞれ一つずつ見られる。いずれも第4期の消費税施行直後期である。「世間の景気」で最高のオッヅ比（値は1.41に過ぎないが）もこの時期のものである。第4期は経済評価スコアはなおプラスであったが，直前の第3期は全期間中最高値を記録した時期であり，消費税によるそこからの急激な（心理的）下降がショックとなって，経済評価と自民党支持の関連を強化することになった。経済評価が突然，あるいは急速に悪くなり始める時期が自民党にとって，危機の始まりである。だが，80年代後半は経済的に絶好調の時期であったので，経済評価がさらに悪化することはなかった。

　70年代前半のように，さらにそれを超えて経済評価が一層悪くなると，自民党非支持者だけでなく，自民党支持者も悲観的になって，経済評価と自民党支持の相関関係が見かけ上崩れてしまうのである。主観的経済評価には事実認識と党派的偏りが同居している。野党支持者は党派的偏りもあって経済の悪化に敏感に反応するから，不況の初期に経済評価と自民党支持の相関が高まる。経済の悪化がさらに進行すると自民党支持者もそれを認めるようになるので，相関は薄れるのではなかろうか。したがって，2変数の相関がいったん強化された直後は，それが薄れたとしても，自民党支持率がなお下がり経済評価が一層悪化している限り，依然として自民党の危機には違いない。

表9-4b　自民党支持と物価動向

自民党支持・非支持	物価動向			計(%)	N	縦計(%)
	下がる	落ち着いてきた	上がる			
第4期　73.2 －73.10						
自民党非支持	1	2	97	100	9092	71
自民党支持	1	5	94	100	3693	29
横計（%）	1	3	96	100	12785	100
第5期　73.11－75.3						
自民党非支持	2	8	90	100	16842	73
自民党支持	3	13	84	100	6346	27
横計（%）	2	10	88	100	23188	100

注　第4期の表　V係数=.08；2×2表にまとめたときのオッズ比=2.23
　　第5期の表　V係数=.09；2×2表にまとめたときのオッズ比=1.78

5．経済評価の直接効果と間接効果

　ここで経済評価と自民党支持の結びつきのメカニズムについて考えてみよう。有権者の頭の中で，経済状況の悪化が政府や与党の政策とリンクしなければ，経済評価と自民党支持は結びつかないのではなかろうか（三宅 1985；1989）。つまり，経済評価と自民党支持との間には，態度的媒介変数が必要である。媒介変数を挿入することによって，経済評価変数と自民党支持の間の関連度の変化を説明できるかもしれない。一般に，個人データは態度変数を豊富に持つので，心理的メカニズムの分析に強い。「内閣の経済業績評価」あるいは暮らし向きや物価に対する「政府責任」などの変数がデータに含まれているなら，このメカニズムを容易に説明できるかもしれない。

　だが，時事調査は質問数に限定があり，態度変数が豊富にあるとはいえない。限定された変数の中で媒介変数として使えそうなのは「内閣支持」くらいである。前章で確認したように，自民党支持と内閣支持との間に強い相互関連があるのは当然であるが，「暮らし向き」や「物価動向」と内閣支持には相関があり，しかも，「暮らし向き」や「物価動向」と自民党支持との相関より強い。内閣支持は自民党支持と比べて，経済状況の変化により敏感に反応する（三宅 1985）からである。経済評価3変数，自民党支持，内閣支持の関

176　第9章　経済評価の変動と自民党支持：個人データ分析

図9-1　政党支持，内閣支持，経済評価変数のパス解析図

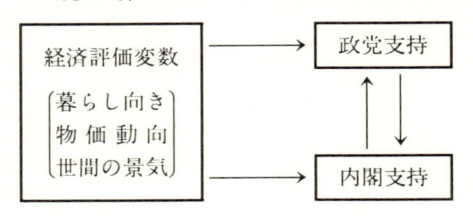

```
┌─────────────┐
│ 経済評価変数  │────────→ ┌────────┐
│ ┌─────────┐ │          │政党支持 │
│ │暮らし向き│ │          └────────┘
│ │物価動向 │ │              ↑↓
│ │世間の景気│ │          ┌────────┐
│ └─────────┘ │────────→ │内閣支持 │
└─────────────┘          └────────┘
```

連を図示すると図9-1のようになる。

　経済評価変数は自民党支持と直接関連するが，それより内閣支持を経て自民党支持と結びつく部分がより大きいと仮定してよかろう。逆に，媒介変数を経ずして（あるいは，間接的経路よりもより強く），経済評価変数から直接自民党支持につながることもありうる。経済評価の悪い時期における，経済評価から自民党支持への直接効果の存在は，内閣の経済政策が批判されているだけでなく，自民党一党優位体制が主要争点の一つとなっていることの反映であろう。前節で，列島改造政策によるインフレやリクルート事件の渦中の消費税実施を経済評価が自民党支持に影響する時期として摘出したが，ここでも当然，経済評価から自民党支持への直接効果の存在する時期の有力候補である。

　表9-4で示した経済評価変数の一つと自民党支持の2変数クロス表分析に戻る。これに「内閣支持」変数を加えた3変数クロス表分析を行うが，そのため，対数線形モデルを適用した。表9-3の経済評価，政党支持，時期区分3変数間の関連分析から，時期区分を内閣支持に変えたものと思っていただきたい。その結果を表9-5a（「暮らし向き」との表）と表9-5b（「物価動向」との表）に掲げる。「世間の景気」を含む表はこの変数と自民党支持との関係がすべての時期にわたって弱かったので，紙面の節約のため割愛した。表上の数値は表9-3のVと同じ，V係数に準ずる係数である。

　この方法では1変数をコントロールしたときの2変数間の関連の程度は示せても，変数間の因果の方向を示すことはできないが，これらの変数間の関連はもともと相互影響関係だから，あえて因果関係を求めなくてもよかろう。したがって，ここで「直接効果」とは内閣支持をコントロールしても，経済評価変数と自民党支持の間に関連が見られること，「間接効果」とは自民党支

表9-5a 暮らし向き,自民党支持,内閣支持3変数間の関連:
対数線形モデル分析による分析結果

時 期	経済評価の方向と強さ	変数の組み合わせ			N
		暮らし向き 自民支持	暮らし向き 内閣支持	自民支持 内閣支持	
60年代プール					
1 64.1-64.3	+	.055*	.179**	.639**	1996
70年代プール					
1 70.2-70.7	+	.084**	.128**	.585**	4091
2 71.2-72.6	--	.036**	.095**	.529**	14940
3 72.7-73.1	+	.060**	.115**	.432**	7655
4 73.2-73.10	-	.059**	.127**	.516**	10014
5 73.11-75.3	---	.056**	.109**	.464**	18123
80-90年代プール					
1 86.1-87.5	+	.006	.130**	.523**	18329
2 87.6-87.12	++	.011	.132**	.517**	7179
3 88.1-89.3	+++	.034**	.098**	.492**	14981
4 89.4-89.7	+	.101**	.089**	.365**	4439
5 89.8-91.10	++	.053**	.114**	.474**	28834
6 91.11-93.5	+	.013*	.095**	.406**	21695

注 表上の数値はV係数
  偏カイ二乗値の検定の結果:*p<.05;**p<.01

表9-5b 物価動向,自民党支持,内閣支持3変数間の関連:
対数線形モデル分析による分析結果

時 期	経済評価の方向と強さ	変数の組み合わせ			N
		物価動向 自民支持	物価動向 内閣支持	自民支持 内閣支持	
60年代プール					
1 64.1-64.3	+	.055*	.097**	.628**	1873
70年代プール					
1 70.2-70.7	+	.027	.056**	.608**	3979
2 71.2-72.6	--	.044**	.080**	.526**	14471
3 72.7-73.1	+	.033*	.059**	.441**	7467
4 73.2-73.10	-	.058**	.033**	.531**	9920
5 73.11-75.3	---	.019*	.175**	.462**	17568
80-90年代プール					
1 86.1-87.5	+	.079**	.123**	.514**	17209
2 87.6-87.12	++	.056**	.127**	.504**	6664
3 88.1-89.3	+++	.059**	.159**	.480**	14130
4 89.4-89.7	+	.088**	.086**	.361**	4278
5 89.8-91.10	++	.054**	.076**	.476**	27562
6 91.11-93.5	+	.051**	.056**	.400**	20332

注 表上の数値はV係数
  偏カイ二乗値の検定の結果:*p<.05;**p<.01

持をコントロールしても，経済評価変数と内閣支持の間に連関が見られることを意味しているに過ぎない。

　内閣支持を介しての間接効果（経済評価と内閣支持の組み合わせ）は，経済評価2変数ともに，すべての時期区分にわたって存在する。直接効果（経済評価と自民党支持の組み合わせ）もほとんどの時期に見受けられるが，間接効果よりかなり小さい。しかし，直接効果が間接効果よりも大きい例が3カ所に見られる。経済評価変数として「暮らし向き」を含む表9-5aでは，80-90年代プールの第4期（消費税施行直後）が第一の例である。そこでは「暮らし向き」と自民党支持の組み合わせの効果（直接効果）は最高の0.101で，「暮らし向き」と内閣支持の組み合わせの効果（間接効果），0.089より大きい。「物価動向」を含む表9-5bでは，70年代プールの第4期（第一次石油危機直前）と80-90年代プールの第4期（消費税施行直後）に見られる。どちらも数値は小さいが「物価動向」と「自民党支持」の組み合わせの効果が「物価動向」と「内閣支持」の組み合わせの効果にわずかながらであるが勝る。

　70年代前半期は高度成長期の最後に当たる。高度成長は国民の所得を増加させたが，他方，5％程度のインフレを恒常化し，公害や住宅不足など，都市生活の質を低下させた。その政治的反応が革新自治体の叢生であり，自民党得票率の長期低落であった。自民党の一党優位体制が強く批判されたのはこの時期であり，保革逆転の可能性が意識された。ニクソン・ショック，石油危機ともに直接的には外からきた危機であって，すべてを内閣や自民党の責任とするわけにはいかないが，佐藤長期政権への飽きと田中首相への幻滅が重なって，自民党に矛先が向けられたのは当然であろう。経済変数と自民党支持の「直接効果」は，経済危機と政治危機が重なった特別な時期に現れたのである。

6．まとめ

(1)経済評価3変数の集計データによって，経済評価スコアを作成し，それに基づいて時期区分を行った。客観的な景気動向による時期区分と比較すると，両者は基本的には一致するが，多少のずれが見いだされる。それは有権者が経済について常に悲観的で，経済状態の悪化を景気の山にたどり着くよりもやや早く察知するか，あるいは，景気の谷が過ぎて上昇期に入ってもなお数

カ月は悲観的状態を続けるからである。

(2)この経済評価スコアによる時期区分を超えて，評価変数のどれも自民党支持と多かれ少なかれ関連を持っていることが確認された。

　自民党支持との関連の程度を経済評価の3変数で比較すると，70年代は「暮らし向き」との関連が最も高く，80-90年代は「物価動向」の効果が高くなるという違いはあるが，70年代プールも80-90年代プールも「世間の景気」が最も低い。社会志向の評価変数の効果よりも，個人志向の評価変数の効果がより大きい。

(3)上の分析では，関連の程度が個々の時期ごとにどう違うかについてまで明らかになったわけではない。これを知るためには，各時期区分ごとに経済評価変数のそれぞれと自民党支持のクロス表を作り，時期ごとに順次検討してゆかねばならない。どの時期でも多かれ少なかれ関連は見られるものの，とくに，経済評価が突然，あるいは急速に悪くなり始める時期に，有権者は経済状況と政治の関連を意識し，経済評価の善し悪しと自民党支持非支持の相関が高まる。自民党の危機の始まりである。経済の悪化がさらに進行すると自民党支持者もそれを認めるので，党派間の差が縮まり，両変数の相関は見かけ上薄れるが，経済評価がさらに悪化し，自民党支持率がさらに低下する限り，係数値で関連が低くなっても，いぜん自民党の危機である。

(4)「暮らし向き」と「物価動向」は，政党支持に対してよりも内閣支持に対して，より強い関連を持つ。内閣支持を介しての「間接効果」（経済評価と内閣支持の組み合わせ）は，経済評価2変数ともに，すべての時期区分にわたって存在する。「直接効果」（経済評価と自民党支持の組み合わせ）もほとんどの時期に見受けられるが，間接効果よりかなり小さい。しかし，直接効果が間接効果よりも大きい例が若干の時点に見られる。それは上記(3)と同じく，経済評価の絶対的レベルには関係なく，経済評価が突然，あるいは急速に悪くなり始める時期であり，とくに，経済危機と政治危機が重なった特別な時期であった。55年体制は少なくとも二つの経済的，政治的危機に直面し，それをしのいで，1993年に至ったと言えよう。

第IV部
研究展望

第IV部　研究展望

第10章　さらなる研究のための方法論的ノート

1．はじめに

　本書の主要な実証分析を行っている段階で，とくに，第III部で扱った業績評価の分析については，われわれ自身多くの問題点があることに気がついた。それらのいくつかの点は，業績評価モデル全般にかかわる方法論的問題であり，かつ日本ではこれまであまり体系的に紹介されてこなかった問題と思われたので，こうした問題を議論するための章を本書の末尾に付け加えることにした。ここでの議論が，将来の研究へ向けて，何らかのヒントや方向性を示唆することができれば幸いである。

　本章では，まず，いわゆる「生態的誤謬（エコロジカル・ファラシー）」と呼ばれる問題を紹介する。この問題は，実は，本書で利用することのできた，個人レベルのデータの情報的価値の評価と密接に関係している。続いて，業績評価モデルの文脈のうえで，この問題の重要性を指摘するために，クレーマーが提出した問題提起を紹介する。その次に，より一般的に，業績評価モデルのもつ理論的問題点を検討する。最後に，近年，業績評価モデルと伝統的なミシガンモデルとの間で交わされている論争の一端を紹介する。こうした作業を通して，本書で明らかにできなかった点，モデル化の不十分だったような課題を「自己申告」し，次世代の研究の参考にして頂けることを望むものである。

2．「生態的誤謬（エコロジカル・ファラシー）」

　われわれは，つい何気なしに，ミクロの，個人レベルのデータを分析する

ことなく，集計データから，個人の意識や行動について何らかの解釈を導いてしまうことがある。エコロジカル・インファレンス，あるいはより一般にクロスレベル・インファレンスと呼ばれるこうした解釈は，実際のところ，社会科学に限らず，さまざまな分野の研究で見受けられる[1]。しかし，こうした解釈には，大きな方法論的な落とし穴，いわゆる「生態的誤謬」があることが知られている。

　この問題を早い時期に指摘したのは社会学者ロビンソンであるが，彼のあげた有名な例は次のようなものである (Robinson 1950)。アメリカでは，外国で生まれた者が多く居住する州の方が，英語の識字率が比較的高いという調査結果が確認されていた。しかし，同時に，個人レベルの国勢調査によれば，外国で生まれアメリカに移住することになった人たちの間での（英語の）識字率は，アメリカで生まれ育った人たちの識字率に比べて，低いという調査結果も確認されていた。この二つの調査結果は，一見したところ，矛盾しているようにも思える。しかし，もし外国で生まれた居住者たちと文字を読み書きできない人たちが同一でなく，にもかかわらずたとえば（何らかの理由によって）両者のグループとも大都市に住む傾向が高いというような状況であるとすれば，一見逆の相関関係を示唆するこの二つの調査結果は矛盾しているわけではない。いずれにせよ，こうした例を通して，ロビンソンは，前者のような集計データだけをみて，個人に関する解釈を導き出すことはできない，と論じたのである。つまり，この場合，外国で生まれた人，あるいは文字を読み書きできない人がどういうパターンで居住地を選ぶか，そのパターンに関するさらなる情報が個人レベルで与えられない限り，集計値上の相関関係をそのまま受け入れるわけにはいかない，というのである[2]。

　1950年に発表されたロビンソンの論文は，当然のことながら政治学にも多大な影響を与えた。折りからアメリカを中心として各種の広範な社会調査が盛んに行われるようになり，行動論的実証分析はサーベイによる裏付けを伴うまでは信頼できないという風潮を生み出すことになったのである。では，はたして，サーベイによって得られる個人データは集計データよりもつねに情報的価値が高いといえるのだろうか。残念ながら，話はそう単純ではない。とくに，経済の業績評価が投票や政党支持に与える影響を分析する上では，サーベイデータを利用することについて，重大な疑義が投げかけられている

のである。

3．クレーマーの問題提起

このことを1983年の論文で指摘したのは，クレーマーであった（Kramer 1983）。いまかりに，経済運営の失敗で経済不況が起こり，その結果選挙において，政権についている政党や現職の政治家たちの得票に悪い影響が出たとしよう。もちろん，それでも有権者の中にはさまざまな（たとえばイデオロギー的）理由によって，そうした党や政治家に投票しつづける人もいるはずである。ゆえに，不況が及ぼす影響とは，政党支持のばらつき状況が全体的に下方向にシフトすることをさしているにすぎない。同じことは，独立変数側，すなわち「暮らし向きの変化」というような経済業績評価の変数の側についてもいえる。つまり，経済運営の失敗が有権者一人一人に与える影響がまったく一律であったとしても，各有権者の暮らし向きの変化には，その他のさまざまな（たとえばたまたま今年退職した等の）理由で，やはりばらつきがあるはずである。

さて，かりにサーベイが不況後に行われた選挙の年に実施されたとし，そのデータを使って投票行動を暮らし向きの変化に回帰させたとすれば，そこで見出されるのは次頁図10-1の（A）のような回帰線である。これに対して，集計データをもとにした時系列分析は，それぞれの選挙の時点での変数の平均値をもとに回帰線を引いていることになる（B）。ここではたまたまAとBの係数が正負逆になるように図が描かれているが（そしてクレーマーはそれを正当付けるような理由を後で述べているのであるが），いずれにせよ，サーベイデータに基づくクロスセクショナルな分析と，集計データに基づく時系列分析とが実証的にはまったく異なった因果関係を見極めようとしていることだけははっきりしている。

続いて，クレーマーは，サーベイデータに基づく分析についてまわるバイアスの論証へと移る。彼によれば，有権者の業績評価は，政府の政策によってもたらされた暮らし向きの変化だけを対象とするはずだ，という。しかし，有権者一人一人の暮らし向きは，すでに指摘したとおり，そのほかのさまざまな要因によっても変化することが考えられる。そこで，いまy_{it}を有権者 i の時点 t における暮らし向きの変化全体，g_{it}を政府の政策に帰せられるべき

186　第10章　さらなる研究のための方法論的ノート

図10-1　クレーマーによる時系列回帰線とクロスセクション回帰線の関係

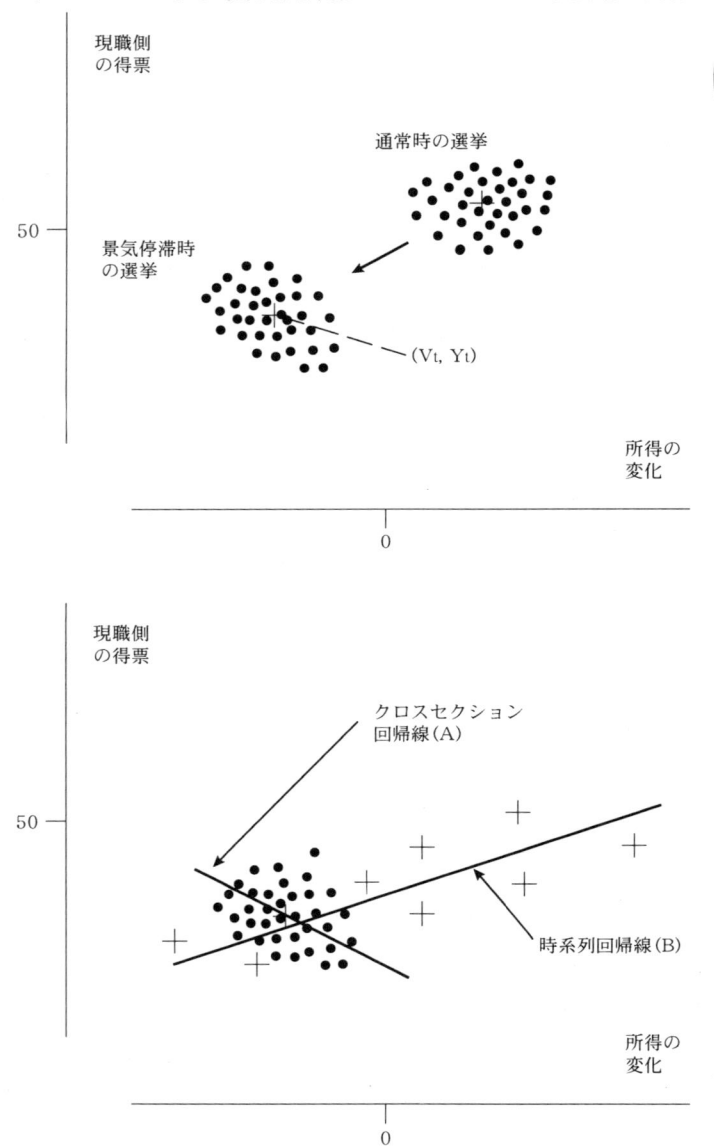

出所：Kramer (1983), p.96

変化，e_{it}をそれ以外の要因によってもたらされた変化とすると，

$$y_{it} = g_{it} + e_{it}$$

と定義できることになる。さて，経済の業績評価が，有権者 i の時点 t における投票 v_{it} に影響を与えるとすれば，最も単純化して，$v_{it} = \alpha_i + \beta g_{it}$（ただし，$\alpha_i$ は，有権者 i の経済の業績評価以外のすべての政権党支持要因）というモデルが成り立つ。アグリゲートな時系列分析については，$V_t (=1/n\Sigma_i v_{it})$ を選挙時 t における政権党の得票率，$G_t (=1/n\Sigma_i g_{it})$ を t 時点において政府によってもたらされた暮らし向きの変化の平均と定義すると，上式より

$$V_t = 1/n\Sigma_i\ (\alpha_i + \beta g_{it}) = 1/n\Sigma_i \alpha_i + \beta 1/n\Sigma_i g_{it} = \overline{\alpha} + \beta G_t$$

（ただし，α は有権者の政権党に対する政党支持の平均）が与えられる。他方，選挙時 t におけるクロスセクショナルな分析については，

$$v_i = \alpha_i + \beta g_i = \overline{\alpha} + \beta g_i + (\alpha_i - \overline{\alpha}) = \overline{\alpha} + \beta g_i + u_i$$

となり，ここで $u_i (= \alpha_i - \overline{\alpha})$，すなわち有権者 i の政権党支持平均からの乖離は，あたかも誤差項のようにふるまうことになる。したがって，もし，g_i と u_i とに相関があるとすれば，通常の回帰分析によって得られる（β の推定係数）β^* にバイアスがかかることは明らかである。そして，クレーマーは，この相関の存在を否定し得ないこと，そしてそれが選挙ごとにさまざまな方向と大きさをとりうることを例証し，クロスセクショナルな分析結果がいかに不安定で不統一な推定にならざるを得ないかを論じたのである。

クレーマー論文のそもそもの出発点は，マクロな時系列分析においては，良好な経済状況が政権党（や現職議員）にとってよい選挙結果をもたらすことが明らかにされていたにもかかわらず，個人レベルのサーベイデータをもとにした分析においては，個人の経済状況と投票行動の間に何の関係も見出せなかったというように，それまで蓄積されてきた実証結果に大きなギャップがあったことだった。クレーマーはサーベイデータ分析に内在するバイア

スという観点からこのギャップに一つの回答を与えたわけである。

ちなみに，日本に関する研究でも，サーベイデータに基づく分析では，業績評価の重要性に関して，まちまちな結論が得られている[3]。これらの研究は，異なった時点での，異なった規模のサーベイ調査をもとにしており，またモデル推定の際の，他の要因のコントロールの仕方もさまざまである。しかし，こうした事情とともに，不統一な分析結果を生み出している原因が，クレーマーの指摘したサーベイデータに内在するより根本的な問題ではないか，という疑念も否定できない。これらの相反する分析結果をどう整合性をもって解釈すべきかについて議論をつめることは，サーベイデータを利用する日本の研究者たちにとって，一つの課題として残されてきたのである。

ところで，実は，クレーマーの議論は，ここで終わるわけではない。彼のより重要な論点は，たとえ時系列データを使ったとしても，測定誤差に基づくバイアスから逃れられないということにあったのである。すでに述べたように，クレーマーは，有権者が投票の際に考慮する経済業績評価は，暮らし向きの変化のうち政府に責任が帰せられるべき部分のみを対象にするはずだと前提している（そしてそのように上のモデルも特定化されている）。問題は，その「政府に責任が帰せられるべき部分」，すなわち上の変数 g（および G）を正確に測定できないということにある。そこで，実際に回帰分析を行うには，われわれは暮らし向きの変化全体を表わす y をその近似として用いざるをえないが，このことがさらなるバイアスの源となるというのである。紙幅の関係でここでは結論だけしか紹介できない（詳細は原論文を参照されたい）が，まず，T 回の選挙のサンプルから得られる時系列回帰の推定係数 β^*_{ts} と，真の回帰係数 β との関係は

$$\beta^*_{ts} = \beta \left[\frac{VAR_{ts}(G_t) + COV_{ts}(G_t, E_t)}{VAR_{ts}(Y_t)} \right]$$

で表わされる。他方，選挙時 t における n 人のクロスセクショナルな回帰の推定係数 β^*_{cs} と，真の回帰係数 β との関係は

$$\beta^*_{cs} = \beta \left[\frac{\mathrm{VAR}_{cs}(g_{it}) + \mathrm{COV}_{cs}(g_{it}, e_{it})}{\mathrm{VAR}_{cs}(y_{it})} \right] + \frac{\mathrm{COV}_{cs}(\alpha_i, g_{it}) + \mathrm{COV}_{cs}(\alpha_i, e_{it})}{\mathrm{VAR}_{cs}(y_{it})}$$

で表わされる。この二つの式を比べると,下式においては,上式に比べて β に直接関わらない第二項が含まれていることもあって,推定係数がより「汚染」されていることがわかる。しかし,上式の時系列分析についても,汚染度は少ないものの,やはり推定係数にバイアスがかかることがわかる。たとえば,政府が,不況の際に(税収が落ち込んでいるにもかかわらず)景気を刺激するようなケインズ的マクロ経済運営をとっていたとすれば,共分散 (G_t, E_t) は,負であることになるが,これは,推定係数の絶対値に下方向にバイアスをかける効果を生むはずである(クレーマーのいうように,1970年代中頃までの先進民主主義諸国の経済運営は,多かれ少なかれこのパターンを踏襲していたといえるであろう)。時系列データを分析することは,暮らし向きの変化を引き起こす個人レベルのさまざまな要因を(平均値を取る過程で)打ち消し合うという意味でたしかに優れているといえるが,それでも,有権者の業績評価を誤差なく測定することができない以上,バイアスから完全に逃れることはできないのである。

　クレーマーがここで指摘している問題を,日本の文脈に当てはめて考えてみよう。日本については,暮らし向きの変化の中で「政府に責任が帰せられるべき部分」を見極めるのが,アメリカの場合と比べてもさらに難しい,と考えられる理由がある。第6章で述べたように,日本の政策決定については,政策を立案,運営しているのは,政治家や政党ではなく官僚だという,いわゆる「官僚優位説」が根強く,この説は,とくに財政政策や産業政策といった経済政策の分野において強く支持されている。もしこの説が正しいとすれば,暮らし向きの変化や経済指標の変化を,直接有権者の政権党に対する投票,あるいは首相や内閣に対する支持と結びつけて考えることには,問題があることになる。もちろん,政権党や内閣は,最終的にはすべての政策責任を負わなければならない立場にあり,したがって理論的には「官僚優位説」を退けることは可能である。しかし,もし有権者自体が政策過程における官僚の役割を認めているとすれば,方法論的には,測定誤差によるバイアスを覚悟しなければならない,ということになる。

以上解説してきたように、クレーマー論文は、投票行動に関する実証研究に携わる者たちを途方に暮れさせるような、大きな方法論的ハードルを提示してしまったのである。読み方によっては、この論文の趣旨は、政治行動と経済業績評価との関係を分析する上では、サーベイよりも集計データの方を重視せよというものだったととれないこともない。しかし、クレーマーの論証をより厳密に受け止めれば、研究者は、この分野の研究において、より根底的なところで、自らの分析結果から導く解釈について謙虚にならざるをえない。業績評価をモデル化するうえで、「政府に責任が帰せられるべき部分」とそうでない部分を分けることを前提とした特定化を行わなければならないのであれば、世論調査にそうした特定化のために役立つ質問項目が入っていることが最も望ましいが、残念ながら時事データにはそうした項目がなかった。第9章においては、「政府に責任が帰せられるべき部分」の代替変数として内閣支持をコントロール要因として使ったが、将来の研究においては、こうした扱いではなく、測定誤差の問題を十分に回避する方法を開発したうえでのモデル化を模索する必要があろう。また、業績評価モデルの妥当性を検証しようとする研究が進むために、これから多くの調査でそうした質問が繰り返し行われることを期待したい。

4．クレーマー以後

クレーマー論文の発表後も、経済の業績評価と政治との関係の分析を方法論的に質の高いレベルで前進させようとする努力が何人かの研究者たちによって行われてきた。これらの研究は、本書を含め、業績評価モデルを応用しようとする研究にとって参考になると思われるので、本節ではそのうちの二つを紹介しておきたい。

第一に、キウィートとリヴァース（Kiewiet and Rivers 1984）は、クレーマーのいうように、本当にサーベイデータが信頼できないものであるかを見極めるために、一つの興味深い実証的検討を行っている。クレーマーの指摘した測定誤差の生み出すバイアスは、暮らし向きの変化のうち政府に責任の帰せられる部分が比較的に小さい場合に、とくに問題となる。そこで、キウィートとリヴァースは、1956年から1980年までにアメリカで行われた13回のサーベイデータと、客観的な経済指標である実質所得の変化とを併用し、そ

れぞれの年に暮らし向きがよくなった，変わらなかった，悪くなったと回答した人たちの割合を，その年の実質所得の成長率に回帰させて，両者の間の連関を調べたのである。その結果は，暮らし向きが良くなったと答えた人々の割合は経済変数の変化と正に，また暮らし向きが悪くなったと答えた人々の割合は経済変数と負に相関し，変わらなかったと答えた人々の割合と経済変数との間にはほとんど相関関係がない，というものであった。これは，一見，暮らし向きの変化という，サーベイに反映される主観的な指標と，客観的な経済指標とが関連していることを物語っているようにもみえる。しかし，キウィートとリヴァースは，この結果が少数のいわゆる外れ値を反映している可能性を指摘し，むしろ，こうした外れ値を取り除くと上の相関関係が消滅してしまうことを重視したのであった。つまり，客観的な所得水準は，生活が極端に苦しくなるか（あるいは極端に楽になるか）によって，それが日常会話の話題にのぼるようにでもならない限り，なかなか主観的な暮らし向きの変化として反映されないのではないか，というわけである。キウィートとリヴァースは，クレーマーの指摘した測定誤差に基づくバイアスの可能性に実証的に傍証を与えたともいえるが，いずれにせよ，サーベイデータと時系列データとを併用するという試みが，今後さらに奨励されるべき研究の一つの方向性であることはまちがいないであろう。

第二に，サーベイデータをもとにした研究に対するクレーマーの批判が，一回限りのクロスセクショナルな分析を対象にしていたことにかんがみて，クロスセクショナルなデータをプールし（いくつも積み重ね）て，サーベイデータの弱点に対処しようという方向からの研究がなされている。たとえば，マークス (Markus 1988) は，1956年から1984年までのアメリカの大統領選挙時に行われたサーベイをプールすることで，個人レベルの経済業績評価とともに，経済状況の変化をあらわす客観的な時系列指標を説明変数に並列させるモデル化を試みた。彼のモデルを簡略化して示すと，

$$\text{VOTE}_{it} = \alpha + \beta_1 \text{PERSFIN}_{it} + \beta_2 \Delta \text{RPDI}_t + \beta_3 \text{INCUMB}_t + U_{it}$$

である。ただし，VOTE_{it} は有権者 i が選挙時 t において現職大統領の政党の候補に投票したかどうかを測る二項変数（したがって民主党，共和党以外の

候補者は無視している），PERSFIN$_{it}$ は有権者 i の選挙時 t における暮らし向きの変化，ΔRPDI$_t$ は選挙時 t から過去 1 年の間に起こった一人当たりの実質可処分所得の変化，INCUMB$_t$ は選挙時 t におけるそれ以外のさまざまな候補者支持要因をまとめたものを表わしている。マークスは，このモデルを推定し，有権者自身の主観的な暮らし向きの変化とともに，客観的な経済状況の変化も投票行動に影響することを実証した。ただし，彼は，後者が前者に影響を与えることを考慮して，PERSFIN$_{it}$ を除いてモデルを推定し直し，そこで ΔRPDI$_t$ が統計的に有意でしかもかなり大きい係数であることから，実質可処分所得の変化が大統領選挙の結果に重要な影響を与えると結論したのである。[6]

マークスの研究は，ある一時点におけるクロスセクショナルなデータの分析からでは，通時的な「暮らし向きの変化」に関する解釈を導き出せないという認識をその出発点にしている。そのようなデータでは，経済状況を変数としてモデルに組み込めないというわけで，彼の研究は，この意味で，クレーマーの問題提起の延長線上にあるといえる。しかし，その一方で，マークスのモデルが，クレーマーが提起したより根本的な問題，すなわちサーベイデータに内在する測定誤差の問題をまったく回避したところでモデル化している，ということも指摘しておかなければならない。実際，この件に関して，マークスは，クレーマーのモデル特定化の前提そのものを拒否している。すでに述べたように，クレーマーは，有権者の経済業績評価とは，自らの暮らし向きの変化のうち政府に責任が帰せられるべき部分についてのみを対象とするはずだ，というのであるが，マークスは，これに対して，有権者が自分の暮らし向きの変化のうちどの程度を政府に責任があるとみなすかは，理論の前提や与件として受け入れられるべきものではなく，実証的に判断すべき性格のものだという。ただし，マークス自身は，この論文の中でこの問題を実証的に追求しているわけではなく，単に，政府の経済運営に責任が帰せられない部分についてもすべて「政治的に意味がない」と断定する必要はない，という消極的な前提にたって分析が進められているのである。[7]

本書，とくにその第 7 章，第 8 章の中では，集計データを時系列に並べることによって，かなり有効な分析を行うことができた。また，第 9 章では，マークスの研究と同様に，データをプールするという方法をとった。将来の

研究においても，各月ごとのサーベイデータをプールするという方向で，データを膨らませてモデル化を進めることは，有益な研究の方向性であろう。その際，サーベイが行われた各月・年ごとのダミー変数を加えることにより，その月・年に固有の効果をコントロールすることができるのではないかと考えるが，こうしたモデルの特定化を一つの方法論的提案としてあげておきたい。

5．業績評価モデルの理論

　前節まで紹介してきたのは，業績評価モデルに関する方法論的諸問題であるが，本節では，このモデルの理論的背景や問題点を整理し，解説する。そうした作業を通して，より適当なモデルの特定化が導けるヒントが得られると考えられるからである。まず，業績評価モデルにも，多くのヴァリエーションがあることを改めて確認した上で，このモデルが他のモデルとどういう関係にあるのかを考えてみたい。

(1) 個人志向投票と社会志向投票

　第Ⅲ部の議論や分析の中でふれたように，業績評価モデルには，大きく二つの理論的見方があるということができる。その二つの見方とは，いわゆる個人志向（ポケットブック）投票モデルと社会志向（ソシオトロピック）投票モデルである。すでに述べたように，アメリカでは，マクロな時系列分析においては，マクロ経済状況と投票との関係が実証されていたにもかかわらず，個人レベルのサーベイデータをもとにした分析においては，何の関係も見出せていないというように，実証結果に大きな開きがあることが確認されていた。この不一致を解く一つの回答として提唱されたのが，有権者は国家の経済状況を客観的に判断して投票を決めるものだという「社会志向投票」モデルであった (Kinder and Kiewiet 1979 ; Kinder and Kiewiet 1981)。これに対して，有権者は自らの財布の中身をみて投票を決めるのだという考え方が「個人志向投票」モデルである。社会志向投票モデルの初期の実証研究は，おもにサーベイデータをもとにしていたので，これらの研究は，クレーマーの問題提起，および批判にさらされることになった。すでに紹介したマークスの研究は，プールされたサーベイデータをもとに，社会志向投票モ

デルと個人志向投票モデルとを実証的に比較し，個人レベルの経済効果をコントロールしても，なおかつ客観的な経済状況が投票に影響を及ぼすことを確認している。ただし，マークスに批判的なリヴァース（Rivers 1986）は，かつて彼自身の未発表論文において，社会志向効果は個人レベルの経済効果ほど大きくないと報告しており，この両者のモデルの実証的優劣は，はっきりと決着がついているわけではない。[9]

　第III部の各章の分析においては，はじめからこの二つのモデルのどちらかに理論的にコミットするのではなく，むしろその時々の分析にふさわしいと思われる要因を考えて，適宜モデル化を試みた。しかし，二つのモデルのもつ理論的含意を十分に検討することも重要である。

　この二つのモデルの違いがどのような含意をもっているかを際立たせるために，いま極端な例として，二つの経済政策オプションを考えてみることにしよう。[10] オプションAは，人口の1割にあたる高所得者層の所得を一人当たり100万円引き上げ，他の人々の所得を一人当たり10万円引き下げる効果がある政策とする。オプションBは，高所得者層の所得を10万円減らし，他の人々の所得を1万円引き上げる効果がある政策とする。さて，この想定から，オプションAによって社会全体が受ける利益は，一人当たりの所得にして，$(0.1 \times 100万) - (0.9 \times 10万) = +1万円$，オプションBの方の利益は，$-(0.1 \times 10万) + (0.9 \times 1万) = -1000円$，と算出できることになる。そこで，もし有権者たちが個人志向的な投票者だとすると，彼らは，9対1の割合で，AよりもBの政策を好むことになる。他方，もし有権者たちが社会志向的な投票者だとすると，すべての有権者は，BよりもAの政策を好むことになる。もちろんこれは極端な想定であるが，いずれにせよ，この例から明らかなのは，有権者を個人志向投票者としてみるか，それとも社会志向の投票者としてみるかによって，経済の業績評価が変わりうるということなのである。

　さて，このことは，いくつかの面倒な問題を新たに生じさせる。まず，有権者たちが個人志向的投票者であるか，それとも社会志向的投票者であるかによって，彼らの業績評価が変わりうるということは，当然，政権についている政党や政治家側の政策選択の判断へもフィードバックするはずである。たとえば，政策を決める側が，社会志向的な有権者を想定しているとすれば，経済政策を決定する際に，その政策がどのような分配効果を生むかをそれは

ど心配することはないであろう。逆に，個人志向的投票者が想定されている場合は，そうした効果を考慮に入れたうえで経済政策の決定が行われることになるかもしれない。つまり，これは，経済政策のあり方自体が有権者の性格に内生的に依存している可能性である。加えて，有権者をどう想定するかという政策決定者側の判断が，たとえばイデオロギーや支持基盤といった政権党の党派性要因によって影響されている可能性も考えられよう。これらの複雑な相互因果作用を，正確に推定モデルに組み込むことは，きわめて難しい。

　さらに，有権者たちが一律に個人志向の投票者である（あるいは一律に社会志向の投票者である）と考えることは非現実的だ，という批判も成り立つであろう。たとえば，日本を例にとっても，高度成長期とそれ以後では，有権者の性格が異なると考えることも可能である。高度成長期，とくに1960年代半ばくらいまでの日本についてよくいわれるのは，戦後の荒廃から立ち上がり，西欧の生活水準に追いつくことを目標にした，一種の国民的コンセンサスが存在したということである。そうだとすれば，当時の有権者たちは，それほど経済政策の分配効果を気にとめず，国家レベルの経済成長や社会全体の厚生水準におもに関心を注いでいたかもしれない。これに対して，生活水準がある程度までに達し，しかも公害，都市の人口過密といったような工業化のさまざまな歪みが明らかになってくると，有権者たちはより自己中心的になり，客観的な経済の動向よりもむしろ自らの財布の中身が気になるようになったかもしれない。このように，有権者の業績評価は，その時代的（あるいはその他の背景的）要因によって左右されているとも考えられる。

　いずれにせよ，これまでの業績評価モデルの実証研究では，個人志向投票モデルと社会志向投票モデルとを対立した二つのモデルとみなして，どちらの要因が投票により大きな影響を及ぼしているかを推定する実証研究が行われてきた。第7，第8，第9章では十分にできなかったが，今後の研究では，有権者を一律にどちらの型の投票者とみなす前提から出発するのではなく，有権者がどういう条件の下では，より個人志向的になり，どういう条件の下では，より社会志向的になるかを見定めるような実証分析が必要とされているように思われる。

(2) 業績評価モデルと社会心理的モデルとの論争

業績評価研究の内部でのモデルの競合とは別に，1990年代アメリカでたたかわされてきた最も重要な論争は，業績評価（投票）モデルと，ミシガン派の社会心理的投票モデルとの間の政党帰属意識（party identification）をめぐるそれである。日本では，ミシガンモデルが圧倒的に有力なためか，研究書の中で業績評価という考え方について言及があっても，経済の業績評価が有権者の投票に影響を与える「争点」の一つとして位置づけられていたりするように，業績評価モデルの理論的出自について，若干の誤解さえあるように思える。[11]

まず，業績評価（投票）モデルにおいては，各有権者が自律した合理的な政治的アクターだと前提されていることを強調しなければならない。つまり，このモデルでは，有権者一人一人が，経済の動向や暮らし向きの変化を評価する能力をもち，しかもその評価を投票という形で，政治参加の一つの行動として表現する意志を持つことが前提とされているのである。これに対して，社会心理的モデルにおいては，個々の有権者は，必ずしも自律的，合理的な政治アクターとして描かれているわけではない。むしろこうしたモデルに基づいた分析では，有権者自身の職業，学歴，イデオロギー，あるいは，彼を取り巻く社会的ネットワークや政治文化等の有権者の背景にあるさまざまな要因が，どのように彼の政治的行動を決定しているかを探ることを目的としているのである。

業績評価投票は，実際に政権についている政党や政治家たちの業績の評価に焦点を合わせた見方だという点も強調されなければならない。つまり，業績評価（投票）モデルにおいては，有権者たちは現政権の業績を「政府の業績とはこうあるべきだ」というある絶対的な基準に対して比べているのであって，そこでは，政党綱領に反映されるような政権党と他の政党との経済政策への取り組み方のちがい，あるいはそうした取り組み方について有権者たちがもっている評価の比較がモデル化されようとしているのではない。

このことに関連して，業績評価（投票）モデルが，二大政党制が定着しているアメリカで発達してきたモデルであることも思い起こす必要があるであろう。ひるがえって，このモデルを（日本のような）多党制のもとでの有権者の行動の分析へそのまま応用していいものかどうかは，改めて検討してみ

る価値のある論点である。たしかに、アメリカでは、政権党への支持および投票が、信任―不信任をより直接的に反映していると考えられるかもしれない。しかし、ヨーロッパ諸国のように、選挙制度として比例代表制が採用され、しかも連立政権が組まれることがごく普通に行われているところでは、いったい何をもって有権者たちが政権の経済運営に信任を下したとみなすのかは、かなり難しい問題である。たとえば、それは、政権についている政党すべての得票に反映されるのであろうか、それとも、経済政策に責任のある閣僚を送り出している政党の得票としてみなすべきであろうか、もし後者とすれば、経済政策に責任のある閣僚とは誰をさすのか、等々といった具合にである。(12)

さて、合理的な有権者が現政権の業績評価に基づいて自らの投票を決定すると考える業績評価（投票）モデルは、純粋には、党派性を無視したところに成立すべきモデルである。いいかえれば、分析の従属変数は、党派にかかわりなく、つねにその時々に政権にある党、あるいは政治家たちへの投票や支持であるべきである。ただし、アメリカにおける実際の多くの業績評価(投票) モデルの実証研究では、理論的純粋性を犠牲にして、モデル推定の際、業績評価の変数とともに、党派性に関する変数をコントロール変数として説明変数側に並列させている。これは、キャンベルらの古典的研究 (Campbell et al 1960) 以来のミシガン学派の一連の研究において、アメリカでは長期的に安定した有権者の「政党帰属意識」なるものが、投票行動に大きな影響を与えると論証されてきたからであり、業績評価（投票）モデルの推進者たちも一概にそうした社会、心理的要因の影響を無視できなかったからにほかならない。ところが、1970年代あたりから、アメリカにおいて、政党帰属意識は、短期的にもそれほど安定していないという実証的報告が発表されるようになり、これに伴って、政党帰属意識とは、実はさまざまな短期的な要因がその都度再生産し続けることによって成立しているのではないか、とする論考が現れはじめた。この政党帰属意識についての再検討は、さまざまな角度から行われたのであるが、その中で、現政権に対する短期的な業績評価が、有権者の政党帰属意識を形成していると主張したのがフィオリーナであった。フィオリーナ (Fiorina 1981) によれば、政党帰属意識が短期的にも安定していないのは、有権者が現職の大統領の業績を評価し、その評価に基づいて、

その都度自らの政党への帰属意識，あるいは支持を再調整しているからだ，と主張した。[13]

　フィオリーナのモデルは，業績評価（投票）モデルを理論的に徹底化したものだということができよう。それまでのモデル化では，政党帰属意識なるものによって測られる有権者の党派性は長期的要因として，他方，業績評価は短期的要因としての（したがって後者を推定する場合には前者はコントロール変数としての）位置づけがなされ，ミシガン学派と業績評価（投票）モデルは，少なくとも実証の段階においては共存していた。しかし，フィオリーナは，有権者の党派性自体も，短期的業績評価の積み重ねられたものであると主張することにより，業績評価（投票）モデルを，理論的に整合性の高いレベルで，再構築しようとしたわけである。当然の成り行きとして，彼のモデル化は，その後，ミシガン学派側からの反論を招くことになった。

　この反論を展開する上で，中心的な役割を果たしているのがグリーンである。[14]ただし，グリーンらの反論は，フィオリーナだけにむけられたわけではなく，政党帰属意識に関する「修正主義的」再検討全般に向けられている。まず，グリーンとその共同研究者たちは，こうした再検討のきっかけになった「政党帰属意識が安定していない」とする実証報告に疑問を呈する。彼らによれば，これらの実証報告はサーベイデータに固有の測定誤差を勘案せず，したがって政党帰属意識の安定性を過小評価している，という。もちろん，サーベイデータに測定誤差があるということ自体は，目新しい指摘ではないが，グリーンたちは，実際にその測定誤差を統計的手法によって推定している。この推定には，少なくとも3波にわたるパネルが必要で，グリーンらはこの要件にかなう各種のパネルサーベイデータを分析し，これまで報告されているような，業績評価，候補者評価，争点といった短期的要因によって引き起こされる政党帰属意識の揺らぎが無視しうるものである，と結論するのである。次に，グリーンらは，こうしたパネルサーベイデータによって再確認された政党帰属意識の安定性と，パネルではないクロスセクショナルなデータを時系列に並べることによって確認されてきた政党帰属意識の非安定性とが，必ずしも矛盾する実証結果ではない，と論を進める。グリーンらによれば，たとえ（何らかの尺度で測った）政党帰属意識の平均値が変化したとしても，それ自体は，個々の有権者のイデオロギー的位置に影響することな

く起こりうる現象だという。たとえばウォーターゲイト事件は、すべての有権者の共和党離れを促進したかもしれないが、このような有権者全体の分布を揺るがすような現象は、必ずしも有権者一人一人の政党帰属意識の通時的な相関に影響を与えるとは限らない、というわけである。

グリーンらの（再）批判に対して、フィオリーナら業績評価（投票）モデルの推進者からは、現時点までのところ、体系だった反論が出されていない。周知のように、グリーンは、業績評価（投票）モデルがその一部をなすいわゆる合理的選択理論のパラダイムに対して、実証研究者の立場から根本的な疑義を唱えた張本人の一人である。[15]このことからも察せられるように、彼（とその共同研究者たち）が提起した問題は、行動論的政治学研究の進歩を方向づけていくだけでなく、政治学全体のあり方をも左右する重大な問題だといえるのである。

第III部においては、フィオリーナ的な極端な立場は取らずに、政党支持を媒介変数やコントロール変数として含む「中庸」なモデル化を試みた。これまでの日本の政治意識研究、投票研究において政党支持が占めてきた中心的な役割にかんがみて、これは適切であったと考える。しかし、将来の研究においては、政党支持という変数そのものを業績評価その他の要因によって内生化する究極のモデル化も、視野においていく必要があるように思われる。

6．おわりに

以上、主にアメリカにおける研究動向を紹介しながら業績評価モデルの問題点を整理してきた。それをふまえて結論としていえるのは、行動論的政治学研究が1980年代以降大きく変化してしまったということではないだろうか。従来までは、投票モデルといえばミシガンモデルのことをさし、行動論的研究とは、有権者に影響を与える社会的、心理的要因を見極めようとする知的営為と同義に考えられてきた。しかし、今日の学界を展望するとき、こうした従来からのモデルは、一つの行動論的モデルであったとしても、それが唯一のモデルである時代は過ぎ去ったように思える。もちろん、複数のモデルが競い合うことは、結果的に研究の水準を底上げすることになり、歓迎されるべきことである。

こうした理論モデルの競合が、つねに、データに基づいてその優劣を見極

めようとする実証研究を伴いつつ育まれるものであることはいうまでもない。そのためには，アメリカのように，さまざまなサーベイデータの公開が進み，研究の再現可能性（レプリカビリティー）が保証されている環境が整っていることが大前提である。日本の行動論的研究を顧みるに，こうした環境は，少なくとも最近に至るまで確立されていたとはいいがたい。サーベイを行うのにはたくさんの研究費が必要で，予算の獲得に成功した個々の研究者たちが自らのデータを大事にしたい気持ちはわからないではないが，これからは，どのようにして集められたデータにせよ，それは公開することを原則とし，しかもその公開の時期をできる限り早めるというルールを研究者たちの間で自覚的に確立していかなければならない。この意味からして，本書で使った時事データが，時事通信社によって，公開されていることは，われわれとしてはうれしい限りである。

　ところで，モデルの競合とともに，行動論的政治学研究が，よりテクニカルな方法論的次元において，とくにここ十年の間に飛躍的な進歩を遂げてきたこともあらためて強調しておかなければならない。たとえば，クレーマーの論文が示唆したような，測定誤差が推定に与えるバイアスは無視しえないものである可能性が高いが，従来までの行動論的研究では，分析を進める上で測定に誤差が生じるのは仕方がないこととして，見て見ぬふりをすることが多かったのが実状である。しかし，最近では，たとえばグリーンのように，測定誤差自体を統計的な工夫を凝らして推定し，粘り強くそのバイアスの方向性や規模を明らかにしていこうとする研究者たちが増えている。残念ながら，本書においては，こうした努力をするまでには至らなかった。われわれとしては，日本の次世代の研究者たちが，このような課題を乗り越えて，より優れた研究をすすめてくれることを祈るばかりである。

　アメリカにおいて質の高い実証研究が行われている背景には，たとえば何波にもわたるパネル調査が多数行われているというように，データ自体の質や取得可能性に関する事情も存在する。先述した研究者間の協力体制の構築とならんで，質の高いサーベイデータがより多く，より定期的に集められるような環境が日本において整うことを願いつつ，本書が日本の行動論的政治学研究のより一層の進展に貢献するとすれば幸いである。

注

第1章

（1） なお、これ以降本書においては、このモデルの呼称として「業績評価モデル」という訳語を当てたい。英語では、voting という語が入るので、「業績評価投票モデル」という訳語が正しいが、以下（とくに第Ⅲ部）における分析においては、実際の投票だけでなく、政権与党に対する支持をも従属変数として用いているので、「業績評価モデル」と統一することにする。

（2） 各調査ごとのサンプル数、調査日など、調査方法に関する詳細については三宅（1994）、248-54頁を参照されたい。

（3） 時事通信社はこれまでにこれらの集計値を2回にわたって体系的に報告している。その第一は、1960年から1981年までの分をまとめた、時事通信社・中央調査社（1982）であり、その第二は、1981年から1991年までの分をまとめた、時事通信社・中央調査社（1992）である。この二つの分厚い報告書には、そのはじめに何人かの学者による「分析と解説」という部分がつけられているが、そこで用いられているのは、すべて集計データである。

（4） ただし、本書でわれわれが使用したデータは、1964年1-3月、1970年2-7月、1971年4月-1975年3月、そして1986年1月以降（分析対象の終わりである1993年7月まで）、という期間に限られている。このうち、1975年3月までのデータの出所は、アメリカコネチカット州ローパー・センター、それ以降の分はすべて時事通信社である。

1960年代から1970年代にかけてのデータがバラバラであることには、次のような理由がある。この時期、アメリカの大学データバンクの強い要請もあり、総理府のイニシァティブで、日本の調査機関がアメリカにデータを送った。ところが、このころのデータには今日の技術的な規準から見て、二つの問題があった。一つはデータ媒体がカードであったということである。カードは紛失しやすく、保管状態がよくないと劣化し、カードソータを通らなくなる。おそらく、当初は1960年代のデータもすべて送られたと推測するが、現在ほとんど存在しないのはこのためであろう。第二の問題は当時、記憶容量を節約するため、現在は変換を必要とする形式（コラム・バイナリーなど）で記録されたということである。変換が大変であることが、長らく倉庫に放置されていた理由であろう。ローパー・センターに日本のデータがあることを知った三宅は、1984-1986年の文部省科学研究による特定研究「多目的総合統計データバンク」の援助を得て、ローパー・センターと交渉のうえ、データを買い取った。その上で、10年近い歳月をかけて現在

使用されているパーソナル・コンピューターで使えるように変換をした。現在，このデータは，ローパー・センターから入手できるが，日本の大学のデータバンクからも入手できるようになった。もちろん，時事通信社には元のデータが磁気テープで保管されており，60年代のデータも含めて，使用料を払えば入手できる。変換されたローパー・データの有効活用を目指して，われわれの研究は始まった。

なお，1991年から1993年までのデータについては，「筑波大学多目的統計データバンク」より入手した。さらに，現在に至る時系列データとするために，サントリー財団の援助で，当時の時点（1991年）から5年遡った1986年から5年分のデータを購入した。データ入手に関するより詳しい経緯については，本書「あとがき」も参照されたい。

（5）ちなみに，新聞社の世論調査の個人回答票は，これまでのところデータとして公開されていない。われわれの税金と放送受信料で運営され，公共性が一段と高いと考えられるNHK（日本放送協会）が，みずからの保有するさまざまな調査データを公開していないのは，残念である。

第2章

（1）質問項目の詳細については，第1章第5節に添付したリストを参照頂きたい。

（2）時事通信社は，1963年11月に一度だけ臨時に共産党支持率を調査している。

（3）中選挙区制と多党化との関係については，河野(1994)，および Kohno (1997b) を参照。日本の国会の制度的特色と中道政党の影響力との関係をとくに扱った研究は少ない。とりあえず，Mochizuki (1982) を参照。

（4）「55年体制」の変容を，このように把握した論者は多い。たとえば，内田（1983），田中（1996）などを参照されたい。なお，この変容についての詳しい解説は，第4章を見よ。

（5）石川(1978)。なお，石川は，この考えを新書として著した石川(1984)，およびその改訂版である石川(1995)の中で繰り返してきた。本文における石川からの引用は，すべて最新の石川(1995)によることにした。

（6）ただし，石川は，自分の議論が1970年代以降も一貫して減り続ける農業人口に変化の原因を求めるものでないことを強調している。なお，自民党の支持率の変化と，高度成長の帰結としての産業別就業人口の変化とを関連づけた初期の論考には，政治家石田博英の有名な論文（石田 1963）がある。石川にせよ，石田にせよ，調査データを用いているわけではなく，人口移動仮説は「常識的理解」として受け止められてきた割には，実は，実証的基盤が弱い。高度成長期における社会変動と革新化との関係を調査データを用いて分析した稀有な研究としては，White (1984) がある。しかし，そこでは，以下に取り上げるような問題は直接取り扱われていない。

(7)　たとえば，阿部ほか (1990)，122頁，Okimoto (1989), pp.189-190.
(8)　図2-1において，自民党支持率は，64年の後半から一時連続的に下降していることが見てとれるが，この時期は，政党支持に関する質問の選択肢に公明党がはじめて加えられた時期と一致している。したがって，ここでの変化は，データ処理上の測定誤差を反映している可能性があり，残念ながら，その原因を特定化することはできない。
(9)　以下の議論は，Kohno and Fournier (1998) に詳しく展開されている。
(10)　石川 (1978)，とくに35-42頁。ところで，石川は，この本の他所で朝日新聞社の全国世論調査をも駆使しており，しかもこうした世論調査に基づく政党支持率データの長所を認めている（第4章）。ただし，石川が提示する朝日のデータによっても，高度成長期の前半に「直線的」に自民党支持が低下したことは見出されない。いいかえれば，世論調査と選挙結果との不一致は，当初から見出されていたにもかかわらず，長い間不問に付され，後者に基づく「人口移動」仮説のみが独り歩きして，通説として広く信じられてきたといえる。
(11)　この点については，河野 (1994) 参照。
(12)　念のため断わっておけば，石川の分析では，「自民党」ではなく，保守系無所属を含めた「総保守」が分析の対象となっているが，「自民党」の得票率の低下の軌跡と「総保守」全体の得票率の低下の軌跡には高い相関があり，この違いは，分析上まったく影響を及ぼさないものである。
(13)　ここで成り立ちうる反論は，自民党の候補者の絞り込み自体が，非政治的な要因，すなわち「人口移動」によって保守支持基盤が侵食されたことを反映している，という議論である。しかし，図2-6にみるように，候補者の絞り込みによって，自民党の候補者の当選率が顕著に上がったこと，しかもそれにより自民党が議席率の低下を食い止めていたという事実がある以上，こうした候補者調整がまったく非政治要因によるものだったとは考えにくい。さらに，自民党が，二つの保守党の合同によって成立した政党であったことも，十分強調されなければならない。自民党の候補者の絞り込みが一段落するのは，1969年以降で，これは，ちょうど民社，公明という中道勢力が出そろい，多党制としての政党システムの均衡が達成された後である（政党システムの均衡については，河野 (1994) 参照）。それ以降（少なくとも1980年の同日選挙まで），自民党は，得票率の低下に歯止めがかかったにもかかわらず議席率を減らしている。このことは，自民党候補者の当選率が下がったことにも現われており（図2-6参照），「民心の自民党離れ」は，むしろこの時期に集中して起こったとさえ解釈することもできる。なお，この解釈は，時事データの政党支持率にみる自民党支持の変化とも整合性がある。
(14)　以下につづく議論では，暮らし向き感覚の変化が政府に対する業績評価を反映しているという前提にたつ。この点については，第7章を参照されたい。なお，

人々の暮らし向きの変化には，政府の経済政策にその責任が帰せられるべき部分とそうでなく個人的事情による部分とがあるので，この前提には方法論的問題がある。この点については，第10章を参照されたい。
(15) 暮らし向きについての質問に関しては，しばしば「変わらない」と「よくなった」を合わせてポジティブな回答とみなすことがある。というのは，この二つの回答は，他の変数との関係においても似ているからである。しかし，ここでは，「よくなった」回答の変化にも注目したいので，三つのカテゴリーとして扱うことにする。
(16) では，なぜ社会党は健全野党として成長できなかったのであろうか。この問題については，Kohno (1997a) 参照。
(17) ベストセラーとなる『日本列島改造論』が売り出されたのは，自民党総裁選の直前であった。

第3章

(1) 山口 (1985), 83-85頁。
(2) 日本政治学会 (1979)。
(3) Sartori (1976) を見よ。
(4) たとえば，Linz (1975) 参照。
(5) もっとも，この後者の意味での「55年体制」については，研究者によって異なるさまざまな規範的ニュアンスや理念的バイアスが入り込む余地があった。たとえば，自民党政権下における政治運営のあり方を，自民党と野党との対決としてみるか，協調としてみるか，あるいは馴れ合いとしてみるかによって，「55年体制」の評価は変わってくるであろう。同様に，政策決定における自民党の役割を，官僚主導を補足するものとしてとらえるか，あるいは官僚の行動をコントロールするものとしてとらえるか，あるいはより露骨な利益誘導的なものとして位置づけするかによっても，思い浮かべる「55年体制」のイメージは，おのずと異なる。なお，この点については第6章参照。
(6) 事実，新聞記者の証言などによると，保守合同がなされた直後の時点で，自民党がこれほどまでに長期政権を担う政党として定着し発展することを予測したものはいなかったことが知られている。当時は，保守陣営が，政党再編を繰り返しており，民主党と自由党との合同も，そうした一連の合従連衡の動きの一局面にすぎないと思われていたのである。後藤ほか (1982) などを参照。
(7) 前者の代表は Lipset and Rokkan (1967) であり，後者の代表は Duverger (1963) である。なお，政党制の決定要因に関するさまざまな理論については，岩崎 (1999) が手際のよい解説を行っている。
(8) たとえば Reed (1990), Cox (1997), Kohno (1997b), Reed and Bolland (1999)

などを参照されたい。なお、この選挙制度の効果を自民党優位と直接結びつける見解をうち出している例外的な研究は、Ramseyer and Rosenbluth (1993) である。
(9) 永井 (1978)、坂本・ウォード (1987)、五百旗頭 (1985) などを参照。
(10) 大嶽 (1986)、大嶽 (1988)。

第4章

(1) 優位政党を一言で表現し、かつ操作化が容易な概念は「統治政党」であろう。ほとんどの有権者が一つの政党のみが「統治政党」だと認めれば、その政党が優位政党である。だが、この表現は一党優位制が成熟に近づいてから一般に使われるようになったので、長期にわたるデータがない。
(2) 政党支持と内閣支持以外の集計データは、時事通信社の「時事世論調査特報」、総理府刊行の「世論調査」「世論調査年鑑」に見られる。
(3) 「時事データ」では、次の10カ国から「好きな国」と「嫌いな国」をそれぞれ三つまであげさせている。アメリカ、ソ連、英、仏、西独、スイス、インド、中国、韓国、北朝鮮 (1970年5月)。
(4) サンプル数（計画）は1971年3月まで1250、それ以後、2000である。
(5) 1964年と1970年代の個人データはローパー・センター所蔵のもの、1980年代の個人データはサントリー財団の財政援助により、時事通信社より使用権を得た。
(6) 日本人にとって、アメリカの対極はソ連であった。日本人のソ連嫌いは極端である。ソ連好きは全期を通じてほとんどなく、ソ連嫌いは総平均、41.5％になる。最低は、1974年2月、石油危機時の19.9％、最高は83年9月、大韓航空機撃墜事件による68.2％である。社会党支持者の中にもソ連嫌いが非常に多い。
(7) 調査項目の％の変化は、ほとんど、その前月に起こった事件によって、理解できる。しかし、変化をもたらすのは個々の事件だけでなく、大きな時代の流れもある。高度成長の結果としての富裕化、環境の悪化による不満など、個々の事件に帰せられない、流れである。だが、これらについては多くの研究書や歴史書で言及されており、ここではむしろ個々の事件に対する有権者のすばやい反応を強調するために、意図的に個々の事件との関連を取り上げた。
(8) このほか「支持なし」がある。時事調査の政党支持の質問文には、「支持なし」にも後述のように三項目があり、全体として支持なしが多く出る傾向がある。支持なしは1970年頃約3分の1に達し、1975年以後45％前後を占めているので、無視することはできない。与野党支持率比較では支持なしは当然無視されるが、選挙には投票するのだから、かくも大きい勢力を無視することはできない。幸い、この調査では支持なしを「保守系」「革新系」「支持なし」に三別しているので、保守系を自民党に、革新系を野党に入れて、与野党比率を計算してみよう。革新

系支持なしが保守系よりやや多いので、比率は少し下がる。1を割るのは15回になる。1971年7月以降と、1973年と1974年はすれすれまたは逆転がより多くなる。
(9) 朝日新聞社政党支持調査によると、1971年から1977年（参議院選挙まで）までの期間に実施した15の調査のうち、10で与野党逆転している。
(10) 全野党をまとめたグループでみても、革新系野党のみのグループを取っても、社会党支持者だけの場合とほぼ同じ傾向を示している。
(11) インド好きも未分化な感情で、アメリカ好きとも、アメリカ嫌いとも両立していた。
(12) 富森は1980年ごろで一党優位制を前後に分ける。そのあたりで自民党支配システムが変質するのだという（富森 1993）。
(13) 基本的国内政策に関する対立の変化が、外交路線に関する意識パターンの変遷と矛盾しないか、検討する必要がある。だが、長期にわたり継続しているデータは少ないし、あったとしても、時系列の％だけで、支持政党別クロス集計を得ることはまず不可能である。

　「時事データ」の国内政治の項目は、内閣支持不支持と暮らし向きと景気の動向についての有権者の認識である。前者は首相の人気・不人気によって、後者は経済動向に釣られて動きが早く、基本的国内路線に対する意見とは言いがたい。基本路線の対立は資本主義か社会主義か、あるいは福祉国家路線か自由主義経済かの対立であろうが、この対立軸に関する満足できる時系列データはない。的場（1986, 315）は国内政治の基本路線として「高度成長路線」をあげている。しかしこれは前期にしか当てはまらない。

　基本的路線そのものではないが、優位政党の経済政策の結果と解釈できる「生活満足度」が代替指標として役立つのではなかろうか。総理府の「国民生活調査」によると、50年代末より、生活満足と不満足には大きな差（ほぼ60％対35％）が見られた。この差が接近し始めたのが1971年であった（57％対41％）。石油危機時にはさらに接近し、一時は同率となるが、1977年には10年前の状態に戻る。現在は数％だが差が一層拡大している。この指標と政党支持との関連性のデータはないが、優位政党と野党の国内政策上の人気・不人気を代表しているとすると、前節での意識パターンの変遷と矛盾しない。
(14) 自民党の優位政党としての正当化にとっての弱点は、よく指摘されるように、憲法との関係であった。その綱領には憲法改正が掲げられ、復古的憲法改正を主張する強い勢力を内部に抱えていたからである。ところが、議席数のうえでも憲法改正の可能性がなくなり、有権者の多数意見も、たとえば、「第九条は遵守、自衛隊は合憲」というきわめて現実的意見となることによって、自民党体制と憲法との衝突がひとまず回避された。「通常過程」以後の世論調査データによると、「変容過程」期の1調査を例外として、「自衛隊は合憲」とする人が、「自衛隊は違憲」

と答えたひとの2倍を越えている（NHK 放送世論調査所 1982, 174)。

第5章
(1) 研究の完全なサーベイはないが，真鍋（1984）は比較的多くの文献を引用している。欧米に関しては，EU 諸国民の他国に対する信頼度を決める要因として，イングルハート（1991）は，(a)文化的親近性，(b)歴史的経験，(c)経済発展度の三つをあげている。
(2) 戦前の世論調査によると，好きな国は，同盟国のドイツとイタリア，それに大東亜共栄圏の諸国である（堀 1977)。
(3) 「自由陣営」「共産陣営」というラベルは，「時事データ」で一貫して用いられているので，本章もこれに従っている。
(4) 1978年以来調査を重ねている総理府広報室による「外交にかんする世論調査」によっても，中国に「親しみを感じる」人は，天安門事件まで，アメリカに次いで高かったが，天安門事件で急降下したことは明らかである。天安門事件の前後2回，日本人の中国観を調査した真鍋（1995）も参照されたい。
(5) 時事月例調査では「中国」という呼称が使われるのは1971年11月からで，それまでは「中共」が使われていた。「西独」は東西ドイツ合併によって1990年「ドイツ」に，「ソ連」は解体により1991年「CIS」に変更された。
(6) 好きか嫌いかだけでなく，その程度を聞く質問に対する回答によると，違ったパターンが現れることがある。たとえば，ドイツとフランスの間に大きな差がないというデータが存在する。
(7) 伸び縮み率の標準偏差は，最大の米国で2.92，最小の韓国では0.66で小さい。
(8) 基本要因のカテゴリーの解説をしておきたい。「性別」はいうまでもなく男性，女性の2カテゴリー，「学歴」は初，中，高の3カテゴリーである。「年齢」は，70年代までは10才刻みの5分類，80年代からは5才刻みの11分類である。「帰属陣営」（自由陣営，共産陣営，中立志向の3カテゴリー）は全時期共通であるが，支持政党のカテゴリーは時期により異なる。60年代は，自，社，民社，その他，保守系，革新系，支持なし，の7分類であったが，70年代に，共産，公明の2党が加わり，9分類となり，80年代に，新自由クラブが加わり10分類になる。90年代には新自由クラブが消滅し再び9分類に戻る（第2章参照)。なお，欠損値（わからない，不明など）は計算から除外されている。
(9) 好きな国として選択されていれば1を，嫌いな国であれば－1を，どちらでもなければ0を与えた新しい変数を作成し，主成分分析を行うという方法も試みたが，とくに良い結果は得られなかった。
(10) 鄭（1995）も韓国イメージの変化の時期を1984年としている。
(11) 最近のソ連嫌い最低率は，ゴルバチョフのノーベル平和賞受賞後にあたる

1990年11月の28.5%である。

第6章
（1） もちろん有権者の政府や政治家に対する「業績評価」は，経済以外の分野においてもおこりうるはずであるが，経済変数の方が比較的測定しやすいこともあって，研究者たちは，主に政治と経済の業績評価との関係にずっと着目してきた。本書もそれにならう。
（2） このモデルの呼称（日本語訳）については，第1章注1を参照。
（3） これらの先行研究は，平野（1998）が手際よく整理している。
（4） 平野（1998），31頁。
（5） プルーラリズムからの反論には，実に多くの研究を含めることができる。ここでは，代表的なものとして，村松（1981），Mochizuki（1982），佐藤・松崎（1986），猪口・岩井（1987），Kabashima and Broadbent（1986）をあげておきたい。
（6） したがって，業績評価モデルを厳密に組み立てる上では，有権者が政策の成功・失敗の責任の所在をどこに置いているかを問うことが必要である。すなわち，たとえば，有権者が経済運営での政府責任の認知において，与党，国会，官僚，あるいはその他のアクターをどう差別化しているかを実証的に確認した上で，モデル化をはかることが理想である。残念ながら，次章以下の分析においては，こうした認知の問題はデータの制約もあって，十分に扱われておらず，今後の検討課題として指摘するにとどめたい。

第7章
（1） この議論は，けっして新しいものではなく，フィオリーナ自身が指摘するように，Key（1966）の賞罰理論を原型にしている（Key 1966）。
（2） 一部の例外とは，後に紹介する小林良彰（1991）による実証分析である。
（3） ステップ1は，フィオリーナの「直接的経験に基づく業績判断（simple retrospective evaluation）」に近いものである。もちろん，フィオリーナが指摘する「間接的経験に基づく判断（mediated retrospective evaluation-MRE）」の可能性を著者は排除するつもりはない。厳密な概念的区別にデータが対応できないので，ここではモデルにそれを明示的に含めていない。ただし，MREも客観的経済状況に裏付けされたものでなければならないので，ステップ1がMREを含んでいると考えて差し支えないと考えている（Fiorina 1981, 80）。
（4） 第4のシニシズムについては，スキャンダルや派閥抗争と関連が強いので，その点については，短期的説明要因と言うこともできる。
（5） データは，Nikkei Telecom Japan News & Retrievalよりダウンロードし

た。例外的に，データの揃っていないケースがある。その場合には，前後のデータの線形挿入によって補った。
（6）　消費者物価指数と卸売物価指数については，とくに季節性は認められなかったので，趨勢（トレンド）の除去のために，1月の階差変換を行っただけである。
（7）　それぞれ，ARIMAモデルの一般的な表記法によると，ARIMA (0, 1, 2)・ARIMA (0, 1, 1) となる。なお，モデルの確定には，Hoff (1983) を参考にした。
（8）　その他，アメリカを中心とした投票行動の決定要因に関する業績については，R・ニーミとH・ワイズバーグが要領よく整理している (Niemi and Weisberg 1993)。また，日本人の投票行動についての議論としては，(三宅 1989) を参照のこと。また，政策評価の投票への影響を指摘するものに，たとえば，MacKuen, Erikson, and Stimson (1989)，また，日本の選挙についての争点選挙については，蒲島 (1986a)，西澤・河野 (1990) などを参照。

第8章

（1）　記述的な説明の例としては，猪口 (1981；1992)，池田 (1992) などがある。
（2）　この点の視覚的な説明は，前章を参照。
（3）　業績評価と経済評価は厳密にいうと理論的には区別してそのメカニズムを議論するべきであるが，実証的に用いることのできるデータが，それほど厳密な議論に耐えうるとは期待できないので，ここではあえて区別せずに扱うことにする。この議論については，平野 (1998) が詳しい。
（4）　時事通信社が公表している内閣支持率は，回答者全員を分母にして，そのうち現行内閣を支持すると答えた人の比率である。ところが，回答者の中には内閣支持についての質問に答えない人（「答えない」・「わからない」）を含んでいる。これらの回答者は欠損値として扱い，分析から除外するのが一般的な処理方法であるのに，時事データの場合はそのような処理をしていない。つまり，本来の数字より分母が大きくなっているぶんだけ，時事通信社の内閣支持率は低く推定されているはずである。その点，解釈に注意がいる。

　なお，ここで用いたデータでは，各内閣の発足月とデータの月とが一致しない場合がある。それは，当該月内の調査日と内閣発足日との前後関係による。内閣発足日より前に調査日が来ている場合は，次の月のデータを当該内閣の最初の月としている。その一つである池田内閣をとって見よう。池田内閣は1960年7月19日に発足しているが，その月の調査は10日から12日までの間で実施されている。つまり，1960年7月のデータは，池田新内閣に対する評価ではなく，その前の岸内閣の最後の評価ということになる。したがって，ここでは60年8月データを池田第1月と扱っている。

　調査中に内閣が代わった場合の扱いが難しいが，それに該当するケースは，大

平の死後に代行を務めた伊東正義と海部内閣がある。伊東の場合，1980年6月12日に大平が死亡し，即日，伊東が代行となる。ところが，定例調査は10日から13日の間に実施されている。他界している人に対して評価することはできない。ところが，伊東は歴代内閣には数えない。そこで，とりあえず，80年6月データは大平に対する評価と便宜的に解し，80年7月データのみを「伊東内閣」と扱っている。また，海部内閣については，月例調査の始まる1989年8月10日に発足している。3日間にわたって行われた調査の間（とりわけその前半）に，内閣交代が回答者に周知されたかは実証的に検討が必要ではあるが，ニュースの性格上，大多数が知っていたと判断して，89年8月データを海部の第1月と扱った。なお，内閣の成立日などについては，内閣制度百周年記念誌編集委員会編(1985)，内閣制度百十周年記念誌編集委員会編(1996)を参考にした。

(5) 分析手法の詳細については前章第4節(2)を参照。

(6) 注(4)にあるとおり，調査期間は，通常，毎月10日から13日である。調査終了後に改造が実施された場合は，翌月を「該当月」と扱っている。

(7) 同様に，当該月の第1日から調査期間の最終日までに選挙日が実施された場合は，前月を「選挙月」として1を当て，当該月は0にコード化した。

(8) モデルの確定には，Hoff (1983)を参考にした。

(9) 時事通信社の「時事世論調査特報」には，支持政党別に内閣支持率などについての集計値が公表されているので，部分的にはそれを利用することができる。

(10) なお，三木内閣と竹下内閣の間でデータがとぎれるが，両内閣間の関連を断つために，データマトリックス上の両内閣の間に空白のケースを二つ挿入した。竹下内閣の自己回帰係数を算出するに当たって，実際には関連のない三木内閣のデータを利用することを回避するための手段である。

(11) すでに指摘したとおり，時事通信社の内閣支持率は，その母集団に本来欠損値となるべき回答者が含まれている。ここで，支持政党別の内閣支持率については，「わからない」・「無回答」は分析から除外して支持率を集計している。したがって，時事の内閣支持率より全般に高い数値となっている。その点を確認する目的で，田中内閣については，全体の内閣支持率も表示している。

(12) 支持なしグループの「世間の景気」については，危険率が9.1%と，通常用いられる5%水準を大きく上回っている。したがって，この項目を「有意」とすることに疑問をもつ読者もあるかと思う。ところが，同じ項目についての他の2グループの危険率に比較すると，圧倒的に確からしいことから，ここでは「有意」とした。

(13) 非自民・支持なしグループで「自民党支持率」が有効であることについてすでに触れたが，このアプローチの限界とも関係があるだろう。

第9章

（1）ここで自民党支持とは，支持態度であって投票ではないことに注意しておきたい。投票（とくに衆議院議員選挙での）となると候補者の業績と政府の業績の違いなどの問題が生じる（三宅 1989）からである。

（2）包（1995）はこの時事データを用いた体系的分析である。彼は，政党支持と主観的経済評価の間には，政党支持と職業の強い関連をコントロールしても，常に関連が見られることを明らかにした。全データによる政党支持，職業，経済評価の3変数の対数線形モデルによる分析でも，またデータを1年ごとにプールして同じ分析を繰り返した場合でも，同じ結果を得ている。彼は，経済評価の効果の程度と景気の動向との関係についてまでは言及していないが，彼の詳細な分析結果はよい資料になる。しかし，ここから何らかの法則を読みとることは難しい。景気変動の局面と年次の進行とはもちろん一致しないが，どの年次が好況でどの年次が不況であったと大ざっぱに言うことはできる。包は，各年次が経済状態がよい年であったか悪い年であったかには関心を持たなかったが，彼の年次データから，経済状況，政党支持，経済評価変数の関連を推定できる。

（3）最近の紹介論文として平野（1998），ここで紹介した論文の他に，川人（1988），小林（1991）などがある。

（4）平野はそれぞれ「社会志向経済（投票）」「個人志向経済（投票）」と呼んでいる。この二つのモデルについては平野（1998）を参照。

（5）「暮らし向き」は「大へん楽になった」「やや楽になった」を合わせて「よくなった」とし，「大へん苦しくなった」「やや苦しくなった」を合わせて「悪くなった」とした。「物価動向」は「落ち着いたと思う」と「いまより下がると思う」を合併し，「上がると思う」と対照させた。「世間の景気」は「確かによくなってきた」「ややよくなってきた」「変わらないと思う」を合わせ，他方，「やや悪くなってきたと思う」と「確かに悪くなってきたと思う」を合わせた。いずれも欠損値（わからない，回答なし）は計算から除外した。

（6）自民党支持は支持しているかどうか，評価変数も「よくなった」「変わらない」（「物価動向」は「落ち着いた」「下がると思う」）を合わせて「よくなった」としてまとめた1，0変数である。

（7）オッヅ比,2.0は自民党支持者が経済評価で悲観的であるよりは楽観的である傾向が，非自民党支持者の同じ傾向に対して2倍強いということを表す。

（8）実は経済評価スコアはこの期間均一ではなく，最初の3ヵ月は平均0.7くらいだが，それに続く4ヵ月平均は0に近い。回答者の経済評価は急速に低下していたのである。この期間はこのように二つに分けて分析するほうがよい。

第10章

(1) たとえば，各国の死刑執行の頻度と殺人事件の頻度との相関関係を分析することから死刑を適用することの抑止効果を推定したり，さまざまな地域の大気汚染の状況とガンにかかる割合の調査から大気汚染が個人の健康にどう関わるかを論じたり，というのがその例である。

(2) Achen and Shiverly (1995) は，生態的誤謬とそれをどう乗り超えるかを政治学者たちが論じたテキストとして優れている。また，キング (King 1997) は，下位ユニットの集計データを駆使することで，上位ユニットの集計データの生態的誤謬から解放される可能性を論じている。ただし，後者については，すでにさまざまな批判がなされている。こうした批判については，河野 (1999) や Cho and Gaines (forthcoming) を参照。

(3) これらの先行研究は，平野 (1998) が手際よく整理している。なお，平野自身も，1992年，1995年，そして1998年の各参議院選挙時のデータを分析し，そのそれぞれの場合において，景気と暮らし向きの相対的効果のパターンがまったく一致していないことを報告している。平野 (1994；1996) および Hirano (1999) を参照。

(4) もちろん，第一項についても，次のようなことがいえる。(1)もし暮らし向きの変化のうち，政府の経済運営に帰せられるべき部分が比較的少ないとすれば，分散 (G_t) は分散 (Y_t) よりも小さいことになり，また，(2)もし政府の経済運営に帰せられるべき暮らし向きの変化とそうでない部分の変化とが逆方向に働くようになっている場合には，共分散 (G_t, E_t) は負であることになるが，これらはいずれも推定係数の絶対値に下方向にバイアスをかける効果を生むはずである。

(5) この点に関連して，三宅一郎 (1995, 162-164) は，JES 調査データに基づいた分析で，内閣業績評価と投票との一致率に対して，暮らし向き変化の政府責任と投票との一致率のほうが高いと指摘した。ちなみに，内閣業績評価は「中曽根内閣のこれまでの実績についてどう思われますか」という質問への回答，暮らし向き変化の政府責任は（「一年前と比べて暮らし向きはよくなったか悪くなったか」という先行質問の後の）「暮らし向きの変化には政府の責任はどのくらいあると思いますか」という質問への回答を反映したものである。

(6) なお，マークスは，同じモデルを使って，1988年の大統領選挙まで分析の期間を延ばした論文 (Markus 1992) を後に発表している。

(7) この点に関して，Kiewiet and Rivers (1984) が，クロスセクショナルなデータを単純にプールするだけでは，測定誤差によるバイアスがなくならないことを証明し，強調していることを参照されたい。

(8) もちろん，業績評価モデルの多様性は，この二つのモデルの違いだけを反映しているのではない。詳しくは，Kiewiet and Rivers (1984) や，平野 (1998)

を参照。
(9) なお，日本についての研究で，個人志向投票モデルと社会志向投票モデルの優劣を検証する試みは，リードとブランクによってなされている (Reed and Brunk 1984)。しかし，彼らはこの論文の中でアグリゲートな経済変数しか用いておらず，そのようなデータの分析から両モデルの優劣を検証することはできない。彼らの検証は，経済状況が良い時の有権者の行動についてこの二つのモデルが異なった予測をするという主張に基づいているのであるが，これは，不可解な主張というほかない。好景気，不景気にかかわらず，経済全体のシフトが一律に個人レベルの財布の中身に影響を及ぼすことはありえないからである。
(10) この例の出所は，Markus (1988, 139)
(11) ちなみに，業績評価投票モデルの推進者たちの多くが，California Institute of Technology に在籍した経験がある研究者たちなので，これをミシガン学派に対抗する「カルテク学派」と呼ぶことさえある。
(12) 残念なことに，こうした論点を体系だって追求した研究は，これまでのところきわめて少ない。とりあえず，Lewis-Beck (1986)，および Brady, Lohmann, and Rivers (1997) などを参照されたい。
(13) なお，他の研究者たちによる政党帰属意識再検討に関する文献は，グリーンとポルムクイストの共著論文 Green and Palmquist (1990) に紹介されているので，それを参照されたい。
(14) Green and Palmquist (1990), Green and Schickler (1993), Green and Palmquist (1994) など。グリーンは，最近アメリカ以外にも実証の対象を広げ，政党帰属意識が他の先進民主主義国でも同様に安定していることを報告している。Schickler and Green (1995) 参照。
(15) Green and Shapiro (1994) 参照。

引用文献

阿部斉・新藤宗幸・川人貞史 1990.『概説現代日本の政治』東京大学出版会.
Achen, Christopher H. and W. Phillips Shiverly. 1995. *Cross-Level Inference*. Chicago: The University of Chicago Press.
秋山登代子・天野千春 1988.「日本人の国際意識」『放送研究と調査』5号, 2-21.
Calder, Kent E. 1988. *Crisis and Compensation: Public Policy and Political Stability in Japan, 1949-1986*. Princeton: Princeton University Press.
Campbell, Angus, Philip Converse, Warren Miller, and Donald Stokes. 1960/1986. *The American Voter*. Chicago: The University of Chicago Press.
Cho, Wendy K. Tam and Brian J. Gaines. Nd. "Reassessing the Study of Split-Ticket Voting." *American Political Science Review*, forthcoming.
Cox, Gary. 1997. *Making Votes Count: Strategic Coordination in the World's Electoral Systems*. New York: Cambridge University Press.
Downs, Anthony. 1957. *An Economic Theory of Democracy*. New York: Harper and Row (邦訳:ダウンズ, A. 1970.『民主主義の経済理論』古田精司監訳, 成文堂).
Duverger, Maurice 1963. *Political Parties: Their Organization and Activity in the Modern State*. New York: Wiley (邦訳:デュベルジェ, M. 1970.『政党社会学―現代政党の組織と活動』岡野加穂留訳, 潮出版社).
Fiorina, Morris. P. 1981. *Retrospective Voting in American National Elections*. New Haven: Yale University Press.
後藤基夫・内田健三・石川真澄 1982.『戦後保守政治の軌跡』岩波書店.
Green, Donald Philip and Bradley Palmquist. 1990. "Of Artifacts and Partisan Instability." *American Journal of Political Science* 34: 872-902.
Green, Donald Philip and Bradley Palmquist. 1994. "How Stable Is Party Identification." *Political Behavior* 16: 437-466.
Green, Donald Philip and Eric Schickler. 1993. "A Multiple Method Approach to the Measurement of Party Identification." *Public Opinion Quarterly* 57: 503-535.
Green, Donald Philip and Ian Shapiro. 1994. *Pathologies of Rational Choice Theory*. New Haven: Yale University Press.
平野浩 1991.「政治的争点と政党評価」『日本選挙学会年報 選挙研究』6号, 160-183.

平野浩 1993.「日本の投票行動における業績評価の役割」『レヴァイアサン』13号, 147-167.
平野浩 1994.「政治的評価と経済的評価」『日本選挙学会年報　選挙研究』9号, 93-104.
平野浩 1996.「連立政権下の選挙における政党評価と政権選好の役割」1996年度日本政治学会報告論文.
平野浩 1998.「選挙研究における『業績評価・経済状況』の現状と課題」『日本選挙学会年報　選挙研究』13号, 28-38.
Hirano, Hiroshi. 1999. "Political Change and Economic Voting in Japan," Paper presented at the American Political Science Association meeting, Atlanta September.
包承柯 1995.「政治意識の変化パターンと要因分析」神戸大学大学院法学研究科提出博士論文（未刊行）.
Hoff, John C. 1983. *A Practical Guide to Box-Jenkins Forecasting*. Belmont: Lifetime Learning Publications（邦訳：ホフ, J. 1996.『実用入門ボックス-ジェンキンス予測法』川島利兵衛監訳　多賀出版）.
堀洋道 1977.「日本人の外国評価とその特徴」『日本人研究　5』至誠堂.
飯塚繁太郎・宇治敏彦・羽原清雅 1985.『結党四十年・日本社会党』行政問題研究所.
池田謙一 1992.「内閣支持率の変遷」時事通信社・中央調査社『日本の政党と内閣 1981-91：時事世論調査による分析』時事通信社.
Inglehart, Robert. 1991. "Trust Between Nations: Primordial Ties, Societal Learning and Economic Development," in Karlheinz Reif and Ronald Ingelhart (eds.), *Eurobarometer: The Dynamics of European Public Opinion, Essays in Honour of Jacques-Rene Rabier*. New York: Macmillan.
猪口孝 1981.「内閣支持率の変遷（分析）」時事通信社・中央調査社『戦後日本の政党と内閣：時事世論調査による分析』時事通信社.
猪口孝 1983.『現代日本政治経済の構図』東洋経済新報社.
猪口孝 1986.「第7章　経済状況と政策課題」綿貫譲治ほか『日本人の選挙行動』東京大学出版会.
Inoguchi, Takashi. 1990. "The Political Economy of Conservative Resurgence under Recession," in T. J. Pempel (ed.), *Uncommon Democracies*. Ithaca: Cornell University Press.
猪口孝 1992.「政党支持率と内閣支持率」時事通信社・中央調査社『日本の政党と内閣 1981-91：時事世論調査による分析』時事通信社.
猪口孝・岩井奉信 1987.『「族議員」の研究』日本経済新聞社.
五百旗頭真 1985.『米国の日本占領政策』中央公論社.

石田博英 1963.「保守党のビジョン」『中央公論』1月号.
石川真澄 1978.『戦後政治構造史』日本評論社.
石川真澄 1984.『データ戦後政治史』岩波書店.
石川真澄 1995.『戦後政治史』岩波書店.
岩波書店編集部編 1988.『近代日本総合年表』岩波書店.
岩崎正洋 1999.『政党システムの理論』東海大学出版会.
時事通信社・中央調査社 1982.『戦後日本の政党と内閣:時事世論調査による分析』時事通信社.
時事通信社・中央調査社 1992.『日本の政党と内閣 1981-91:時事世論調査による分析』時事通信社.
Johnson, Chalmers. 1982. *MITI and Japanese Miracle*. Stanford: Stanford University Press.
蒲島郁夫 1986a.「争点・政党・投票」綿貫譲治ほか『日本人の選挙行動』東京大学出版会.
蒲島郁夫 1986b.「マスメディアと政治―もうひとつの多元主義」『中央公論』2月号.
蒲島郁夫 1988.『政治参加』東京大学出版会.
蒲島郁夫 1998.『政権交代と有権者の態度変容』木鐸社.
Kabashima, Ikuo, and Jeffrey Broadbent. 1986. "Referent Pluralism: Mass Media and Politics in Japan." *Journal of Japanese Studies* 12: 329-62
金森久雄 1995.『わたしの戦後経済史』東洋経済新報社.
金森久雄・土志田征一 1991.『景気の読み方』有斐閣.
川人貞史 1988.「衆参同日選挙と中曽根人気」『北大法学論集』39巻2号, 238-80.
Key, V.O., Jr. 1966. *The Responsible Electorate: Rationality in Presidential Voting, 1936-1960*. Cambridge: Harvard University Press.
Kiewiet, D. Roderick, and Douglas Rivers. 1984. "A Retrospective on Retrospective Voting," in Heinz Eulau and Michael S. Lewis-Beck (eds.), *Economic Conditions and Electoral Outcomes: The United States and Western Europe*. New York: Agathon Press.
Kinder, Donald R., and D. Roderick Kiewiet. 1979. "Economic Discontent and Political Behavior: The Role of Personal Grievances and Collective Economic Judgements in Congressional Voting." *American Journal of Political Science* 23: 495-517.
Kinder, Donald R., and D. Roderick Kiewiet. 1981. "Sociotropic Politics: The American Case." *British Journal of Political Science*. 11: 129-161.
King, Gary. 1997. *Reconstructing Individual Behavior from Aggregate Data: A Solution to the Ecological Inference Problem*. Princeton: Princeton Univer-

sity Press.
北岡伸一 1995.『自民党：政権党の38年』読売新聞社.
河野勝 1994.「戦後日本の政党システムの変化と合理的選択」日本政治学会編『年報政治学』岩波書店, 195-210.
Kohno, Masaru. 1997a. "Electoral Origins of Japanese Socialists' Stagnation." *Comparative Political Studies* 30: 54-76.
Kohno, Masaru. 1997b. *Japan's Postwar Party Politics*. Princeton: Princeton University Press.
河野勝 1999.「日本における並立制導入の功罪：戦略的分裂投票に関する理論と実証」『青山国際政経論集』48号, 43-62.
Kohno, Masaru, and Patrick Fournier. 1998. "The Mysterious Case of the Vanishing Conservative Hegemony under High Economic Growth in Japan." Paper presented at the American Political Science Association meeting, Boston, September.
小林良彰 1991.『現代日本の選挙』東京大学出版会.
Kramer, Gerald H. 1983. "The Ecological Fallacy Revisited: Aggregate-versus Individual-level Findings on Economics and Elections, and Sociotropic Voting." *American Political Science Review* 77: 92-111.
Lewis-Beck, Michael S. 1986. "Comparative Economic Voting: Britain, France, Germany, Italy." *American Journal of Political Science* 30: 315-346.
Lewis-Beck, Michael S. 1988. *Economics and Elections: The Major Western Democracies*. Ann Arbor: The University of Michigan.
Linz, Juan J. 1975. "Totalitarian and Authoritarian Regimes," in F. I. Greenstein and Nelson W. Polsby (eds.), *Handbook of Political Science, vol.3, Macropolitical Theory*. Reading, Mass: Addison-Wesley Publishers.
Lipset, Seymour M., and Stein Rokkan (eds.). 1967. *Party Systems and Voter Alignments: Cross-National Perspectives*. New York: Free Press.
Lohmann, Susanne, David Brady, and Douglas Rivers. 1997. "Party Identification, Retrospective Voting and Moderating Elections in a Federal System: West Germany, 1961-1989." *Comparative Political Studies* 30: 420-449.
MacKuen, Michael B., Robert S. Erikson, and James A. Stimson. 1989. "Macropartisanship." *American Political Science Review* 83: 1125-42.
真鍋一史 1995.「日中関係と世論」増田宏・波多野澄雄『アジアの中の日本と中国』山川出版社.
真鍋俊二 1984.『対外関係の意識と構造：世論の動向とその背景』関西大学経済・政治研究所.

Markus, Gregory B. 1988. "The Impact of Personal and National Economic Conditions on the Presidential Vote: A Pooled Cross-Sectional Analysis." *American Journal of Political Science* 32: 137-154.

Markus, Gregory B. 1992. "The Impact of Personal and National Economic Conditions on the Presidential Voting, 1956-1988." *American Journal of Political Science* 36: 829-834.

Maslow, A. H. 1954. *Motivation and Personality*, New York: Harper.

的場敏博 1986.「一党優位政党制論の展望」『法学論叢』118巻4・5・6号.

三宅一郎 1984.「ローパーセンター所蔵, 日本関係データ・リスト」『同志社法学』36号, 830-844.

三宅一郎 1985.『政党支持の分析』創文社.

三宅一郎 1989.『投票行動』東京大学出版会.

三宅一郎 1994.「政治意識データベース:データカタログ」『神戸法学年報』10号, 157-254.

三宅一郎 1995.『日本の政治と選挙』東京大学出版会.

三宅一郎 1998.『政党支持の構造』木鐸社.

三宅一郎・西澤由隆 1992.「日本の投票行動モデルにおける政党評価要因」『日本選挙学会年報 選挙研究』7号, 63-79.

宮島喬 1970.「戦後日本のアメリカ像:世論調査データの分析を中心に」国際文化会館編『日米関係の研究(下)』東京大学出版会.

Mochizuki, Mike M. 1982. Managing and Influencing the Japanese Legislative Process: the Role of Parties and the National Diet, Ph. D. Dissertation, Harvard University.

村上泰亮 1984.『新中間大衆の時代―戦後日本の解剖学―』中央公論社.

村松岐夫 1981.『戦後日本の官僚制』東洋経済新報社.

Muramatu, Michio and Ellis S. Krauss. 1990. "The Dominant Party and Social Coalitions in Japan," in T. J. Pempel (ed.), *Uncommon Democracies*. Ithaca: Cornell University Press.

NHK放送世論調査所編 1982.『図説戦後世論史』日本放送出版協会.

永井陽之助 1978.『冷戦の起源』中央公論社.

内閣制度百周年記念誌編集委員会編 1985.『内閣制度百年史 上・下巻』大蔵省印刷局.

内閣制度百十周年記念誌編集委員会編 1996.『内閣制度百年史 下巻追録』大蔵省印刷局.

Niemi, R. G., and H. F. Weisberg, 1993. "What Determins the Vote?" in R. G. Niemi, and H. F. Weisberg (eds.), *Controversies in Voting Behavior*, Third

Edition. Washington, D.C.: Congressional Quarterly.
日本政治学会編 1979.『政治学年報 55年体制の形成と崩壊』岩波書店.
西平重喜 1982.「日本人の中国観変遷」『自由』24巻2号.
西平重喜 1987.『世論調査による同時代史』ブレーン出版.
西澤由隆 2000.「政治参加と世論」, 2000年度日本選挙学会報告論文.
西澤由隆・河野勝 1990.「日本における選挙経済循環―総選挙と政府の財政政策」『レヴァイアサン』6号, 152-171.
Okimoto, Daniel. 1989. *Between MITI and Market*. Stanford: Stanford University Press.
大嶽秀夫 1983.「戦後保守体制の対立軸」『中央公論』4月号.
大嶽秀夫 1986.『アデナウアーと吉田茂』中央公論社.
大嶽秀夫 1988.『再軍備とナショナリズム』中央公論社.
Pempel, T. J. (ed.) 1990. *Uncommon Democracies: The One-party Dominant Regimes*. Ithaca: Cornell University Press.
Ramseyer, J. Mark, and Frances McCall Rosenbluth. 1993. *Japan's Political Marketplace*. Cambridge: Harvard University Press.
Reed, Steven R. 1990. "Structure and Behaviour: Extending Duverger's Law to the Japanese Case." *British Journal of Political Science* 20: 335-356.
Reed, Steven R. and John Bolland. 1999. "The Fragmentation Effect of SNTV in Japan," in Bernard Grofman et. al. (eds.), *Elections in Japan, Korea, and Taiwan Under the Single Non-Transferable Vote: The Comparative Study of An Embedded Institution*. Ann Arbor: The University of Michigan Press.
Reed, Steven R. and Gregory Brunk. 1984. "A Test of Two Theories of Economically Motivated Voting: The Case of Japan." *Comparative Politics* 17: 55-66.
Rivers, Douglas. 1986. "Microeconomics and Macropolitics: A Solution to the Kramer Problem." California Institute of Technology, unpublished manuscript.
Robinson, W. S. 1950. "Ecological Correlations and the Behavior of Individuals." *American Sociological Review* 15: 351-57.
坂本義和・R.E.ウォード編. 1987.『日本占領の研究』東京大学出版会.
Sartori, Giovanni 1976. *Parties and Party Systems: A Framework for Analysis, vol. 1*. Cambridge: Cambridge University Press (邦訳：サルトーリ, G. 1980.『現代政党学 I, II』岡沢憲夫・川野秀之訳, 早稲田大学出版部).
佐藤誠三郎・松崎哲久 1986.『自民党政権』中央公論社.
Schickler, Eric, and Donald Philip Green. 1995. "The Stability of Party Identification in Western Democracies: Results from Eight Panel Surveys." Paper

presented at the American Political Science Association meeting, Chicago, September.

芝祐順・南風原朝和 1990.『行動科学における統計解析法』東京大学出版会.

篠原三代平 1994.『戦後50年の景気循環：日本経済のダイナミズムを探る』日本経済新聞社.

十川宏二 1993.「現代日本における経済状況と政党支持」『レヴァイアサン』12号, 173-186.

総理府広報室 1978-.「外交にかんする世論調査」『月刊世論調査』総理府.

鈴木多加史 1990.『日本経済分析：高度成長期から1990年代へ』東洋経済新報社.

高畠通敏 1980.『現代日本の政党と選挙』三一書房.

田中愛治 1992.「『政党支持なし』層の意識構造と政治不信」『日本選挙学会年報　選挙研究』7号, 80-99.

田中愛治 1995.「『55年体制』崩壊とシステムサポートの継続」『レヴァイアサン』17号, 52-83.

田中愛治 1996.「国民意識における『55年体制』の変容と崩壊」日本政治学会編『年報政治学』岩波書店, 31-66.

鄭大均 1995.『韓国のイメージ：戦後日本人の隣国観』中央公論社.

富森叡児 1993.『日本型民主主義の構図』朝日新聞社.

統計数理研究所国民性調査委員会 1975.『第3日本人の国民性』至誠堂.

辻清明 1969.『新版・日本官僚制の研究』東京大学出版会.

内田満 1983.『政党政治の論理』三嶺書房.

綿貫譲治 1972.「日本人の国際社会観」『調査と資料　No.2.』上智大学国際関係研究所.

White, James. 1984. *Migration in Metropolitan Japan: Social Change and Political Behavior*. Berkeley: Institution of East Asian Studies, University of California.

山口定 1985.「戦後日本の政治体制と政治過程」三宅一郎・山口定・村松岐夫・進藤栄一『日本政治の座標』有斐閣.

あとがき

　本書で使用した時事調査データの前半部分は元ローパー・センター所蔵のものである。1970年頃，日本で世論調査データ資料センターを作ろうという機運が研究者の中にもあって，政府諸機関のための世論調査を手がけている総理府広報室へ，調査データ（原資料）の公開が可能かどうか問い合わせに赴いたことがあった。その時の回答は，個人の研究者には調査データを公開しない，しかし，年間，多数に上る調査データをローパー・センターに寄託しているので，同センターを通じて利用可能である，ということであった。

　日本政府の世論調査データが日本では公開されないで，アメリカのデータセンターを通じてであれば利用できるというのは，奇妙な話であったが，その時は，特定の調査データの再分析を目指していたのではなく，関心が，データの保存と研究者による利用可能性という一般的な問題であり，当時の事情からして，ローパーであれ，どこであれ，データが保管され公開されていれば，よしと考えざるを得なかった。

　ローパー・センターは，おそらく世界で最古，最大の世論調査データのアーカイブで，アメリカのギャラップ世論調査データを独占的に収蔵しているので有名であるが，一時，世界の世論調査データの収集を志したことがあったらしい。政府諸機関，NHKの世論調査データばかりでなく，時事世論調査データや，統計数理研究所の「国民性」調査データなど，貴重なデータを収蔵していた。

　それからしばらくたって，1982年だったか，交通不便の地にあったローパー・センターが，コネチカット大学に移転するとともに，エール大学にも出張所のようなものができたと聞いた。エール大学には，当時，西澤氏が留学中であったので，短期の海外出張の日程をやりくりして，エールに立ち寄ることにした。そこでは，所蔵ファイルの索引カードがあるだけだったが，それを見て私にとってショックだったのは，貴重なデータがあまりにもバラバ

ラになっていることであった。時事調査データでも，1964年から1975年まであるが，1964年は3カ月分だけで，1970年まで飛んでいる。時事調査の実施機関である中央調査社の担当者の話によると，データはすべて定期的に送ったとのことだから，欠けているデータはローパーで紛失したと見なければならない。後になってからのことだが，NHKの初期の調査のように，索引カードにはあるが，現物は見あたらないものがあるということもわかってきた。初期のデータがあちこち欠けているのは，詳細はまったくわからないが，紛失が第一の原因だろう。私にとってもう一つのショックは，現在でも（1982年当時）日本のデータがローパーに送られているとばかり思っていたのに，1975年頃で打ち切られていることである。われわれにとって新しいデータを入手できる途は完全に閉ざされたことになる。。

　ローパー・センター所蔵の日本世論調査データはわれわれにとって貴重な宝の山であった。幸い，翌1983年から，文部省研究費特定研究「多目的データバンク」が発足したので，その「政治関係サーベイ・データ・バンクの開発と利用」研究班の研究課題に組み入れて貰い，ローパー・センターと交渉の上，1983年と1984年に，同センターから，時事通信社の世論調査データを含むセンター所蔵の日本データの包括的使用権を得た[1]。だが，そのデータを読んで，研究に使うためには，変換作業が必要であった。

　ローパー・センター所蔵の日本調査データの生産年は，1970年頃を中心とした10年間に集中している。当時は入力媒体にカードを使っていたため，カードデックがバラバラになると，一巻の終わりである（データ紛失の第二の理由であろう）。電算機の記憶容量も小さかったので，データを小さくするために職人芸的な工夫が凝らされた（昨今問題になった2000年問題の遠因もここにある）。よく使われたのは，カードの1行に複数の穴をあけるという多重穿孔である。ローパー・センターでは，日本から送られた多重穿孔カードをワード単位で読み込み，磁気テープに記録していた（この作業のさい，カード・リーダーの故障で，特定の孔の情報が読めていないなどの問題が起こっている。また，ある調査データの一部が，他の調査データに紛れ込むということがよく起こった。あるいは，一部のカードが裏を向いたり，上下反対になったりしたまま，テープに読み込まれたということもしばしば起こる。欠陥のあるデータが少なくない理由であろう）。日本に送られてきたのは，この

磁気テープのコピーである。このテープからの読みだしは，ワード単位（1ワード＝36ビット）でデータを読み，それをビットに分解し，ビットごとに，onかoffかを調べていかねばならない。

ローパー・センターからのファイルがどうしても読めないという場合，上述したようなカード読み込み中の問題，たとえば，カードが裏を向いていたのではないかなど，冗談ではなく本気で疑わねばならない。これをしらべるのも変換作業の一部であった。長年の努力の結果，われわれが受け取ったデータの90％以上の変換に成功した。データの変換作業は文部省成果刊行助成金（データベース）による。

あえて，このような，今となっては無駄に見える努力を払ったのは，ローパーからのデータが日本における調査データ・アーカイヴの設立に何らかの役に立つのではないかと考えたからである。このデータベースは現在，東京大学社会科学研究所のSSJデータ・アーカイヴに収められている。ローパー・センターからも入手できるのはもちろんである。

変換作業の中でも，時事調査データの変換は比較的やさしく（当時の担当者に変換方式を教えて貰うことができたので），早目に済ませることができたが，次はそのデータ分析である。ローパーからの時事調査データは1964年の3カ月分，1970年2月から7月までの5カ月分，1971年2月から1975年3月まで各月，50カ月分存在する。このデータで佐藤政権末期，田中内閣期，三木内閣期をカバーするので，ニクソン・ショック，田中首相のスキャンダル，第一次石油危機，ベトナム戦争，中国との国交回復に対する国民の反応を知ることができる。だがこれだけでは，55年体制期の一部を見るに過ぎない。少なくとも，この時期に匹敵する政治的危機の時期，リクルート・スキャンダル，消費税実施，バブルとバブル崩壊，天安門事件に始まる社会主義国の騒擾と社会主義圏の解体，政治改革への期待と自民党一党優位制の崩壊をカバーできる時期のデータがほしいと考えた。

時事通信社と交渉した結果，幸いにも，その時点から遡る5年間（1986-1990）のデータ使用許可を得た。サントリー文化財団の1990年と1991年の研究助成によるものである。研究テーマは「政党支持と内閣支持のマクロ・ミクロ分析」で，共同研究者は三宅の他，以下の通りである（所属は当時）。

五百旗頭真，得津一郎，久米郁男，品田裕，包承柯（以上神戸大学），西澤

由隆（明治学院大学），十川宏二（北九州大学）

　このメンバーで研究会を持ち，三宅，西澤，十川（十川 1993）が論文を発表し，包は博士論文（包 1995）をまとめたが，主要メンバーが次々に長期外国出張し，三宅が神戸大学を定年退職して，研究は一頓挫した。

　研究は停滞気味であっても，データベースはどんどん広がる。それに追いつくのは，研究費からいっても不可能であるが，少なくとも55年体制の終焉までは期間を延長する必要がある。その間のデータは筑波大学の「多目的統計データバンク」所蔵の時事データを使わせていただいた。

　それ以上，データベースを拡大するのも，研究課題をさらに広げるのも，研究の完成を遅らせるばかりであると判断したので，現在手持ちの論文だけで小さくまとめ，出版することにした。そこで，三宅と西澤の五つの論文を中心とし，この領域の研究方法論に詳しく，かつ，新制度論による戦後日本の政党システムの本（Kohno 1997b）を出版された，河野勝氏を誘って，方法論の章と序論・総論的な部分を執筆して貰った。こうしてできたのがこの本である。時事データの一部（重要な一部と思っているが）の分析に過ぎないが，時事データという宝庫の扉をこじ開ける程度の役割は果たしたのではないかと思っている。宝庫の隅々までなめ尽くすような徹底した分析がこれに続くよう期待する。

　ここに執筆分担を記しておきたい。
　　河野勝　第1章，第2章，第3章，第6章，第10章
　　三宅一郎　第4章，第5章，第9章
　　西澤由隆　第7章，第8章

　というわけで，本書の出版にあたって，まず御礼申し上げねばならないのは，文部省研究費特定研究「多目的データバンク」の「政治関係サーベイ・データ・バンクの開発と利用」研究班の分担者諸氏，ローパー・センター関係者の皆さん，サントリー文化財団と「政党支持と内閣支持のマクロ・ミクロ分析」共同研究者の皆さん，それに，筑波大学（当時）の蒲島郁夫氏である。

　ローパー・センターからのデータの変換作業にあたって，ご指導いただいた中央調査社の内田史郎さんはじめ担当者の方々，同志社大学と神戸大学で

変換作業のお手伝いをしていただいた助手（当時）の皆さんにも御礼申し上げる。

　最後になったが，この本を作成するにあたり，図表作成を手伝っていただいた同志社大学大学院生水口健さん，経済指標の扱いについて貴重な助言をくださった小塩隆士氏(現東京芸術大学)，編集者の坂口節子さんと木鐸社の皆さんに深く感謝したい。

　なお，この本の出版にあたっては，日本学術振興会・平成12年度科学研究費補助金（研究成果公開促進費（課題番号：125252））の交付を受けた。記して，感謝の意を表する。

　（1）　三宅（1984）は，受け入れデータファイルのリストである。
　（2）　変換終了後のファイル・リストは，三宅（1994）に見られる。

2001年1月17日
著者を代表して
三宅　一郎

索　引

あ行

ARIMA モデル	123, 130-135, 149-159, 209
池田勇人（池田内閣）	33, 47, 48-50, 52-53, 71, 78, 95, 146-147, 209
いざなみ景気	168
伊東正義（伊東内閣）	49-50, 209
宇野宗佑（宇野内閣）	72-73, 75, 140, 153
ウォーターゲイト事件	76-78, 82, 85, 94, 103
エコロジカルファラシー⇒「生態的誤謬」を見よ	
江田三郎	88
エリツィン	99, 109
エンタープライズ佐世保寄港	72, 76
円高不況	166, 168
大平正芳（大平内閣）	49-50, 53, 72-73, 78, 148-149
沖縄返還	71-73, 82
オリンピック（東京）	71-72, 75-78, 85, 167, 172

か行

海部俊樹（海部内閣）	48-50, 53, 72, 75, 77-78, 146, 148, 153-154, 163
官僚優位説	117-118, 189, 209
岸信介（岸内閣）	95, 146, 209
基本路線⇒「体制選択」を見よ	
キューバ危機	78
共産党（日本共産党）	19, 24-28, 103
業績評価（投票）・業績評価（投票）モデル	13, 15, 18, 32-38, 54, 115-119, 121-179, 183-199, 201, 208-213
狂乱物価	38, 72, 82, 85, 168
近代化（日本の）	118-119
暮らし向き（感覚）	20, 36-38, 54, 116, 121-138, 149-159, 161-179, 185-192, 203-204
黒い霧スキャンダル	72
景気	20, 116, 149-159, 161-179
憲法	62-63, 206
後援会（自民党候補者の）	34, 88, 137
公害（環境問題）	32-34, 82, 178, 195, 206
高度成長	31-38, 53, 118, 178, 195, 202, 205
公明党	19, 24-28, 34

228　索引

合理性（有権者の）	54-55, 121, 126, 196
個人志向（ポケットブック）モデル	116, 144, 150, 164, 171-172, 179, 193-195, 213
個人的集票組織⇒「後援会」を見よ	
ゴルバチョフ	111-112, 208

さ行

再軍備	62, 87
佐藤栄作（佐藤内閣）	33, 47-50, 52-53, 77, 147, 149, 153, 178
サンフランシスコ講和	62
JES	40, 212
支持なし層⇒「無党派層」を見よ	
自民党（自由民主党）	
──支持	13, 19, 25-38, 41-48, 54-55, 70-75, 79-89, 101-102, 105-106, 118-143, 146-179, 203
───の長期凋落（低落・停滞・後退）傾向	28-38, 178, 203-204
───の派閥（党内政治）	48, 53, 61, 88, 208
───の優位・一党支配	11-14, 18, 28-29, 60, 65-89, 206
───責任政党としての	13, 18, 60, 115-119
社会志向（ソシオトロピック）モデル	116, 144, 150, 164, 172, 179, 193-195, 213
社会党（日本社会党）	
──支持	19, 25-29, 41-45, 70-75, 79-89, 102, 105
───の長期凋落（低落・停滞・後退）傾向	28-29, 72-73
───の統一	61-62
───の党改革	88
JABIS	40
主成分分析	98-111
消費税	28, 31, 38, 44, 47, 73, 76, 82, 162-163, 169, 174, 178
所得倍増計画	33-34, 47
新自由クラブ	25, 27, 45, 73, 207
陣営選択⇒「体制選択」を見よ	
人口移動仮説	31-34, 54, 202-203
新中間大衆仮説	119, 124
鈴木善幸（鈴木内閣）	49-50, 72-73, 148
政治参加	17, 40-41
政治文化（日本の）	54-55
生態的誤謬	183-184, 212
政党帰属意識	196-199, 213
政党システムの均衡	203
石油ショック（第一次──・第二次──）	38, 72-73, 76, 78, 82, 85, 87-88, 118, 128, 162-163, 167-168, 173, 178, 205

選挙制度⇒「中選挙区制」を見よ
先進国サミット   87
争点投票   127, 137, 209
族議員   88, 117
測定誤差   24, 116, 188-191, 198, 200, 203, 212

　　　　　　　　　　　　　　　　　　　た行

対外国態度（有権者の）   13, 18, 63, 91-112, 115
大韓航空機墜落事件   95, 205
対数線形モデル   165, 169-170, 176-177
体制選択（有権者の）   13, 18, 20-21, 65-89, 115
竹下登（竹下内閣）   49-50, 140, 148-149, 153-154
多元主義（説）   117, 208
田中角栄（田中内閣）   33, 47-50, 53, 72-73, 76-78, 82, 88, 147, 149, 153-154, 168, 178
　　ダブル選挙⇒「同日選挙」を見よ
小さな政府（論）   118
中国の開放政策   95, 109
中国の共産化   62
中選挙区制   28, 61, 136, 202
中立志向（有権者の）   68-71, 75-81, 83-87, 92, 100-106, 108, 111
朝鮮戦争   62
天安門事件   76, 95, 97-98, 104, 107, 109, 207
同日選挙   41, 76, 78, 203
ドイツ統一   99, 109, 207
　　東西対立⇒「冷戦」を見よ
トルーマン宣言   61

　　　　　　　　　　　　　　　　　　　な行

内閣支持・不支持（内閣信任・不信任）   13, 19-20, 38, 45-55, 119, 139-159, 163, 175-179, 190, 209-210
中曽根康弘（中曽根内閣）   48-50, 53-54, 72-73, 82, 146, 148-149, 153
ニクソンショック   47, 71-72, 76-78, 82, 85, 87, 163, 168, 178
日中国交回復   76, 92, 96-99, 104, 106-107, 112
日米安全保障（安保）条約（体制）   62, 75, 79, 85, 87
日本列島改造（論）   73, 168, 205
ネルー   70, 75-76, 84, 95

　　　　　　　　　　　　　　　　　　　は行

バッファープレーヤー   88, 119
鳩山一郎   62

ハネムーン効果	47-53, 55, 142-144, 149-158
バブル	167
フィリップス曲線	53
福田赳夫（福田内閣）	49-50, 72, 78, 146-147
物価	20, 126, 130, 133, 161-179
フルシチョフ	75-76
文化大革命	103
ベトナム戦争	71, 75, 77-78, 82-83, 85, 87, 92, 94, 97-98, 103, 106, 111
保革イデオロギー	12, 61-62
保守合同	33, 60, 62, 65, 68, 71, 203-204

ま行

マッカーサー	117
三木武夫（三木内閣）	49-50, 53, 72-73, 76, 147, 149, 153
ミシガン学派・モデル（社会心理学モデル）	119, 183, 196-199
宮沢喜一（宮沢内閣）	48-50, 93, 99, 109, 140-141, 146, 148-149, 153-154
民社党	19, 25-28, 34, 102, 105
無党派層（支持なし層）	25, 29, 38-45, 55, 84-85, 102-103, 153-159, 205-206

や行

野党の多党化	28, 61, 202
吉田茂	61-62
欲求階層理論	124

ら行

リクルート事件	28, 31, 44, 47, 72-73, 82, 140
レーガン	47, 76, 78
冷戦	61-62, 91-92, 98-101, 103-109, 111-112
冷戦の終焉	14, 92-93, 109, 112
ロッキード事件（スキャンダル）	82

わ行

湾岸戦争	94

著者略歴

三宅一郎（みやけ いちろう）
1931年　神戸市生まれ
1954年　京都大学法学部卒業
現　在　関西大学総合情報学部教授
著　書　『政党支持の分析』創文社，1985年
　　　　『日本の政治と選挙』東京大学出版会，1995年，他

西澤由隆（にしざわ よしたか）
1957年　京都市生まれ
1981年　同志社大学法学部卒業
1989年　エール大学大学院（政治学）修了
現　在　同志社大学法学部教授
著　書　『誰にでもできるSPSSによるサーベイリサーチ』（共訳）丸善，1997年，他

河野　勝（こうの まさる）
1962年　東京都生まれ
1985年　上智大学法学部卒業
1994年　スタンフォード大学大学院（政治学）修了
現　在　青山学院大学国際政治経済学部助教授
著　書　*Japan's Postwar Party Politics*. Princeton Univ. Press, 1997
　　　　『アクセス国際関係論』（共編）日本経済評論社，2000年，他

55年体制下の政治と経済―時事世論調査データの分析―

2001年2月25日　第1版第1刷印刷発行　©

（乱丁・落丁はお取替致します）

著者との了解により検印省略

著　者　三宅一郎・西澤由隆・河野　勝
発行者　能島　豊
発行所　㈲ 木鐸社
印刷　㈱アテネ社　製本　関山製本社
〒112-0002　東京都文京区小石川5-11-15-302
電話・ファックス　(03)3814-4195
振替　00100-5-126746

ISBN4-8332-2302-3 C3031

変動する日本人の選挙行動（全6巻）

①政権交代と有権者の態度変容　蒲島郁夫著
A5判・316頁・2500円（2000年2刷）ISBN4-8332-2237-X

3年余7波にわたるパネル調査で収集した膨大な選挙調査データを用いて、55年体制の崩壊をもたらした93年総選挙とその後の政治変動期における有権者の態度変容を実証的に分析した日本政治学にとって画期的な業績。（『朝日新聞』評）

②環境変動と態度変容　綿貫譲治・三宅一郎著
A5判・226頁・2500円（1997年）ISBN4-8332-2238-8

冷戦体制の終結、グローバル化等による政治環境の変化は自民一党優位体制を崩し、政党再編の引き金となった。多様化・多次元化した中での有権者の対応を深く掘り下げて分析。

③日本人の投票行動と政治意識　小林良彰著
A5判・244頁・（品切）（1997年）ISBN4-8332-2239-6

93年7月の衆院選挙にみられた政権交代と、その後の政界再編に焦点を当て、その間有権者の政治意識がどのように変化し、またそれが96年7月の総選挙にどのような投票行動として現れたかを実証的に解明。

④転変する政治のリアリティ　池田謙一著
A5判・224頁・2500円（1997年）ISBN4-8332-2240-X
■投票行動の認知社会心理学　　　　　　（98年心理学会島田賞受賞）

有権者が政治に対して感ずるリアリティとその変化を1993年衆院選から95年参院選までの投票行動・政治意識を検討することで検証する。

⑤政党支持の構造　三宅一郎著
A5判・224頁・2500円（1998年）ISBN4-8332-2241-8

著者は85年刊『政党支持の分析』で「政党支持の類型」を「認知構造」を構成する諸次元の組み合わせで作ったが、本書では政党支持態度を感情構造の類型化によって示す。

⑥JES Ⅱ　コードブック
蒲島郁夫・三宅一郎・綿貫譲治・小林良彰・池田謙一著
A5判・1010頁・10000円（1998年）ISBN4-8332-2242-6

有権者の政治意識について、1993年〜1996年10月にかけて行った7回にわたるパネル調査（JES Ⅱ）のデータを解読するマニュアル。

ソーシャル・ネットワークと投票行動　飽戸　弘編著
A5判・192頁・2500円（2000年）ISBN4-8332-2290-6
■ソーシャル・ネットワークの社会心理学

90年夏、投票行動の国際比較のための共同研究事業が先進5ヵ国の研究者によって始められた。本書は、それに参加した日本チームが共通基準に従って十年余に及ぶ調査研究と分析を行った成果。伝統的な「組織のネットワーク」から現代的な「都市型ネットワーク」への変化に着目。